ECKART MEYNERS
ROSWITHA SCHREIBER-JETZINGER
KATRIN ESCHENHORST

Verbessere — dein Reiten

FINDE DIE LÖSUNG FÜR PFERD UND REITER MIT DEM 6-PUNKTE-PROGRAMM

KOSMOS

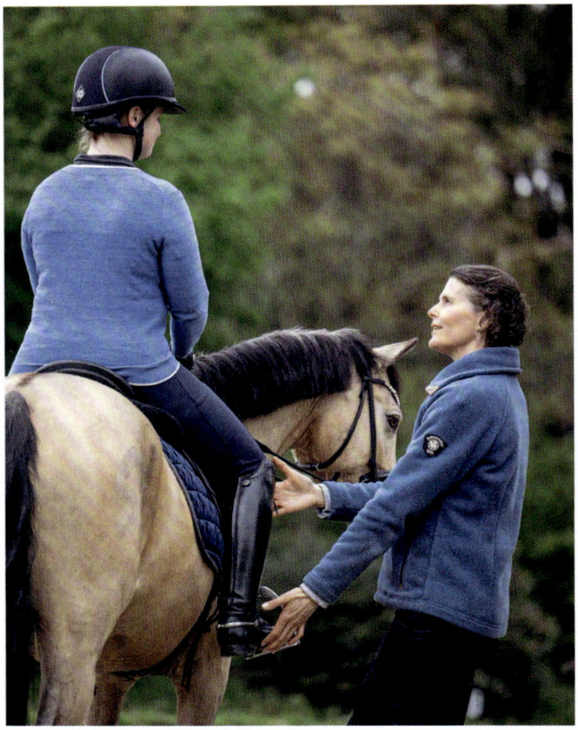

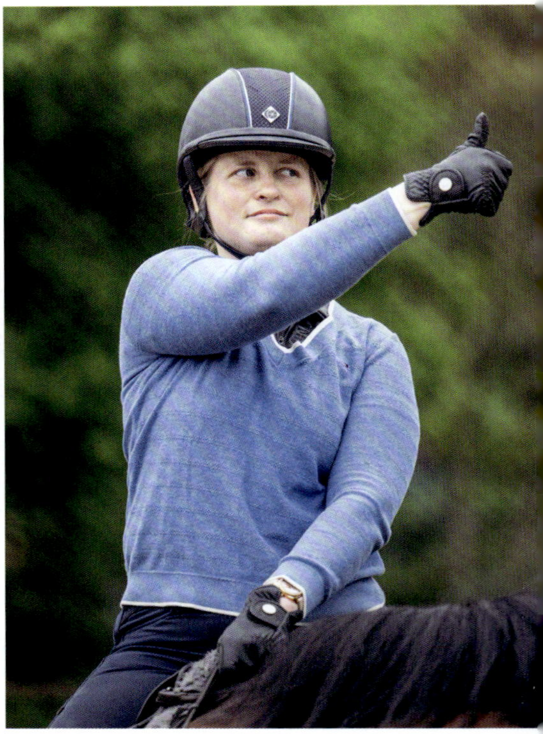

☞ *Inhalt*

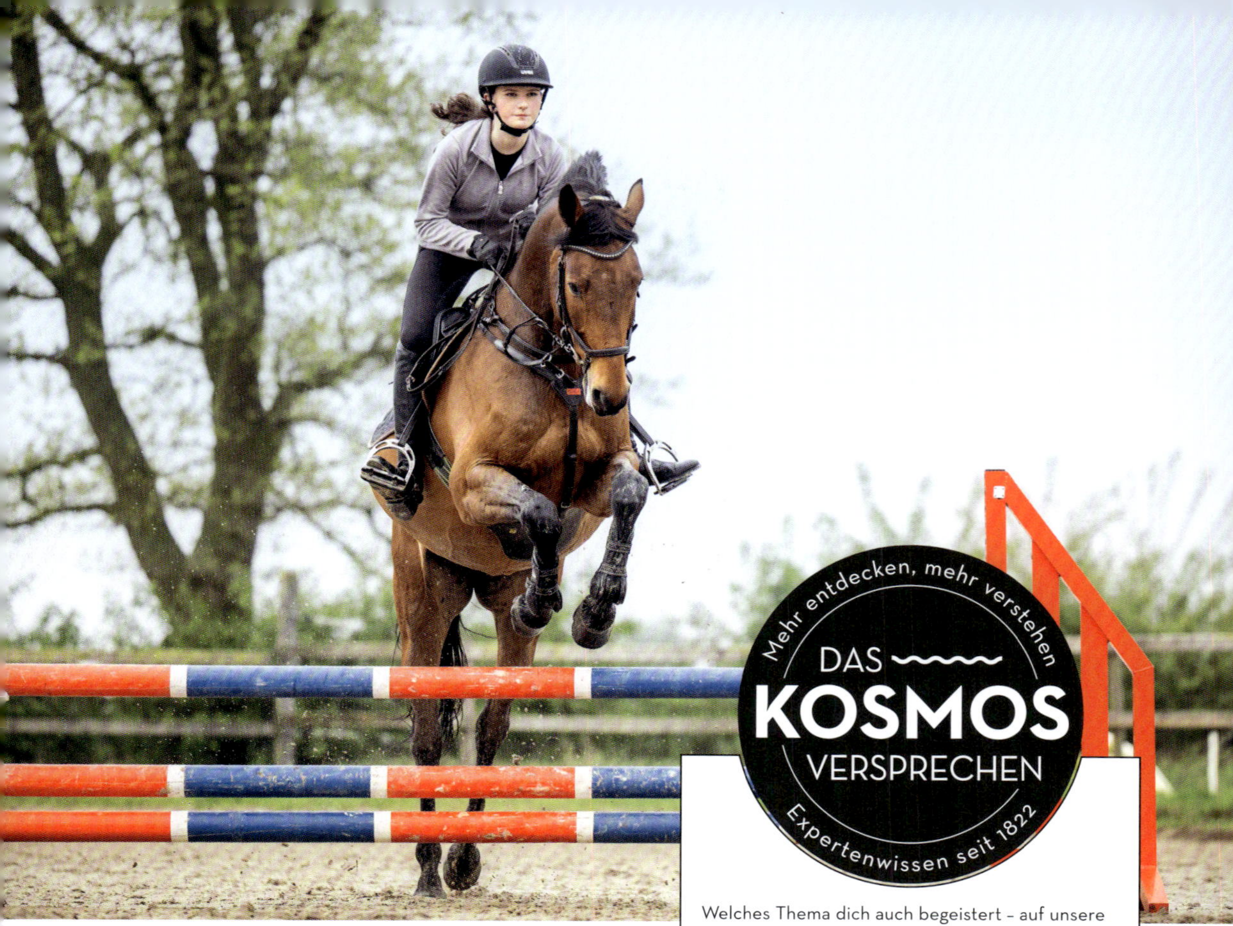

„VERBESSERE DEIN REITEN"

Der Titel und das so formulierte Thema dieses Buches mag ein wenig überraschen, weil es keinen Einblick in die Inhalte des Reitens zu geben scheint. Attraktive Reitaspekte werden nicht signalisiert, Anziehungskräfte für den Leser bzw. Käufer bleiben also zunächst verborgen.

Der Begriff „Thema" stammt aus der „Didaktik als Theorie des Unterrichts". Sie versucht, die Vielschichtigkeit und Wechselwirkung von Lernprozessen des Menschen in dem entsprechenden Fachgebiet zu erfassen. Dabei geht es zunächst um Bedingungsfelder. Gemeint sind damit z. B. Räumlichkeiten wie Reithalle, Außenplatz etc. sowie Geräte als Hilfsmittel für das Lernen bei Mensch und Pferd. Sie ermöglichen oder behindern positive Lernergebnisse des Reiters und des Pferdes.

Weitere Bedingungsfelder sind das Pferd und der Reiter. Sie müssen „erkannt werden", um Zielperspektiven einschätzen und methodisch planen zu können. Mit „erkannt werden" ist gemeint, dass die Stärken und Schwächen von Pferd und Reiter die Auswahl der methodischen Schritte entscheidend beeinflussen. Oftmals sollen Reiter Lektionen anvisieren, die sie aufgrund ihrer eigenen Fähigkeiten und der ihrer Pferde noch gar nicht erreichen können.

Eine „Didaktik als Theorie des Unterrichts" kann erst nach der Bedingungsanalyse Entscheidungen über Themen, Ziele, Inhalte, Methoden und Überprüfungsmöglichkeiten treffen. Dabei bedeutet die Formulierung des „Themas" die Wahl eines Inhaltes (Lektion) mit einem angedeuteten Ziel. Rückwärtsrichten ist ein Inhalt (eine Lektion), kein Thema, weil noch keine Zielperspektive miteinbezogen wird. Ein „Thema" wird daraus erst, wenn z. B. das Rückwärtsrichten zum Erreichen der Durchlässigkeit des Pferdes oder zur Verbesserung der Koordination der Hilfengebung des Reiters formuliert wird. Durchlässigkeit und Koordination der Hilfen signalisieren Zielentscheidungen.

Dabei sind Ziele Verhaltensänderungen von Pferd und Reiter, die durch den systematischen Aufbau von Lektionen (Inhalte der Reitlehre) methodisch sachlogisch angestrebt werden (z. B. vom Leichten zum Schweren etc. gemäß der Komplexität der Skala der Ausbildung des Pferdes oder der Skala der Ausbildung des Reiters). Am Ende einer langen didaktischen Lernkette stehen dann Überprüfungsmöglichkeiten der zielperspektivisch angedeuteten koordinativen Fähigkeiten und Fertigkeiten (Reittechniken) von Reiter und Pferd.

LERNEN SCHRITT FÜR SCHRITT

Was meint nun in diesem Zusammenhang das Thema „Verbessere dein Reiten"? Reitlehren sind bereits genug geschrieben worden und benötigen keine weitere Ergänzung. In den Reitlehren werden meistens idealtypische Wege für das Pferd aufgezeigt,

während die Lernwege für den Reiter weitestgehend ausgespart bleiben. Es werden Pferde und Reiter stets idealtypisch dargestellt, doch die Realität sieht anders aus.
Der Ansatzpunkt dieses Buches liegt in dem Wort „verbessern". Es wird angedeutet, dass keine Idealtypik der Reitlehre angestrebt wird. Diese würde bei jedem Reiter bewegungsmäßig einen zu großen Unterschied zur augenblicklichen Praxis aufweisen. An diesen Diskrepanzen zwischen Idealtypik Reitlehre und realer Praxis strandet der Reitlehrer trotz aller Bemühungen jedoch täglich, weil er den Reiter (oder auch das Pferd) überfordert. Außerdem findet in der täglichen Praxis eine zu starke Orientierung des Ausbilders an äußeren Bildern der Bewegungsabläufe von Reiter und Pferd statt. Deshalb sollte der Reitausbilder versuchen, auch innerlich ablaufende Prozesse zusätzlich zu den äußeren Bildern bei Reiter (und Pferd) zu berücksichtigen. Ebenso sind die angesprochenen Bedingungsfelder wie Reithalle, Außenplatz etc. und Geräte als Hilfsmittel des Lernens (als Lernunterstützer) stets stärker miteinzubeziehen.
Es wird in diesem Band versucht, Perspektiven einer Didaktik des Reitens zu entwickeln, die sich an der Struktur des 6-Punkte-Programms von Meyners orientiert.
Das pragmatische Programm bezieht sich vorrangig auf den Reiter, soll hier jedoch in den ergänzenden Ausführungen auch auf Theorie- und Praxisebenen des Pferdes ausgeweitet werden.
Somit mag es gelingen, Entscheidungen für „Verbesserungsprozesse" sachgerechter treffen zu können. Sachgerechter bezieht sich auf die Steigerung der motorischen Leistungen von Pferden und Reitern, die nicht zufällig sind, sondern sich zielgerecht entwickeln lassen vor dem Hintergrund der Bedingungs- und Entscheidungsfelder im Unterricht. Reitunterricht zeichnet sich also nicht durch eine Orientierung an der Idealtypik der Lektionen für das Pferd aus, sondern strebt stufenweise Lernprozesse des Pferdes und Reiters an. Diese sind aber nur möglich, wenn auch der Reiter einem kontinuierlichen Prozess der Veränderung seiner motorischen Abläufe unterzogen und nicht von vornherein in eine „Endform" gepresst wird.
Es gilt, sowohl für das Pferd als auch für den Reiter methodische Schritte zu entwickeln, die sich sachlogisch aufbauen und von Schritt zu Schritt keine zu großen Lernsprünge aufweisen. Sowohl der Reitlehrer als auch der Reiter müssen sich Zeit gönnen, um Lernergebnisse als stabile verinnerlichte Prozesse wachsen zu lassen. Dieses natürliche Wachsen lassen garantiert auch – neben einer motorischen Qualitätsgarantie – eine höhere Chance der Gesundheitserhaltung von Pferd und Reiter, weil beide Systeme miteinander korrespondieren.

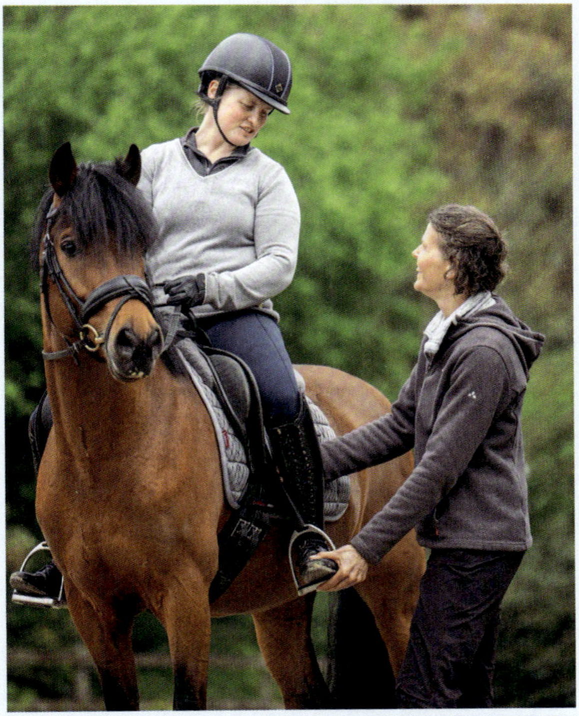

Der Austausch zwischen Schüler und Ausbilder ist die Grundlage für Verbesserung: Bewegungstrainerin EM Katrin Eschenhorst und Schülerin Lisa Kreitel.

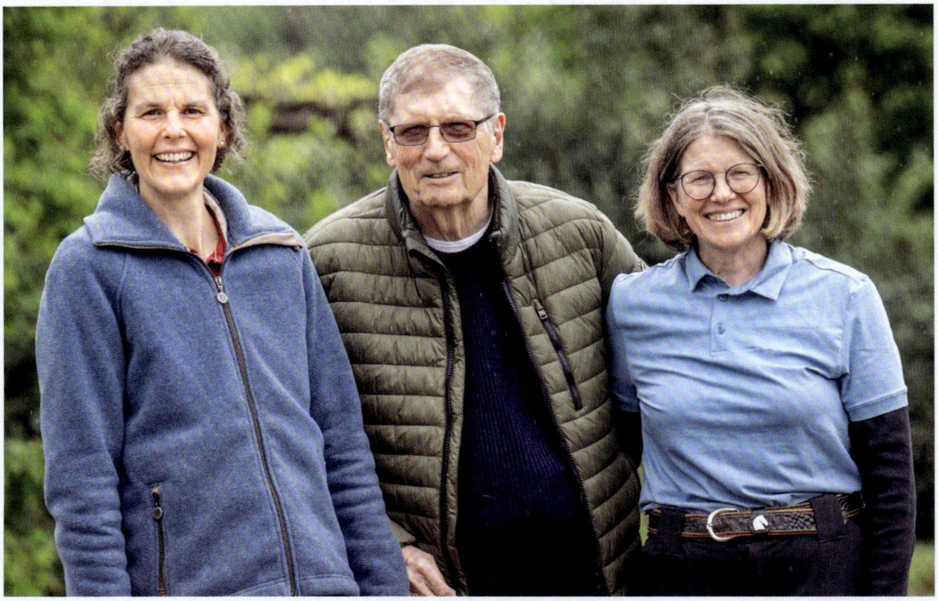

Das Autorenteam: Pferdewirtschaftsmeisterin Katrin Eschenhorst, Sportwissenschaftler Eckart Meyners und Diplom-Pädagogin Roswitha Schreiber-Jetzinger.

DIE KOOPERATION ZWEIER WESEN

„Reiten lernt man nur durch Reiten" ist ein typischer Spruch, der unsere bisherigen Argumente offenbar widerlegt. Doch was meint dieser Satz eigentlich? So wie man Badminton nicht durch Tennis erlernt, so lernt man Reiten nicht durch Sitzübungen auf dem Holzpferd. Gemeint ist mit dieser Aussage von Reitausbildern, dass man im Reiten nie auslernen kann. Es wird selten ein fixiertes Endprodukt geben, weil eine Kooperation zweier Wesen so unsagbar viele, nicht vorhersehbare gemeinsame Reitsituationen möglich macht. Diese werden nie endgültig planbar sein können.

Reiten sollte als eine Lebensform gelten, als eine Ausweitung des Begriffes Sportart, die an Vielfalt von Möglichkeiten des gemeinsamen Handelns kaum mit anderen Sportarten verglichen werden kann. Die Verwobenheit beider individueller Wesen ist ein so komplexes Geschehen von Bewegung und Wahrnehmung, dass man nie zu einem idealtypischen Endprodukt gelangen kann.

Ein Tennisschläger ist irgendwann an Bewegungsmöglichkeiten ausgelotet, denn er ist kein Lebewesen wie ein Pferd, sondern ein Gerät. Ein Pferd hingegen hat so unsagbar vielfältige Wesenszüge, die sich je nach Reiter unterschiedlich äußern können. Somit ist weder vom Reiter noch vom Reitausbilder alles bis zum Letzten planbar. Ziel ist es, dass das Pferd und der Reiter miteinander verschmelzen, damit die Bewältigung von Lektionen und Kombinationen von Lektionen optimal gelingen kann.

HINWEIS

In diesem Buch wird für die bessere Lesbarkeit das generische Maskulinum verwendet. Die verwendeten Personenbezeichnungen beziehen sich – sofern nicht anders kenntlich gemacht – auf alle Geschlechter.

SUCHE DIE URSACHE
— *und finde die Lösung*

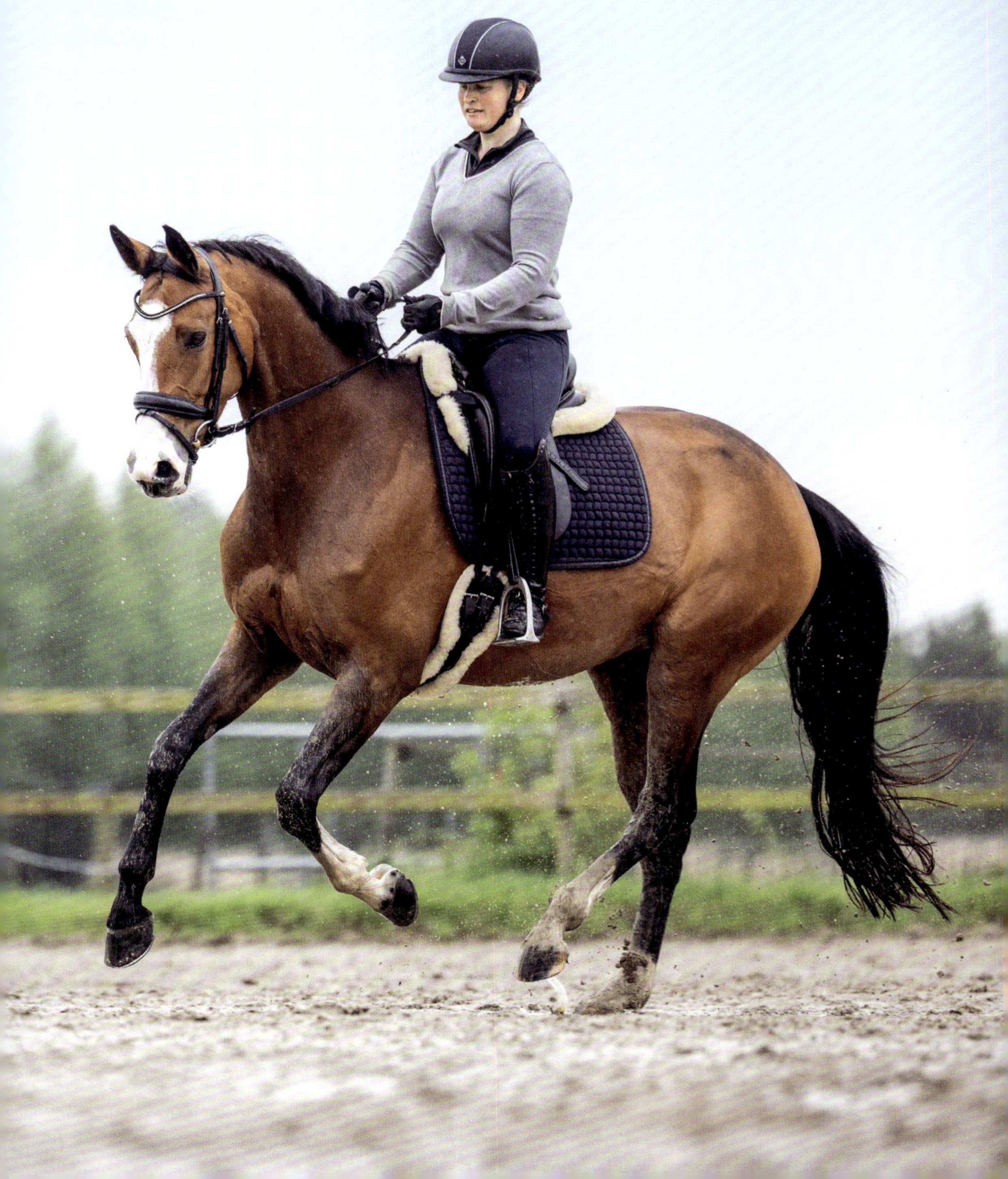

DIE VERKNÜPFUNG VON BEWEGUNGSLEHRE UND REITLEHRE

Zum Verbessern des Reitens kann an verschiedenen Stellen angesetzt werden. Die beiden Hauptansatzpunkte sind das Pferd und der Reiter. Bei beiden hat der Ausbildungsstand eine große Bedeutung.

AUSBILDUNGSSTAND VON PFERD UND REITER

Mit dem Ausbildungsstand ist beim Pferd seine Entwicklung in Hinsicht auf seine Schulung als Reitpferd, beim Reiter ist damit der Dialog mit dem Pferd gemeint. Wie gut kann der Reiter auf das Pferd eingehen, sodass er es zum gewünschten Ziel führen kann?
Weder ein Pferd noch der Reiter sind Maschinen oder Computer. Dennoch wollen wir zur Verdeutlichung das Bild eines EDV-Systems verwenden, um einen Vergleich aus der heutigen Realität des Reiters zu nehmen und um die Komplexität der Zusammenhänge von Reiter und Pferd darzustellen.

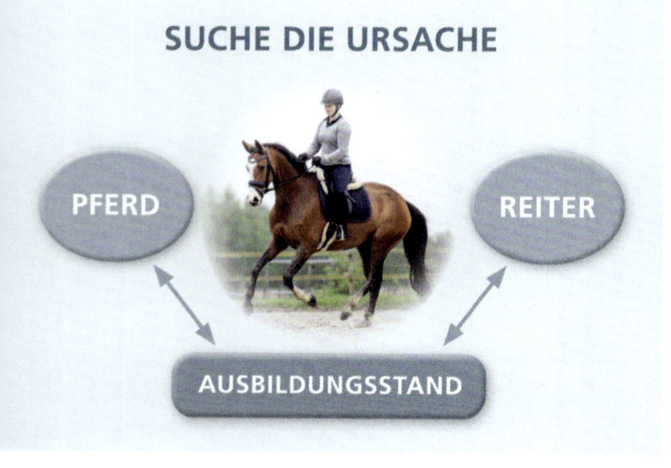

DER REITER

Die Abbildung vergleicht den Reiter mit einem Bild eines EDV-Systems (Notebook oder Smartphone). Die Ausrüstung entspricht dem Akku deines Gerätes. Wenn die Ausrüstung eine unterstützende Funktion hat und nicht dysfunktional ist (siehe Seite 50 ff.), dann kann dein Gerät eingeschaltet und bedient werden. Die physischen Faktoren (in der Grafik in Grün gehalten) entsprechen der Hardware deines Gerätes, also den technischen Eigenschaften – beim Lebewesen sind es die Grundstrukturen, die vorgegeben sind und nur in gewissem Maße verändert werden können. Jeder Reiter hat unterschiedlich lange Knochen, seine Muskeln bestehen mehr aus schnellen oder langsamen Muskelfasern (fast twitch/slow twitch) usw. So ist die Grundstruktur jedes Reiters einzigartig.
Die psychischen Faktoren (rote Kästchen) entsprechen dem Betriebssystem des Gerä-

SUCHE DIE URSACHE

Beobachtung des Reiters aus verschiedenen Blickwinkeln

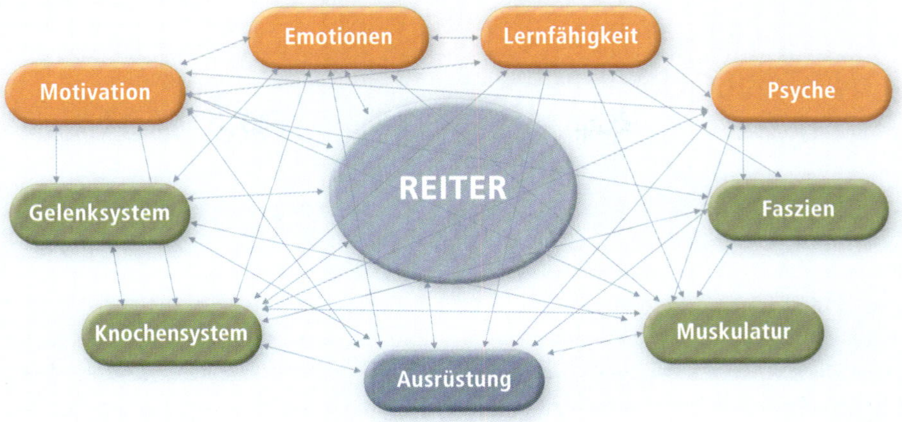

SUCHE DIE URSACHE

Beobachtung des Pferdes aus verschiedenen Blickwinkeln

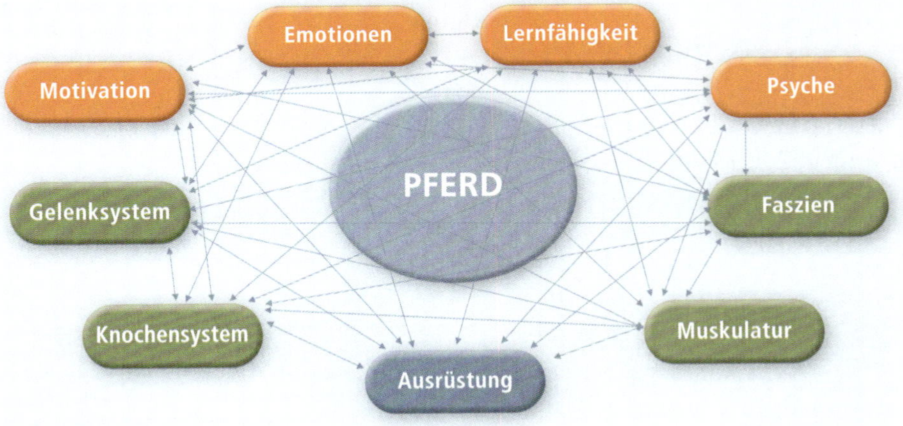

tes, also der Software. Nur mit den entsprechenden Programmen und Betriebssystemen kann ein Gerät reibungslos arbeiten.

DAS PFERD

Auch für dein Pferd gilt diese Aufteilung. Funktioniert der Akku? Hat die Ausrüstung deines Pferdes eine unterstützende Funktion oder ist sie dysfunktional, weil sie dein Pferd stört und es so davon abhält, dir als Reiter „zuzuhören"?
Wird dein Pferd gemäß seinen individuellen anatomischen Gegebenheiten trainiert und passen das Betriebssystem und die angewendeten Programme auch dazu? Damit ist gemeint, ob du sowohl die physischen Möglichkeiten (in der Grafik grün gehalten) als auch den psychischen Zustand (rote Kästchen) deines Pferdes berücksichtigst.

DIE VERKNÜPFUNG VON BEWEGUNGSLEHRE UND REITLEHRE

Mit dem Ausdruck „Die Situation lehrt“ (Trebels 1990) ist gemeint, dass sowohl der Reiter als auch das Pferd am besten über das eigenständige Lösen einer ihrem Ausbildungsstand entsprechend gestellten Aufgaben lernen. Vorher fixierte, nicht variable Lösungswege und Vorgaben geben dem Lebewesen nur eine Möglichkeit des Lernens und verringern so ihre Selbsttätigkeit in ungewöhnlichen Situationen. Verschiedene Aufgabenstellungen befähigen den Reiter, flexibel zu handeln.

Ein Pferd, das nur gelernt hat, passend zu den Sprüngen geritten zu werden, wird Bewegungsprobleme bei unpassenden Distanzen bekommen. Es hat nicht gelernt, sich selbstständig zu helfen und besitzt keine flexible Handlungs- bzw. Reaktionsfähigkeit. Die Folge sind Abwürfe oder Verweigerungen.
Wenn das Pferd aber variabel ausgebildet wird und seine Aufgabe verstanden hat, kann es sich auch noch in einer unpassenden Situation helfen. Genauso kann ein Reiter sich leichter zurechtfinden und situationsgerecht reagieren, wenn er durch unterschiedliche Situationen gelernt hat und nicht nur mit idealtypischer Umgebung und Situationen konfrontiert wurde.

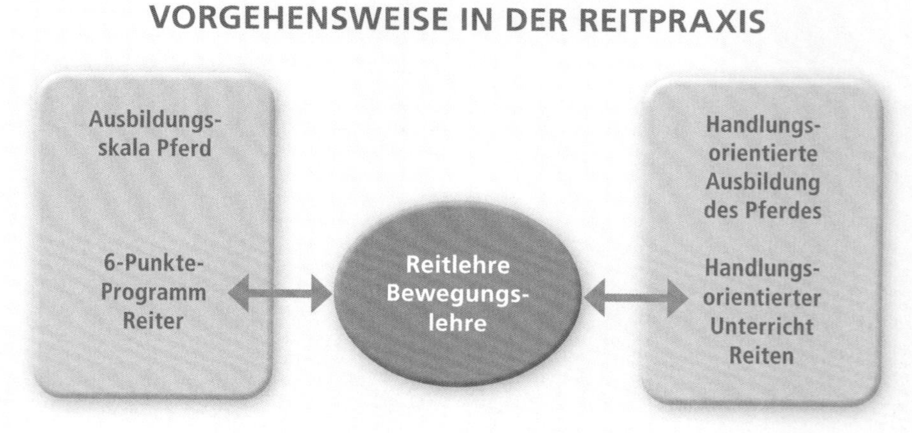

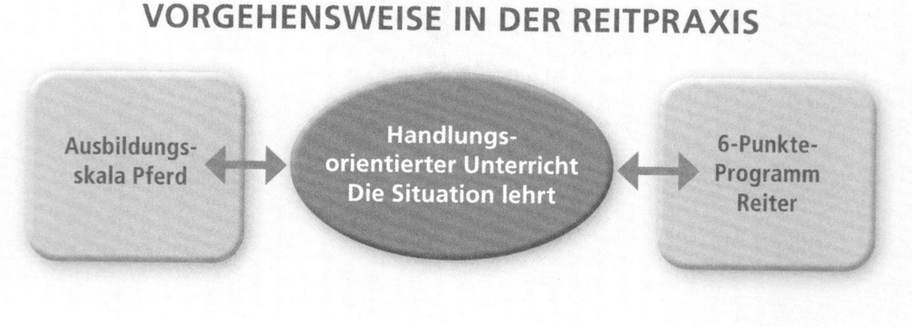

GRUNDSTRUKTUR IN DER AUSBILDUNG VON PFERD UND REITER

Ausbildungsskala Pferd

1. Takt
2. Losgelassenheit
3. Anlehnung
4. Schwung
5. Geraderichten
6. Versammlung

Dialog zwischen Pferd und Reiter

6-Punkte-Programm

- Kopf-, Hals- und Nackenbereich
- Brustbein und Brustkorb
- Golgi-System
- Iliosakralgelenk (ISG) und Becken
- Beweglichkeit in den großen Gelenken
- Treiben und Kreuzkoordination

VORGEHENSWEISE

Beim Pferd ist die Reihenfolge der Ausbildungsskala unabdingbar, während beim 6- Punkte-Programm für den Reiter dort eingestiegen werden kann, wo es für den Reiter/Ausbilder im Augenblick als am notwendigsten erachtet wird. Beim 6-Punkte-Programm gibt es keine zwanghafte Reihenfolge.

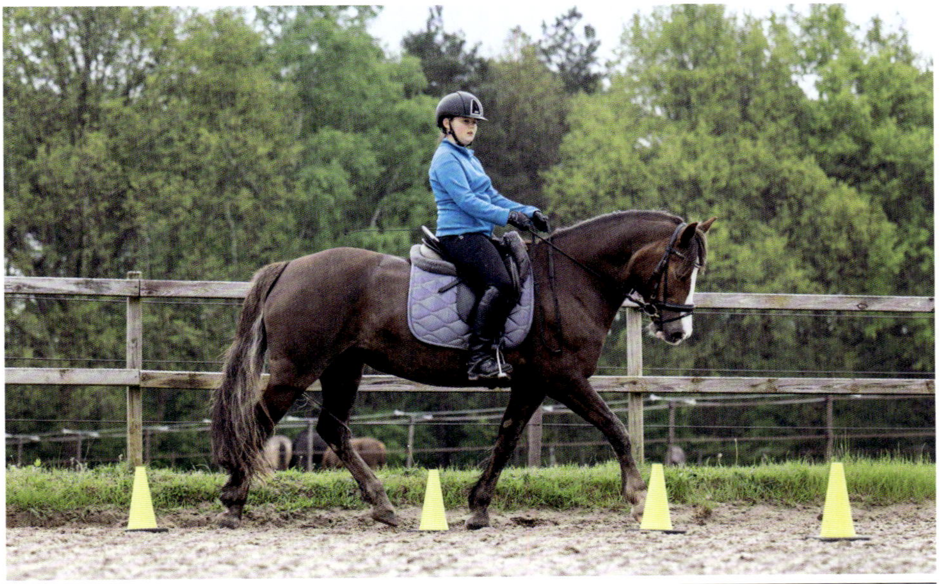

Beim handlungsorientierten Unterricht löst der Reiter eine gestellte Aufgabe.

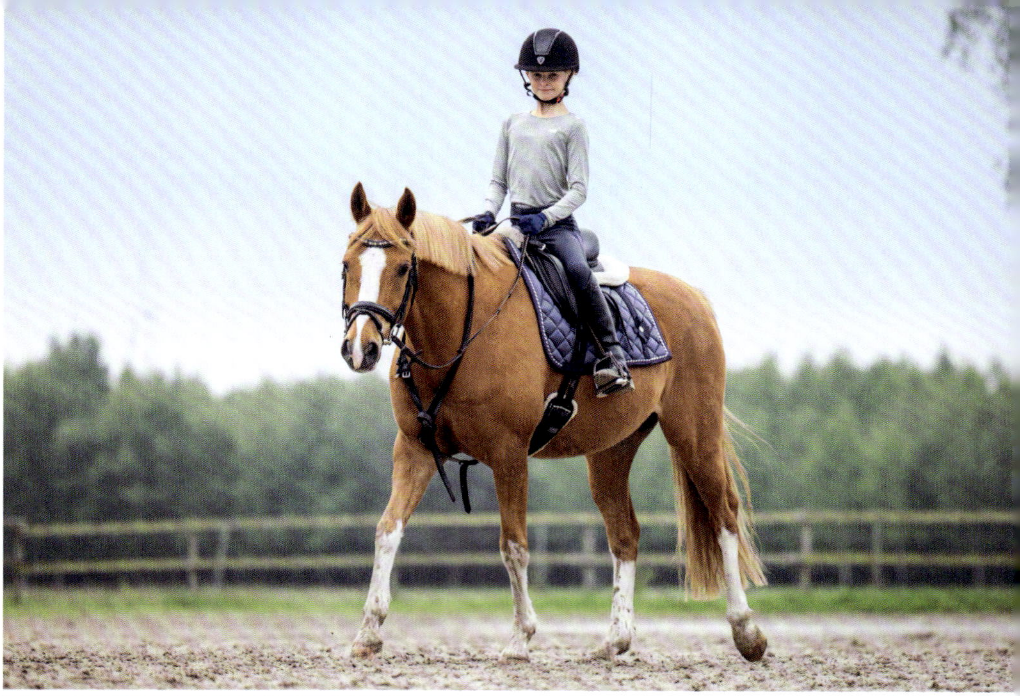

Ohne optische Orientierungshilfen sind Aufgaben für jugendliche Reiter schwieriger zu lösen.

DIE AUSBILDUNGSSKALA DES PFERDES – PRAKTISCH ERLEBEN

In diesem Kapitel stellen wir die Ausbildungsskala des Pferdes vor und machen sie für dich selbst mit Übungen am Boden und beim Reiten erlebbar.

DIE AUSBILDUNGSSKALA

Grundsätzlich hat die Ausbildung von Pferden vier wesentliche Ziele:

— richtiges Reiten ist praktizierter Tierschutz,
— Ausbildung ist die beste Unfallverhütung,
— Freude am Reiten hat nur, wer es beherrscht,
— nachhaltige Leistungssteigerung ist nur mit einer der Natur des Pferdes entsprechenden Ausbildung möglich.

Das Wesen der Skala der Ausbildung ist dadurch bestimmt, dass keine der sechs Fähigkeiten Takt, Losgelassenheit, Anlehnung, Schwung, Geraderichten und Versammlung isoliert betrachtet werden darf. Innerhalb dieses hierarchisch aufgebauten Systems ist die Reihenfolge der Fähigkeiten nicht austauschbar, denn sie sind vom Elementaren zum Komplexen gestaffelt.

— Die Reihenfolge entspricht dem Entwicklungsstand eines Pferdes in seiner Ausbildung.
— Die Reihenfolge ist Grundlage für den Aufbau jeder einzelnen Reiteinheit.
— Die einzelnen Punkte entsprechen der Grundstruktur des Pferdes.

- Der vorhergehende Punkt ist unabdingbare Voraussetzung für den nächsten Punkt.
- Das ganze System entspricht dem Lehr-Lern-System Pferd.
- Das System der Ausbildungsskala dient der Erhöhung der Leistungsfähigkeit des Pferdes.
- Das System der Ausbildungsskala dient der Gesunderhaltung des Pferdes.

EIGENWAHRNEHMUNG – PROBIERE ES AUS

Kehren mit dem Besen: Kehre in deinem eigenen Takt, bestimme Strichlänge und Frequenz selbst. Kehre in einem Takt, der von einem anderen vorgegeben wird. Was fällt dir leichter?
Hüpfen: mit Pause, mit vorgegebenem oder mit selbstgewähltem Takt. Welche Variante ist für dich einfacher? Wann fällt es dir leichter, loszulassen?

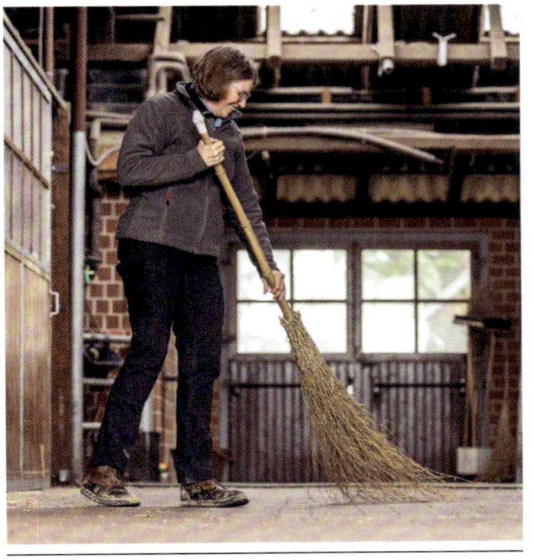

Kehre in einem Takt.

DEFINITION DER AUSBILDUNGSSKALA: 1. TAKT

Takt ist das räumliche und zeitliche Gleichmaß der Bewegung in allen drei Grundgangarten. Was heißt das? Das Pferd gibt durch seine Struktur (Fasziensystem, Muskelsystem, Knochensystem etc.) den Takt vor, und die Aufgabe des Reiters ist es, sich dem Pferd anzupassen und dadurch das Pferd zu unterstützen, seinen Takt zu finden und zu halten. Der Reiter bestimmt die Schritt-, Tritt- bzw. Sprunglänge (siehe Seite 84 Subjekt-Objekt Rhythmus).

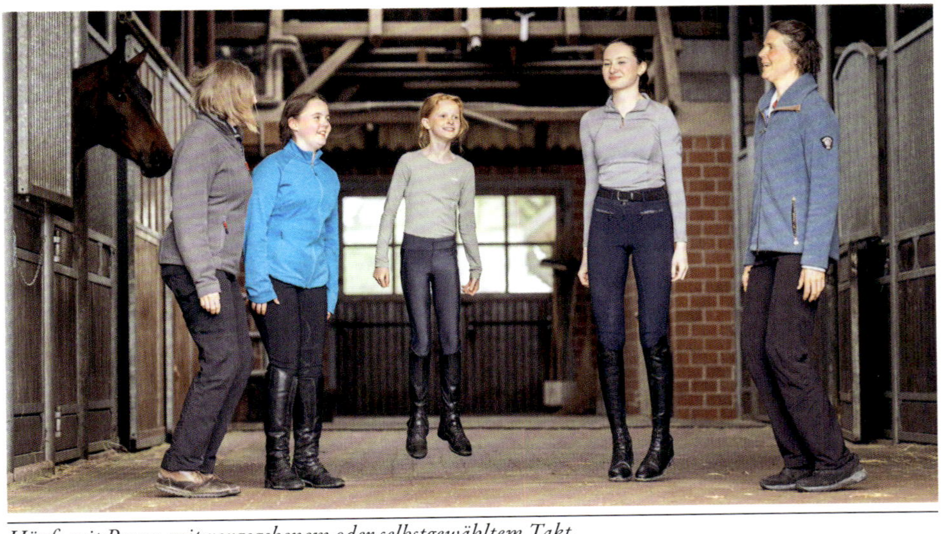

Hüpfe mit Pause, mit vorgegebenem oder selbstgewähltem Takt.

Mit Pferd an der Hand: Gehe im Gleichschritt neben deinem Pferd her und verändere dann die Länge deines Schrittes (kürzer, länger). Wenn du den Rhythmus nicht veränderst, wird sich das Pferd deiner Bewegung anpassen.

Reiten: Taktübungen im Leichttraben und im Galopp. Bleibe zwei Takte (Tritte/Sprünge) stehen, sitze einen Takt (Tritt/Sprung) aus oder übe andere Rhythmusvarianten wie zum Beispiel zwei Takte stehen und zwei Takte aussitzen sowie andere Kombinationen.

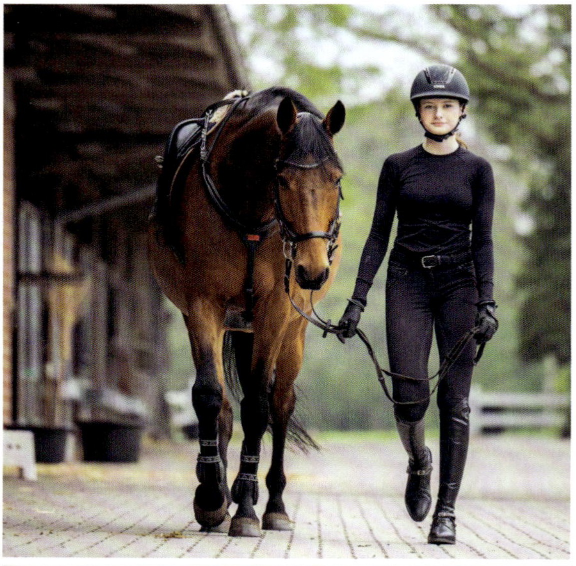

Im Gleichschritt mit dem Pferd

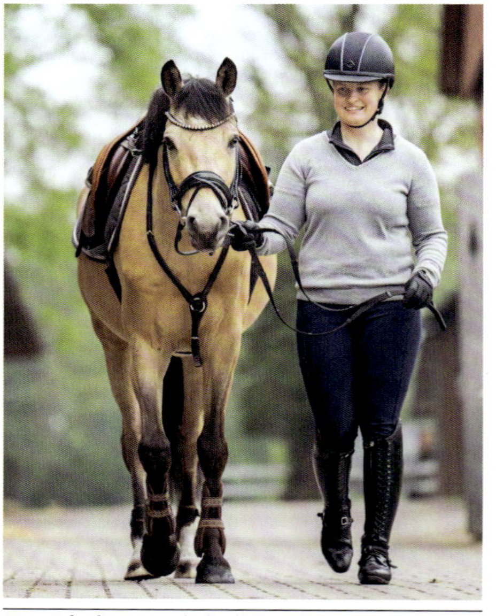

Das Pferd passt sich der Schrittlänge an.

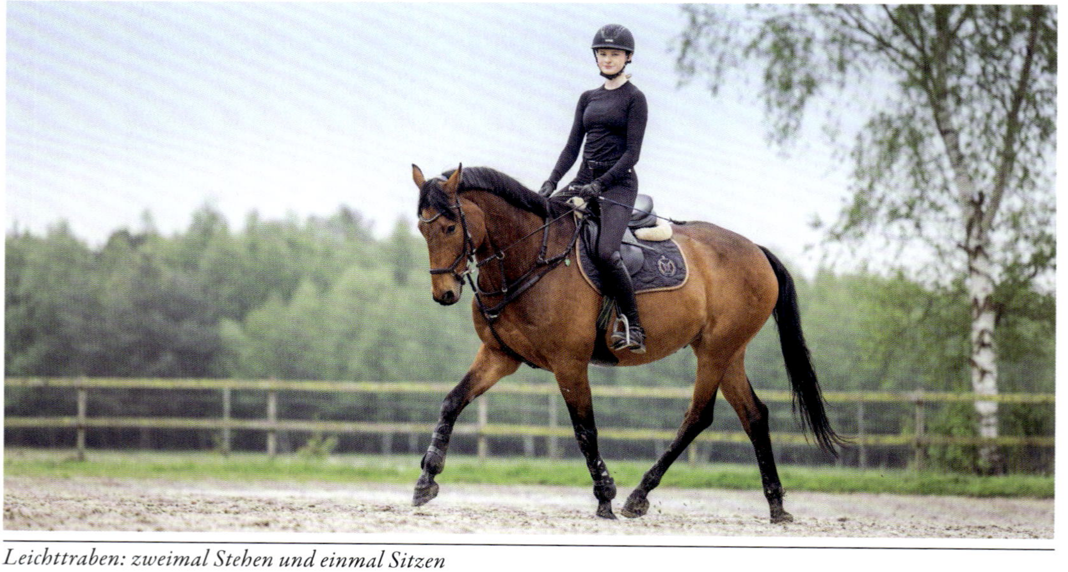

Leichttraben: zweimal Stehen und einmal Sitzen

DEFINITION DER AUSBILDUNGSSKALA: 2. LOSGELASSENHEIT

Losgelassenheit ist das regelmäßige An- und Abspannen der Muskulatur bei innerer Bereitschaft zur Mitarbeit.
Was heißt das? Regelmäßiges An- und Abspannen benötigst du, wenn du einen Stift in der Hand hast und schreibst. Wenn deine Muskulatur ganz entspannt ist, wird dir der Stift aus der Hand fallen. Wenn du deine Hand verkrampfst, wird deine Schrift kaum leserlich sein.

EIGENWAHRNEHMUNG – PROBIERE ES AUS

Dies sind Beispiele für deine äußere Losgelassenheit.
Gehe wie ein Kartoffelsack: Wie fühlt es sich an?
Gehe wie ein Zinnsoldat: Wie fühlt es sich an?
Gehe federnd: Wie fühlt es sich an?
Hier geht es um deine innere Losgelassenheit.
Gehe mit negativen und mit positiven Gedanken: Welche Auswirkung hat dies auf dein Gehen? Wie wäre es, wenn du jemanden tragen musst, der negative oder positive Gedanken hat?
Reiten: Nimm die vorher beschriebenen Körperhaltungen beim Reiten ein.
Wie reagiert dein Pferd? Blicke ernst oder lächle. Wie reagiert dein Pferd?

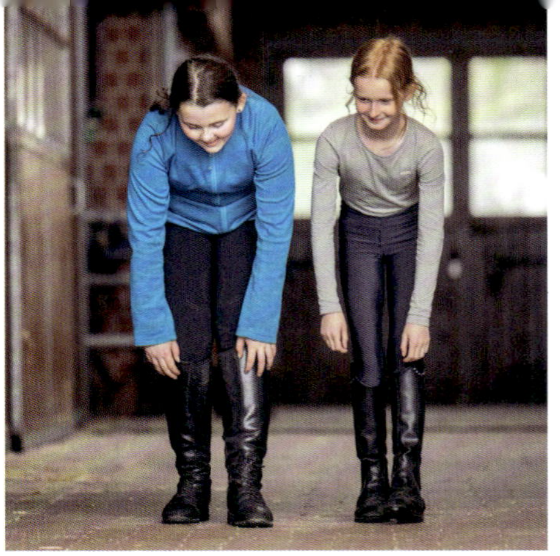

01

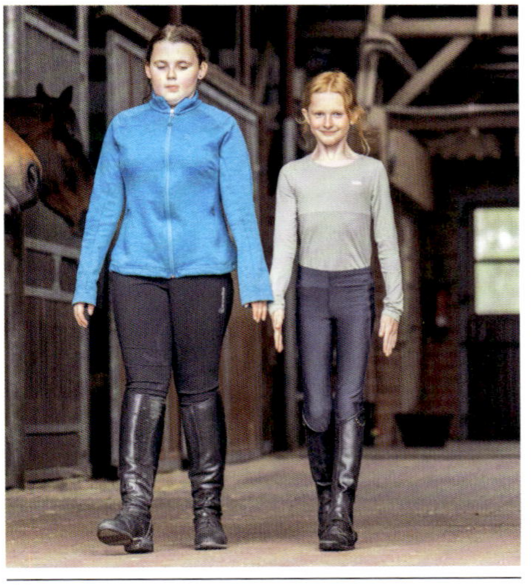

02

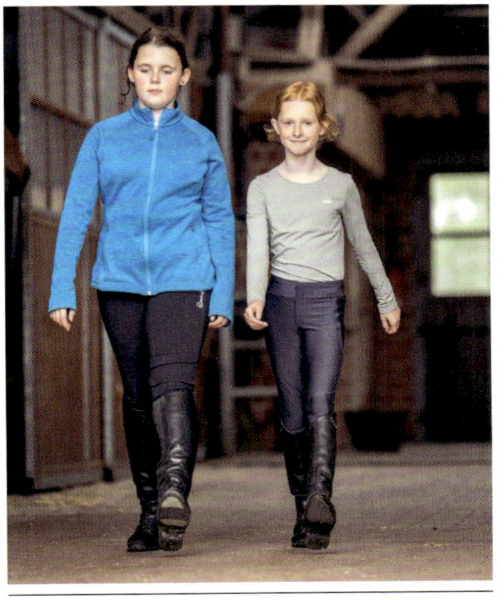

03

01 Gehe wie ein Kartoffelsack. Wie fühlt sich dein Körper an? Was spürst du?

02 Gehe wie ein Zinnsoldat. Welche Spannungen fühlst du im Körper?

03 Gehe federnd. Kannst du ein An- und Abspannen deines Körpers fühlen?

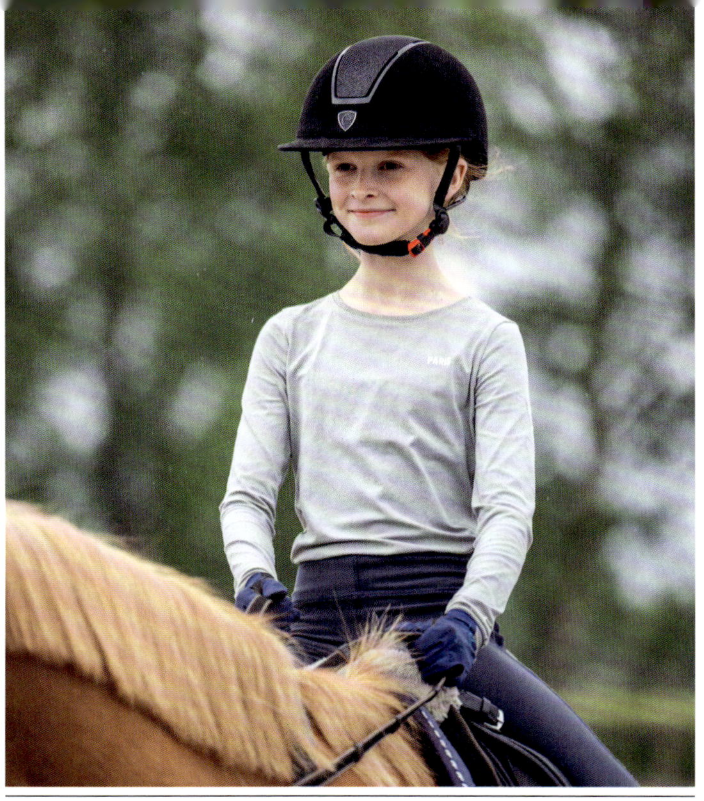

Reiterin Sophia wurde gebeten, an die Verbundenheit mit dem Pony zu denken. Das Ergebnis ist ein Lächeln und eine fröhliche Körperhaltung.

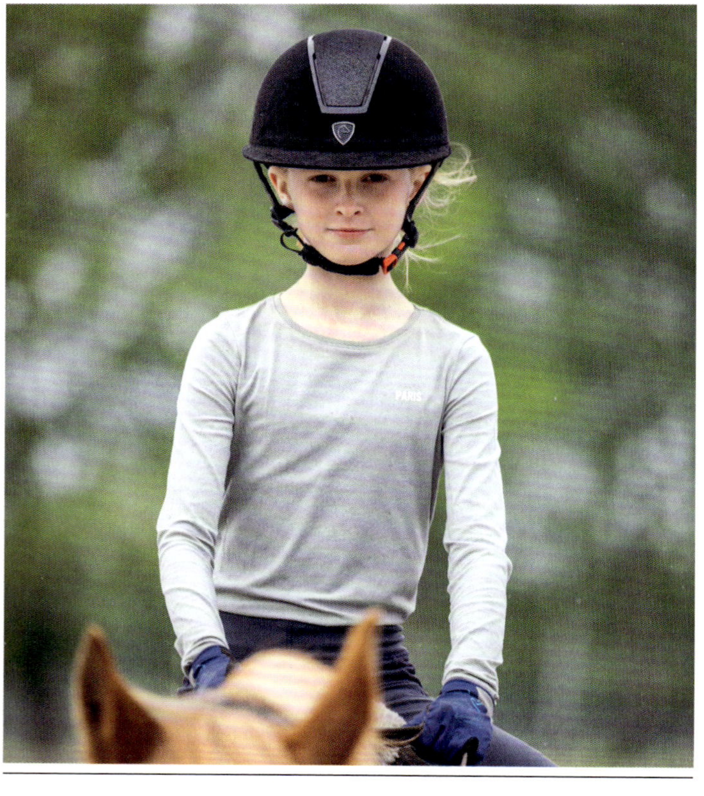

Anschließend soll Sophia sich negative Gedanken machen. Das führt zu einem Stirnrunzeln und einer angespannteren, schiefen Körperhaltung.

DEFINITION DER AUSBILDUNGSSKALA: 3. ANLEHNUNG

Anlehnung nennt man die weiche und stete Verbindung zwischen Reiterhand und Pferdmaul.

Eine korrekte Anlehnung bedeutet nicht automatisch, dass das Pferd durch das Genick geht. Auch das Pferd benötigt eine funktionale und keine formelle Kopf-Hals-Position. Funktional heißt nicht „halten", sondern Balancieren und leichtes Zulassen der Kopfbewegungen auf der Halswirbelsäule, um eine weiche Zügelführung zu ermöglichen. Was heißt das? Die Anlehnung hilft dem Pferd, sich unter dem Reiter auszubalancieren und eine positive Körperspannung herzustellen. Die Anlehnung hilft dem Pferd auch, seinen Hals so einzusetzen, dass es seine Muskulatur zum Tragen des Reiters schonend aufbauen kann.

EIGENWAHRNEHMUNG – PROBIERE ES AUS

Standübung: Stelle dich auf ein Bein. Wie anstrengend ist das? Nimm einen Finger und berühre damit die Wand. Brauchst du jetzt mehr oder weniger Kraft zum Stehen auf einem Bein?

Aufheben: Stelle einen Gegenstand vor dir auf den Boden und ziehe dein Kinn Richtung Brust. Jetzt behalte deinen Kopf in dieser Position und hebe den Gegenstand hoch. Wie einfach konntest du ihn hochheben? Nun stellst du den Gegenstand wieder auf dem Boden ab. Jetzt darfst du deinen Kopf

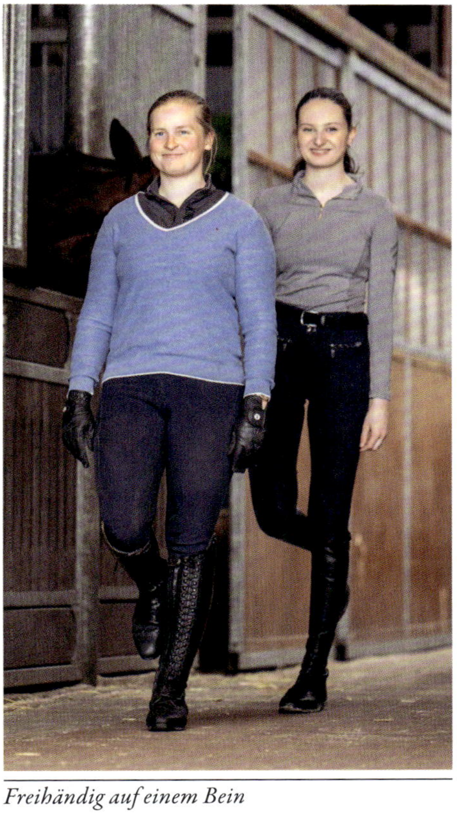

Freihändig auf einem Bein

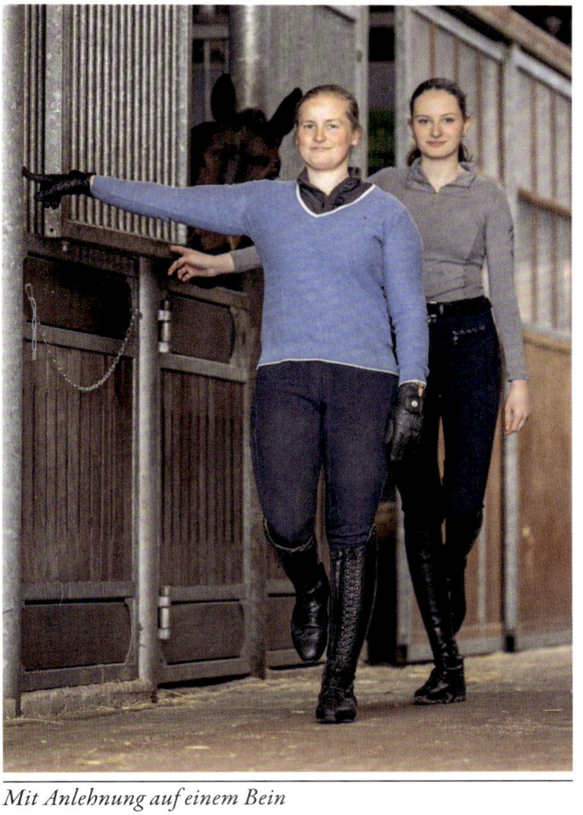

Mit Anlehnung auf einem Bein

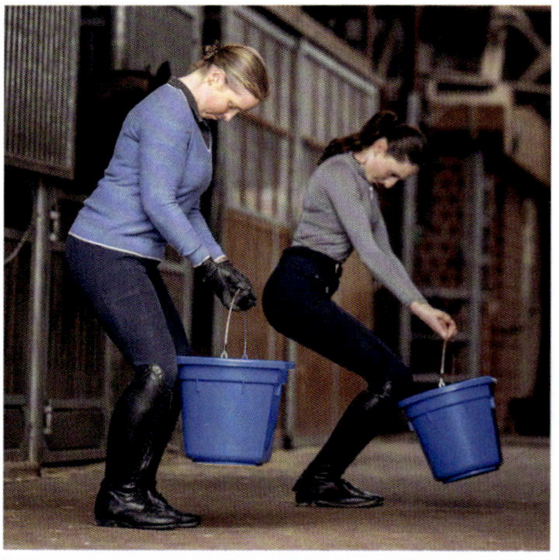

Hinter der Senkrechten

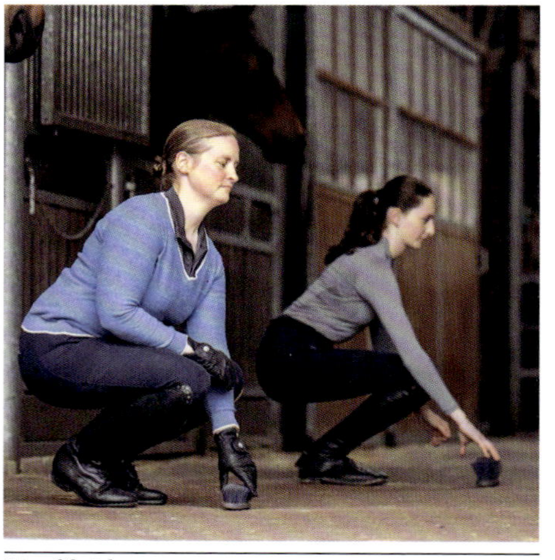

Kopf frei bewegen

bewegen, wenn du den Gegenstand hochhebst. Wie einfach konntest du ihn hochheben? Eine funktionale Kopf-Hals-Position bewirkt, dass du deinem Pferd die Möglichkeit gibst, in der Anlehnung seinen Kopf zu bewegen.

Reiten: Reite dein Pferd mit kürzeren Zügeln, mit längeren Zügeln, mit mehr Gewicht bzw. weniger Gewicht in der Hand. Jedes Pferd ist einzigartig. Finde für dich und dein Pferd jeden Tag die Abstimmung neu.

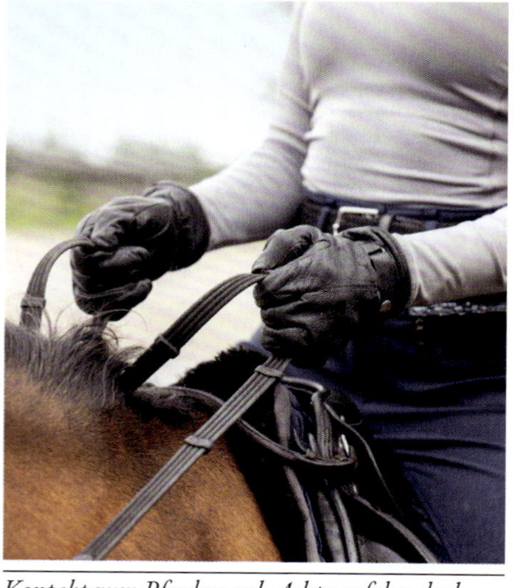

Kontakt zum Pferdemaul: Achte auf den dachförmigen Daumen.

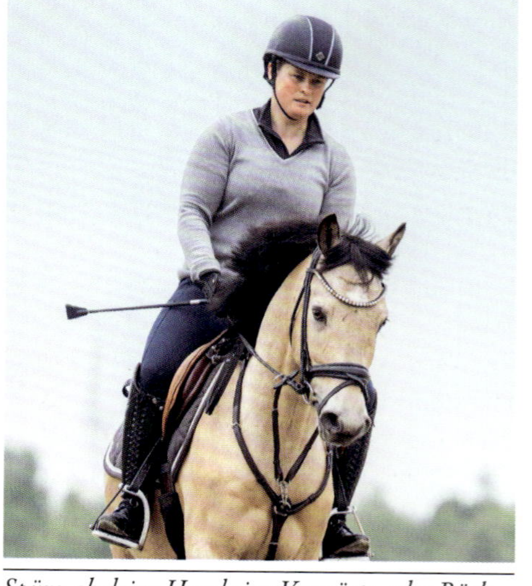

Spüre, ob deine Hand eine Vorwärts- oder Rückwärtstendenz hat.

DEFINITION DER AUSBILDUNGSSKALA: 4. SCHWUNG

Schwung ist die Übertragung des energischen Impulses aus dem Hinterbein über einen schwingenden Rücken in die Vorwärtsbewegung.

Was heißt das? Schwung ist ein vermehrtes Abdrücken des Hinterbeines vom Boden, wobei die Bewegung über den Rücken weitergeleitet wird. Der Reiter kann dann über seinen Körper und die Zügel diese Vorwärtsbewegung modulieren. Er bestimmt, wie weit das Pferd sich nach vorne bewegt.

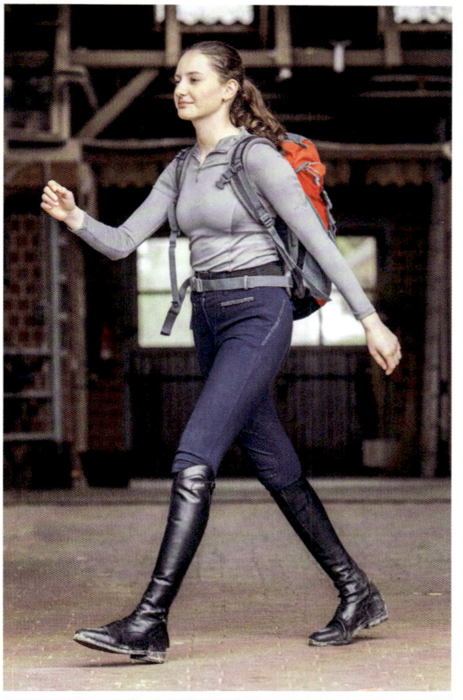

Arme schwingen mit

EIGENWAHRNEHMUNG – PROBIERE ES AUS

Rucksacktragen: Nimm einen schweren Rucksack und gehe mit dem Rucksack. Wann ist es leichter, den Rucksack zu tragen? Wenn deine Arme mitschwingen oder wenn du die Arme verschränkst?

Trampolinhüpfen: Stelle dich auf ein Trampolin. Wenn du die Bewegung des Trampolins durch deinen Körper durchlässt und dich wie das Trampolin bewegst, dann hast du Schwung. Wenn du das Trampolin bremst oder dich vom Trampolin nach oben werfen lässt, dann kann dein Körper den Schwung nicht in sich aufnehmen.

Reiten: Suche dir zwei Punkte auf dem Reitplatz oder im Gelände. Reite an diesen Punkten vorbei und zähle dabei die Anzahl der Schritte, Tritte oder Sprünge deines Pferdes zwischen diesen beiden Punkten. Dies ist deine Ausgangslage. Kannst du nun beim nächsten Mal zwischen diesen Punkten mit weniger Schritten, Tritten oder Sprüngen vorbeireiten?

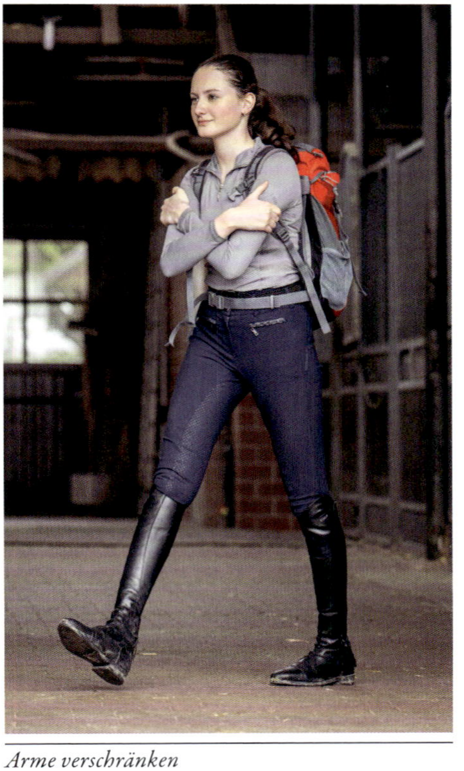

Arme verschränken

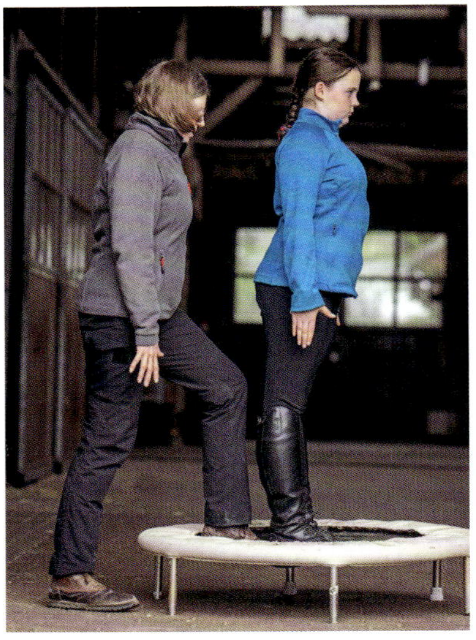

01

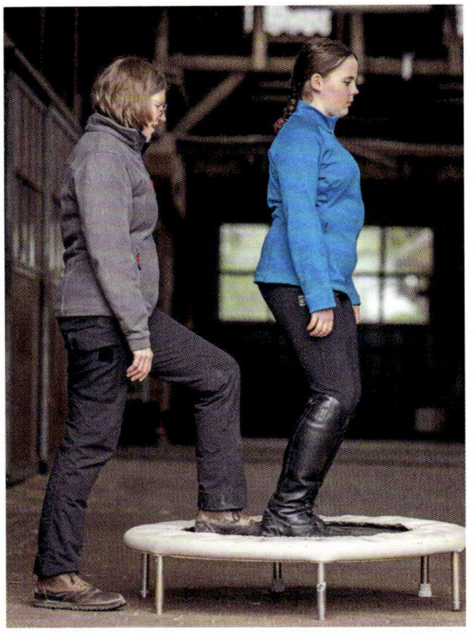

02

01 Die Schwungübertragung ist blockiert.

02 Schwung geht durch den Körper.

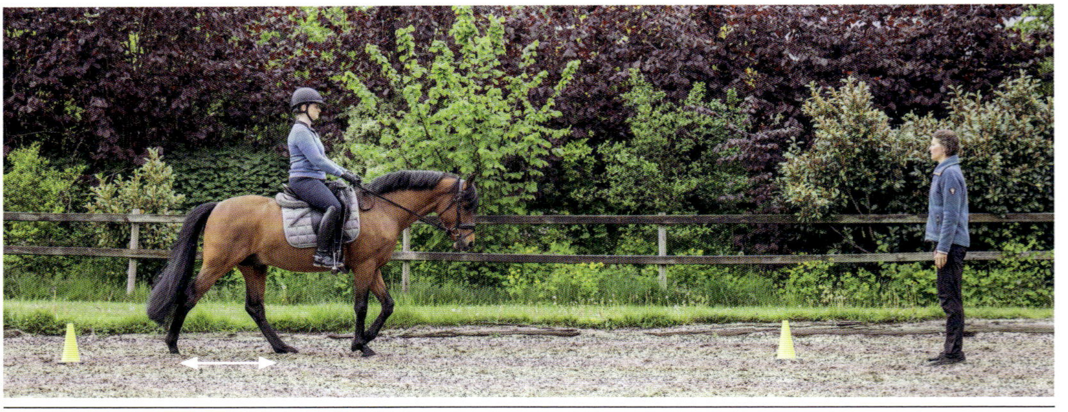

Mehr Raumgriff bewirkt weniger Schritte zwischen den Pylonen.

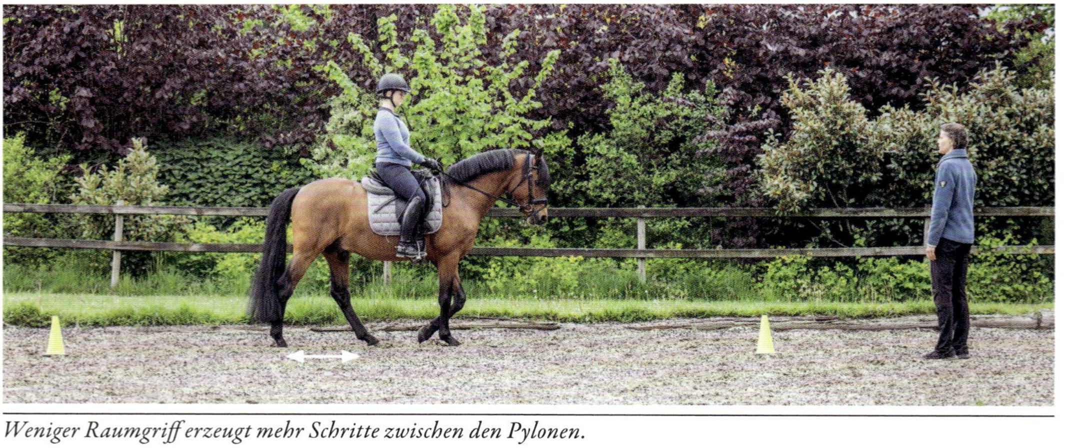

Weniger Raumgriff erzeugt mehr Schritte zwischen den Pylonen.

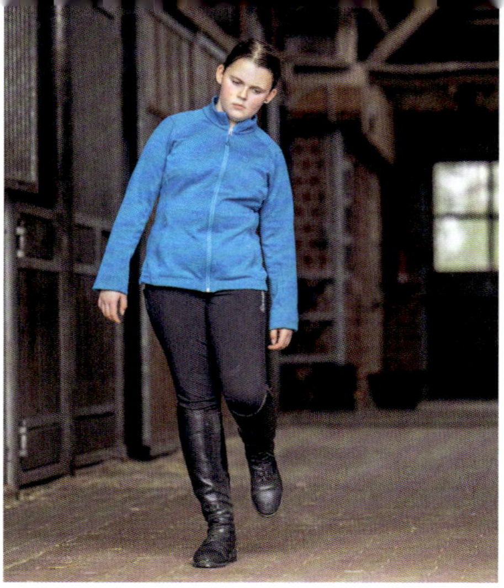

Einknicken in der Taille

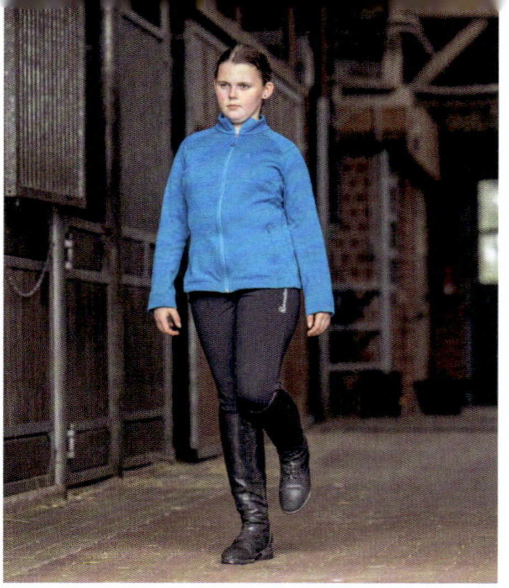

Rotieren in der Schulter

DEFINITION DER AUSBILDUNGSSKALA: 5. GERADERICHTUNG

Geraderichtung ist ein Prozess, der darauf ausgerichtet ist, sowohl auf gerader als auch auf gebogener Linie die Anpassung der Körperlängsachse des Pferdes und der Fußung der Vorder- und Hinterhufe zu erreichen. Dieser Prozess führt zu einer Entwicklung einer beidseitig gleichmäßigen Muskulatur.
Was heißt das? Nur wenn die Hinterbeine in die Spur der Vorderbeine fußen, kann das Pferd sein Gleichgewicht in der Längsachse erhalten. Dies entspricht dem Fahrradfahren: Das Pferd verwendet sein aus der Spur herausfußendes Hinterbein, wie es Stützräder beim Fahrradfahren machen. Das Ziel des Geraderichtens entspricht dem Gleichgewicht des Fahrradfahrens ohne Stützrad.

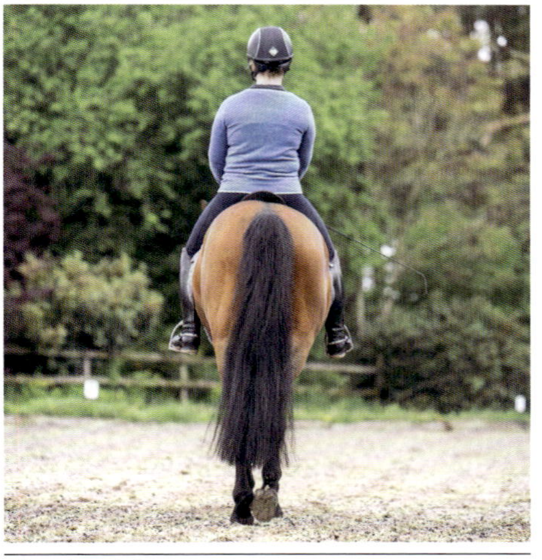

Geradegerichtet

EIGENWAHRNEHMUNG – PROBIERE ES AUS

Standübung: Stelle dich auf ein Bein. Lehne dich zu einer Seite. Du wirst in der Taille einknicken und die Beinachse wird schief werden. Wenn du aber die Schulter gegen dein Becken rotierst, dann bleibt deine Beinachse gerade und daher können deine Gelenke korrekt arbeiten. Genau das

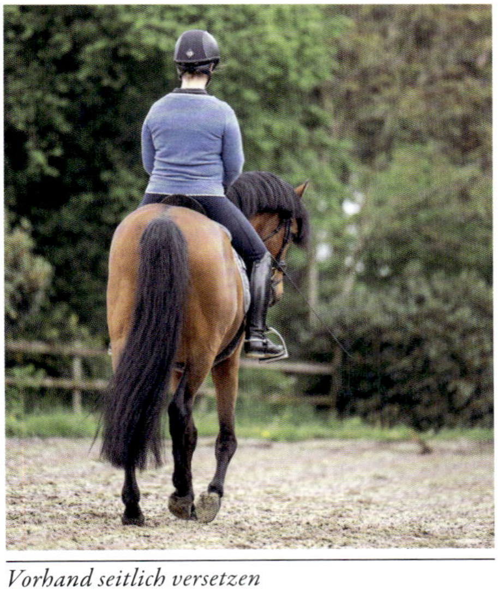

Vorhand seitlich versetzen

geschieht in deinem Pferd bei der geraderichtenden Biegearbeit bzw., wenn du die Vorhand auf die Hinterhand einstellst. Hier findest du die Verbindung zur Kreuzmusterbewegung des Menschen.
Reiten: Reite mit deinem Pferd auf einer geraden Linie ohne Bande/Zaun. Achte darauf, dass die Hinterbeine deines Pferdes auf dieser Linie bleiben. Nun versetzt du die Vorhand des Pferdes abwechselnd nach links und rechts so, dass die Hinterbeine deines Pferdes auf der Linie bleiben und nur die Vorhand versetzt wird.

DEFINITION DER AUSBILDUNGSSKALA: 6. VERSAMMLUNG

Unter Versammlung versteht man, wenn sich das Pferd mit näher herangeschlossener Hinterhand und stärker angewinkelten Gelenken der Hinterbeine ausbalancieren kann. Es bewegt sich leichtfüßig energisch und trägt sich daraus in Selbsthaltung erhabener.

Versammlung heißt, dass durch die gebeugten Hinterbeine der Körper des Pferdes in einen positiven Vorspannungszustand kommt, der es ihm ermöglicht, situationsentsprechend zu reagieren.

EIGENWAHRNEHMUNG – PROBIERE ES AUS

Seitwärtsbewegung: Bewege dich zur Seite mit gestreckten bzw. gebeugten Beinen. Was fällt dir leichter?
Ballfangen: Fange einen Ball mit durchgestreckten Beinen. Wie fühlt sich das an? Fange den Ball mit gebeugten Beinen (das entspricht der Vorspannung). Ist das einfacher? So wie wir den Ball besser fangen können, so kann ein versammeltes Pferd den Reiter besser tragen.
Reiten: Wenn ein Flugzeug landet, setzt es zuerst mit dem Fahrwerk oder mit der Nase am Boden auf? Die Nase bleibt oben. Beim Wechseln von einer schnelleren in eine ruhigere Gangart soll sich die Hinterhand des Pferdes wie beim Landen eines Flugzeuges verhalten. Wenn du das Gefühl hast, dass dein Pferd sich hinten senkt, dann spürst du

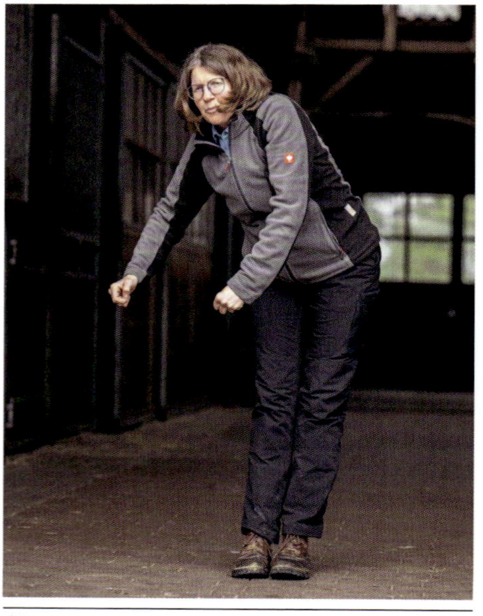

01

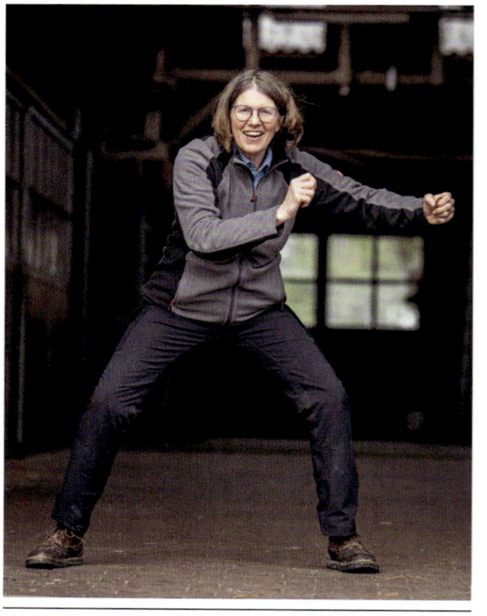

02

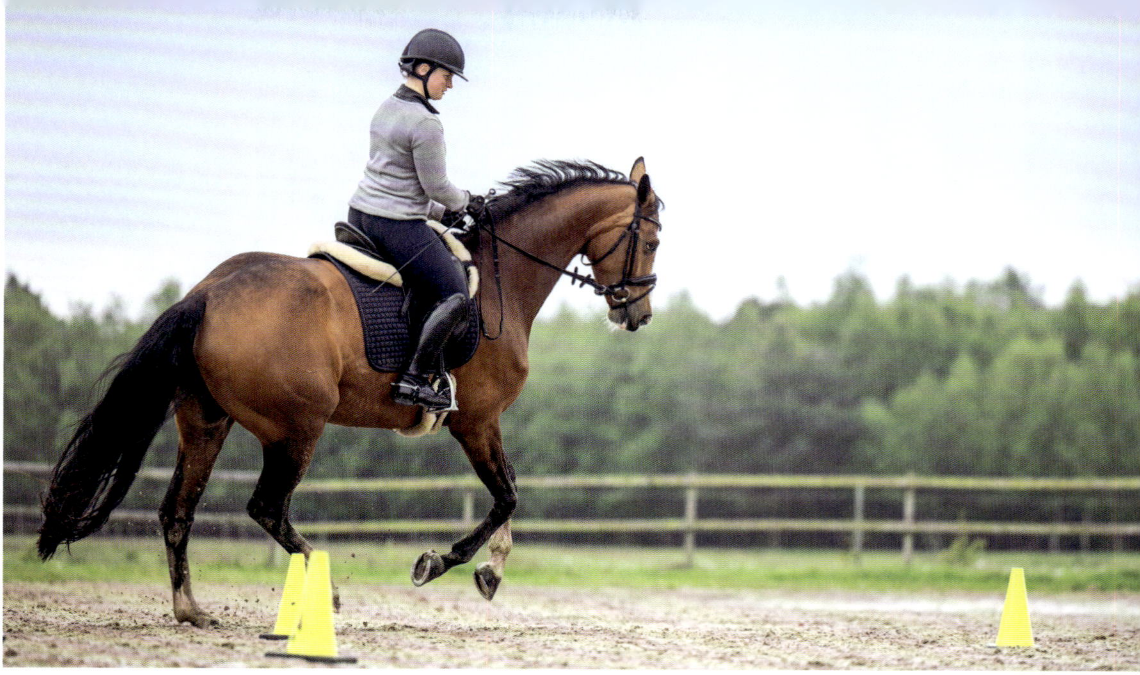

05

die beginnende Versammlung. Nun variierst du die Länge der Landebahn. Wenn die Landebahn zu kurz ist, dann ist es für dich als Pilot wichtig, wieder durchzustarten. Wenn die Länge der Landebahn passt, reitest du den Übergang. Durch diese Übung wird das Pferd die Aufmerksamkeit bei dir behalten.

01 Arme seitlich bewegen mit gestreckten Beinen

02 Arme seitlich bewegen mit gebeugten Beinen

03 Ball fangen mit gestreckten Beinen

04 Ball fangen mit gebeugten Beinen

05 Hankenbeugung im Galopp

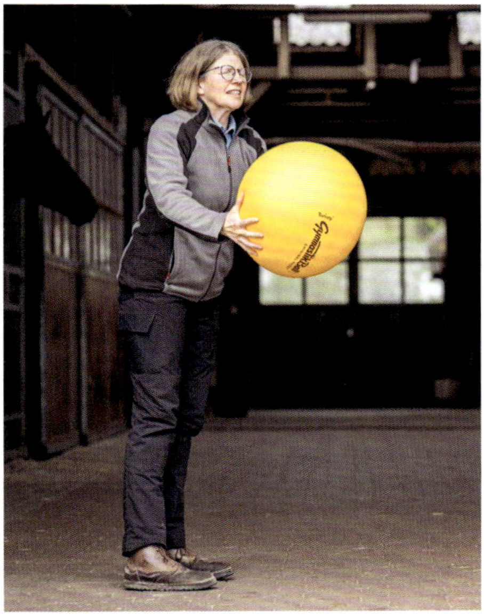

03

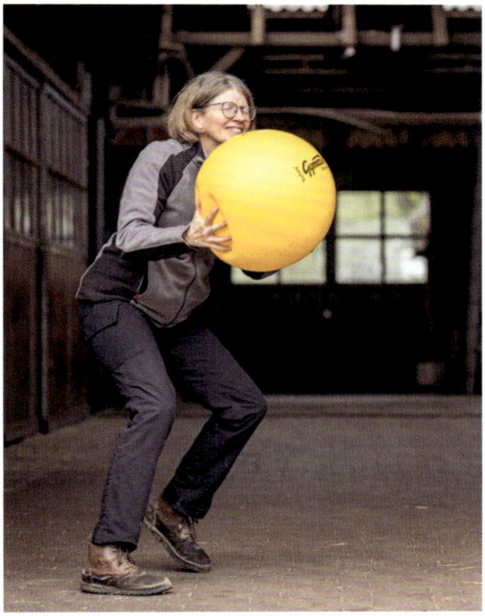

04

DIE VERBESSERUNG DER REITQUALITÄTEN *— erleben und verstehen*

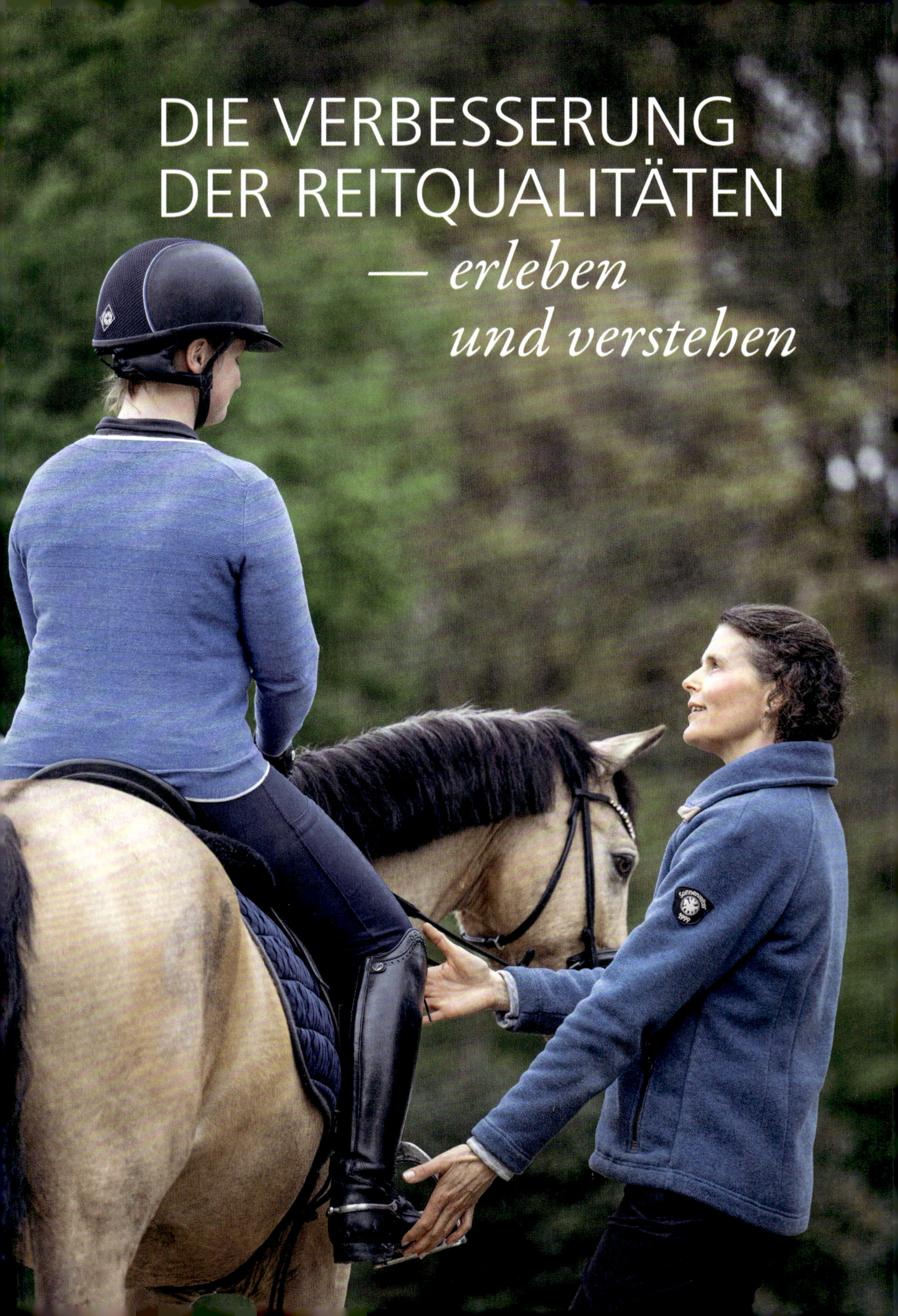

REITEN LERNEN IN THEORIE UND PRAXIS

Das 6-Punkte-Programm ist ein pragmatischer Zugang zur Veränderung des Reiters. Das Ziel ist die Qualitätsverbesserung und die Durchdringung der Lernprozesse.

VERBESSERUNGS-PROZESSE

Mit „pragmatischem Zugang“ ist gemeint, dass die motorischen „Verbesserungsprozesse“ nicht bis ins Detail formal gesichert angesteuert werden (Anstreben der Form). Die zentralen Funktionen der Bewegungsvollzüge sollen in der Praxis erlebt und im Anschluss theoretisch begründbar werden. Reitlektionen sind gemäß Göhner (2008, 2013) als „sportmotorische Fertigkeiten“ zu verstehen, die nach international identischen Kriterien definiert und bewertet werden. Darunter fallen Fertigkeiten wie die Lektionen, die das Pferd beherrscht, die Techniken des Sitzes und die Einwirkung des Reiters. Darüber hinaus gibt es Fertigkeiten wie beispielsweise die Bewegungen beim Tanzen und beim Ballett, in denen die ästhetische Darstellung im Mittelpunkt steht, dies spielt z. B. beim Reiten von Dressurküren eine Rolle.

DIE FÜNF STRUKTUR-ELEMENTE

Will man Bewegungsaufgaben im Sport (Fertigkeiten, Lektionen im Reiten) untereinander vergleichen und Einzelheiten im Ablauf festlegen oder erklären, dann sollte man auf fünf Strukturkomponenten genauer eingehen.
Diese Strukturkomponenten von Bewegungsaufgaben (Fertigkeiten, Techniken) sind:

- das Bewegungsziel,
- das Bewegungsobjekt (hier Pferd),
- das Bewegungssubjekt (Beweger, hier Reiter),
- die Umgebungsbedingungen (Reitplatz, Reithalle, Gelände),
- die Regelbedingungen (in der APO, LPO für Turnierreiter festgelegt).

Anhand dieser Strukturkomponenten lassen sich Bewegungsaufgaben (Fertigkeiten/ Reittechniken/Funktionsübungen des Reiters und Reitlektionen des Pferdes) analysieren. Durch Veränderung einzelner Strukturkomponenten kann die Komplexität der Bewegungsaufgabe verringert oder erhöht werden.

DIE AUSWEITUNG DES 6-PUNKTE-PROGRAMMS – WAS SOLL ERREICHT WERDEN?

- Das 6-Punkte-Programm dient der Verbesserung der Reitqualitäten
- Das Erleben und Verstehen der Funktionalitäten
- Die Analyse/Transparenz der Komplexität von Funktionsabläufen

---

ZIELORIENTIERUNG

Jede Aufgabe im Sport ist zielorientiert. Man unterscheidet hierbei in resultatsorientierte und verlaufsorientierte Bewegungsaufgaben. Resultatsorientierte Bewegungsziele haben zur Aufgabe, mit einem Bewegungsablauf ein bestmögliches Resultat (Weite, Höhe etc.) zu erreichen. Beim Fußball wird versucht, durch Bewegungsabläufe verschiedener Spieler möglichst viele Tore zu schießen. In diesem Fall ist es ein resultatorientiertes Bewegungsziel: die Trefferoptimierung.
Auf das Reiten bezogen geht es bei der Resultatorientierung z. B. um das Absolvieren eines Parcours im Springen mit so wenig Fehlerpunkten wie möglich. Bei der Zeitoptimierung geht es um das Absolvieren eines Parcours in bestmöglicher Zeit und ohne Hindernisfehler.
Bei verlaufsorientierten Bewegungszielen geht es um die bestmögliche Verlaufsform. Diese bezieht sich auf das Ausführen-Können einer bestimmten Technik (Lektion) wie z. B. das Rückwärtsrichten. Voraussetzung ist hierfür die Koordination der Teilbewegungen: die Abstimmung von treibenden und verhaltenen Hilfen, die räumliche Orientierung sowie die dynamische Ausführung. Neben dem Ausführen-Können (Qualität des Bewegungsablaufs) ist aber auch noch das Vermeiden-Können von fehlerhaften Teilbewegungen entscheidend für das Erreichen eines verlaufsorientierten Bewegungsziels. Bei der Ausführung des Rückwärtsrichtens wäre eine fehlerhafte Teilbewegung z. B. das Einleiten der Lektion durch eine rückwärtsweisende Zügelführung.

BEWEGUNGSOBJEKT PFERD

Die Eigenschaften eines Bewegungsobjekts (hier Pferd) können die Bewegungsaufgaben (Ausführungen der Lektionen) stark beeinflussen. Wird dieselbe Lektion mit verschiedenen Pferden geritten, so ist auch von unterschiedlichen Bewegungslösungen auszugehen. Je nach Entwicklungsstand oder Körperbau des Pferdes sind z. B. die Hilfen anders zu dosieren.

BEWEGUNGSSUBJEKT REITER

Auch der Reiter muss in den Vollzugsprozess miteinbezogen werden. Einem Anfänger muss erst einmal der Gesamtzusammenhang aller Hilfen erklärt werden. Man sollte ihm ein Pferd zur Verfügung stellen, das die Lektion bereits beherrscht. Bei einem fortgeschrittenen Reiter können reduzierte

01 Korrekt aufeinander abgestimmte Hilfen.

02 Zum Rückwärtsrichten benötigt der Reiter eine optimale Abstimmung seiner Hilfen.

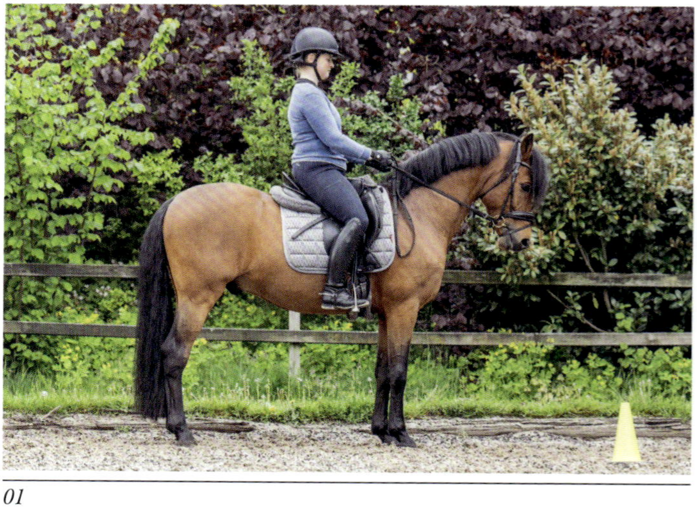

01

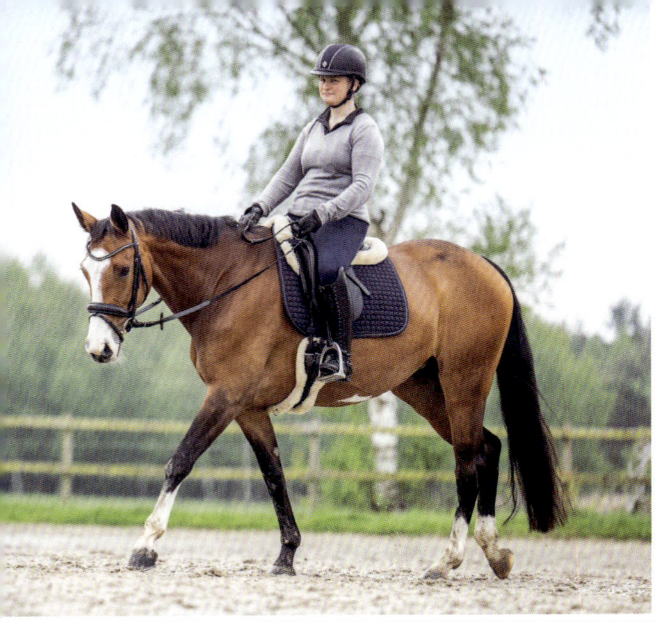

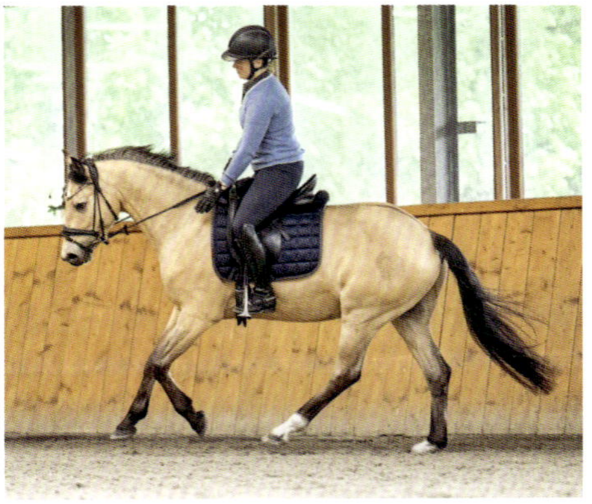

Variabilität: In unterschiedlichen … *… Räumen reiten.*

Hilfen genügen, um den Ablauf der Lektion einzuleiten und die Bewegungsqualität herzustellen. Ihm gelingt es, den gefühlvollen Ablauf der Lektion zu spüren und dadurch ein korrektes inneres Bild zu finden.

UMGEBUNGSBEDINGUNGEN

Auch die Umgebung stellt eine Beeinflussung der Bewegungsaufgaben im Reiten (Techniken, Lektionen) dar. Bei gleicher Zielsetzung der Bewegungsaufgaben können verschiedene Umweltbedingungen zu unterschiedlichen Lösungen führen. Im Reiten sind die Umgebungsbedingungen sehr stark normiert, um z. B. allen Reitern und Pferden die gleichen Chancen zu ermöglichen. Diese normativen Festlegungen sind aber nur begrenzt zu beeinflussen.
Da Pferde sehr stark von Umgebungsbedingungen positiv wie negativ zu beeinflussen sind, sollte man beim Lehren und Lernen diese so variabel wie möglich gestalten, damit z. B. die Pferde im Wettkampf flexibel agieren/reagieren können (z. B. auf unterschiedlichen Bodenverhältnissen bewegen, sich an verändernde Geräuschkulissen anpassen etc.).

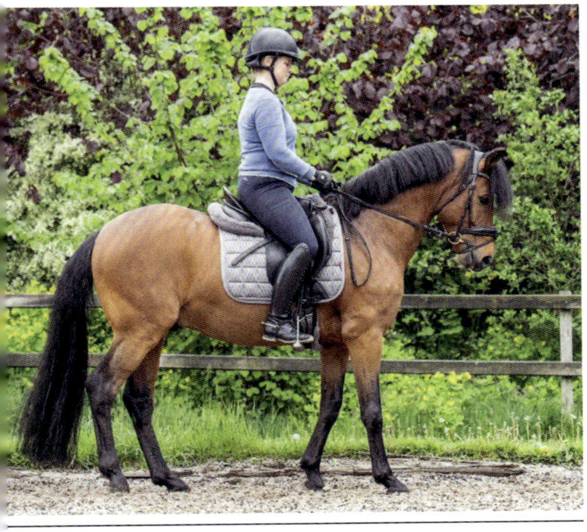

02

REGELBEDINGUNGEN

Beim Lösen einer Bewegungsaufgabe (Reittechnik, Lektion) müssen bestimmte Regeln eingehalten werden. Ein Nichteinhalten der Regelbedingungen wird im Wettkampf mit Sanktionen bestraft, die sich unterschiedlich ausdrücken können (Zeitstrafe, Punktabzug, Disqualifikation etc.). Das Erreichen von Bewegungszielen ist an die Einhaltung bestimmter Regelbedingungen gebunden. Sie haben ebenfalls Einfluss auf die Bewegungsaufgabe und Bewegungslösung.

DIE FUNKTIONSPHASEN – ERLEICHTERUNG DES LERNENS

Innerhalb jedes Bewegungsablaufs können unterschiedliche Funktionsphasen herausgefiltert werden. Es wird zwischen mechanischen, systemspezifischen, moto-sensorischen und reaktiven Funktionsphasen unterschieden.

MECHANISCHE FUNKTIONSPHASEN

Gemeint ist damit, dass bei jeder Bewegungsaufgabe (Technik, Lektion) eruiert werden muss, welche mechanischen Funktionen benötigt werden, um ein Gelingen zu ermöglichen. Das heißt, welche biomechanischen Prinzipien muss der Beweger anwenden, um sein Ziel zu erreichen (z. B. Kinetion, Modulation, Prinzip des optimalen Beschleunigungsweges, Gesetz des vorgedehnten Muskels, Prinzip der Koordination der Teilimpulse).
Ein Beispiel: Bezogen auf das Treiben des Reiters muss er seine Antriebsenergie aus der hinteren Oberschenkelmuskulatur gewinnen (Kinetion). Diese gewonnene Energie muss durch die Zügelführung fein abgestimmt werden (Modulation). Es werden also die entstandenen Teilkräfte durch den Einsatz des Schenkels (Kinetion) mit den Einwirkungen der Hand (Modulation) so koordiniert abgestimmt, dass kein Teilimpuls dominant wird und er andere nicht mehr möglich macht. Dem Blick zwischen den Pferdeohren folgen automatisch Teile des Reiterkörpers. Kreuzkoordinative Krabbelbewegungen helfen, die Ansteuerung zu verbessern.

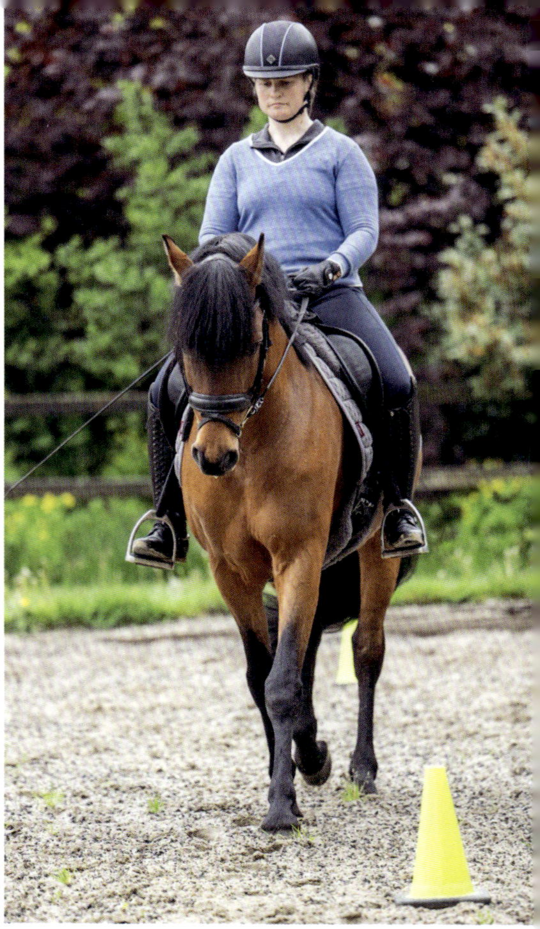

Reaktive Funktionsphasen: Dem Blick auf den Pferdehals folgen Teile des Körpers.

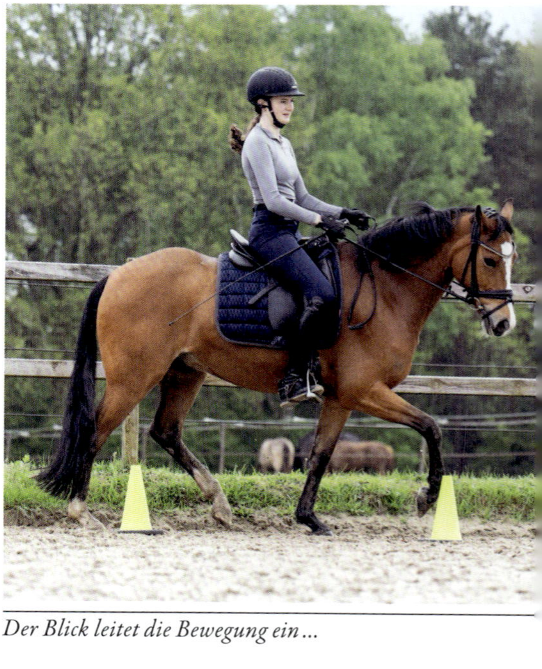

Der Blick leitet die Bewegung ein …

SYSTEMSPEZIFISCHE FUNKTIONSPHASEN

In engem Zusammenhang mit den mechanischen Funktionsphasen stehen die systemspezifischen Funktionsphasen. Unter diesen Phasen sind die Bewegungsabschnitte zu verstehen, die aufgrund der spezifischen Bedingungen des menschlichen Muskel- und Gliedersystems energetisch oder positionell günstigere oder ungünstigere Bedingungen entstehen lassen. Dabei muss generell analysiert werden, ob die Treibemuskulatur gemäß dem Gesamtkörperbau so ausgebildet ist, dass ohne zu große Kraftanstrengung impulsartig getrieben werden kann. Auch die Art des Einsatzes (gefühlvoll, ruckartig etc.) ist von der Ausgewogenheit der Beinmuskulatur abhängig. Ist die innere Oberschenkelmuskulatur dominant, klemmt der Reiter und es fällt ihm schwer, gefühlvoll Impulse übertragen zu können.

MOTO-SENSORISCHE FUNKTIONSPHASEN

Darunter sind die Phasen zu verstehen, die über Informationen der unterschiedlichen Sensoren (Auge, Ohr, Haut, Innenohr, Muskelsinn) motorische Funktionen auslösen. Über die unterschiedlichen Sinne werden mechanische Funktionen ausgelöst und erleichtern die Bewegungsabläufe.
Der Blick des Reiters determiniert seine Gesamtkörperabläufe. Schaut der Reiter auf den Pferdehals, so folgt eine Kettenreaktion im negativen Sinne. Der Oberkörper bildet einen Rundrücken und das Becken kippt nach hinten. Die Gewichtshilfe kann nicht mehr optimal gegeben werden. Das gesamte

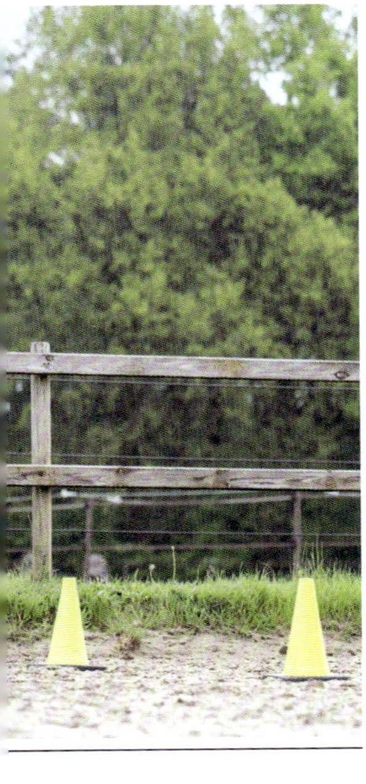

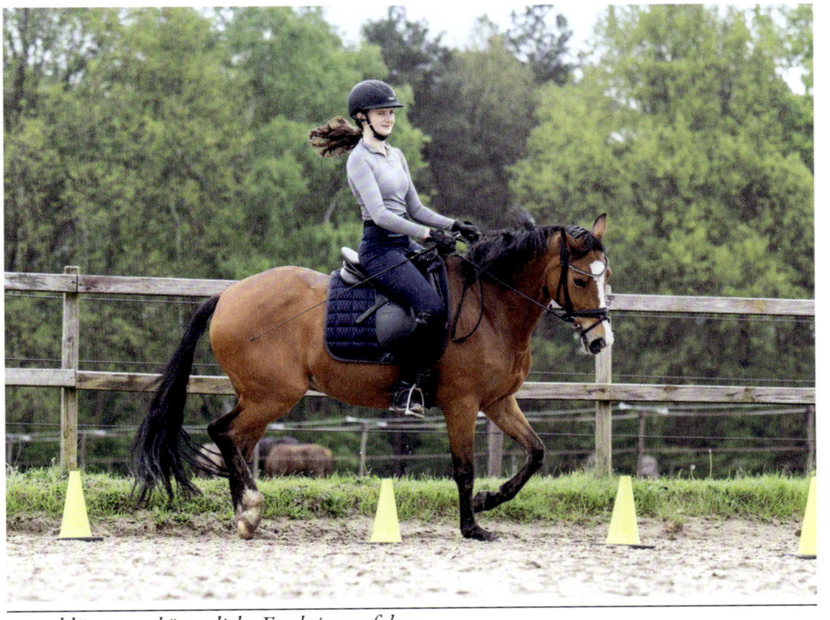

... und lässt ganzkörperliche Funktionen folgen.

Bein wird nach vorne geführt, sodass auch der Vorgang des Treibens nicht funktional und feinfühlig erfolgen kann.
Dem Kopf muss beim Reiten mehr Aufmerksamkeit gewidmet werden, weil er erhöhte Steuerungsfunktion im Negativen und Positiven besitzt.
Wenn er sich bewegt, folgen ihm mehrere Teile des Körpers als Reaktion. Es ist wichtig, dass sich der Reiter und auch der Ausbilder darüber im Klaren sind, welche aktiven und reaktiven Funktionsphasen innerhalb des Reiters ablaufen. Wenn diese bewusst aktiv gesteuert werden, brechen koordinative Teilimpulse zusammen. Der Reiter wird aufgrund der Vielzahl zu bedenkender Teilkriterien lernmäßig überfordert.

REAKTIVE FUNKTIONSPHASEN

Unter diesen Funktionsphasen sind die Phasen zu subsumieren, die automatisch ablaufen, ohne dass sie bewusst mechanisch ausgelöst werden. Wenn sie beim Vermittlungsprozess formuliert werden, hindern sie den Reiter beim Lernen. In diesem Zusammenhang sind bereits reaktive Funktionen der Kopfhaltung, zum Beispiel der Blick auf den Pferdehals auf Seite 29 erörtert worden.
Der Reiter soll „im Pferd" sitzen. Damit ist gemeint, dass er sich gefühlvoll dem Pferd anpassen können muss. Voraussetzung ist, dass der Reiter mit seiner Schulterachse parallel zur Schulter des Pferdes, mit der Beckenachse parallel zum Becken des Pferdes sitzen können muss.
Da heute viele Menschen Überkreuzbewegungen nicht mehr optimal vollziehen können, weil sie sich im Alltag zu wenig gehend fortbewegen, fordern die Ausbilder sie oft auf, die äußere Schulter nach vorne zu drehen, damit der Reiter in sich geschlossener sitzt, sich also dem Pferd besser anpassen kann. Nimmt aber der Reiter seine äußere Schulter bewusst nach vorne, so erfolgt automatisch eine reaktive Zurückführung der inneren Hüfte. Somit sitzt der Reiter nicht mehr „im Pferd".
Der Ausbilder sollte in diesem bewegungsmäßigen Zusammenhang moto-sensorische Funktionsabläufe nutzen, um den Reiter lernmäßig zu entlasten. Das „im Pferd" sitzen erfolgt reaktiv, wenn der Reiter seinen Blick nutzt und vom Ausbilder aufgefordert wird, „nach innen" zu schauen.
„Der Blick lenkt die Bewegungen des menschlichen Körpers" ist eine Erkenntnis, die bereits von Feldenkrais (1988, 2020) propagiert wurde. Durch den zur inneren Seite gerichteten Blick erfolgen Automatismen von weiteren muskulären Abläufen. Wenn die äußere Schulter reaktiv nach vorne kommt, bleibt die innere Hüfte am richtigen Platz, weil die diagonalen Muskelketten „anspringen". Somit finden wieder dreidimensionale Koordinationsprozesse statt, die genetisch zum Menschen gehören, aber durch z. B. langandauernde Sitztätigkeiten verlorengegangen sind.

VIELFÄLTIGE BEWEGUNGEN

Für Reiter ist es wichtig, durch vielfältige Bewegungen natürliche koordinative Prozesse anzuregen, damit Lernprozesse problemloser ablaufen und das menschliche Funktionssystem reorganisiert wird. Deshalb werden über die grundlegenden Übungen hinaus Bewegungsangebote gemacht, die Anregungen für eine umfassende Einbeziehung aller koordinativer Fähigkeiten bieten.

PLANUNG VON LERN-PROZESSEN – PLANUNG DES UNTERRICHTS

Der Ausbilder muss versuchen, die Komplexität von Bewegungsprozessen so zu planen, dass sie auch gelingen können. Schaut man sich gängigen Reitunterricht an, so liegt der Fokus oftmals ausschließlich auf der Form der Ausführung von Reitlektionen.

METHODISCHE WEGE IM REITUNTERRICHT

Die Erfassung der Komplexität einer zu vermittelnden Lektion ist fundamental wichtig, damit das Pferd im Sinne der Reitlehre gesund ausgebildet und Reiten gelingen kann. Der Ausbilder muss sich planerisch im Klaren sein, dass eine enge Perspektive, die sich vor allem an der Ausführung der Form von Lektionen orientiert, methodisch nicht ausreichen kann. Es hilft wenig, wenn der Ausbilder nicht gelingende Teilkriterien vom Reiter wiederholend fordert.

Der Reitlehrer (oder auch Reiter) muss mental mögliche Fehlbewegungen des Pferdes antizipieren, um jederzeit alternative Zwecklektionen parat zu haben, damit das angestrebte Ziel auf funktionalen Umwegen trotzdem erreicht werden kann. Dazu sollen methodische Wege entwickelt werden.

Dieselben Aussagen sind ebenfalls auf den Reiter zu beziehen. Auch an ihm können Unterrichtsplanungen vorbeigehen, weil man nicht von außen sehen kann, dass bei ihm Funktionen nicht ablaufen können.

Die folgenden Ausführungen beziehen sich also auf beide Partner des Unterrichts.

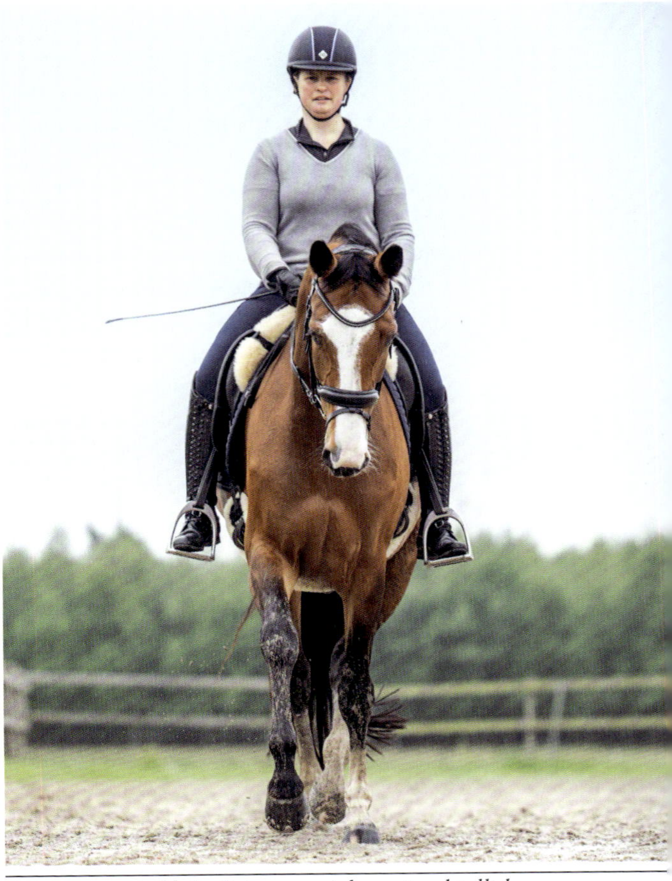

Lernprozesse sind beim Reiten von vielen unterschiedlichen Faktoren abhängig.

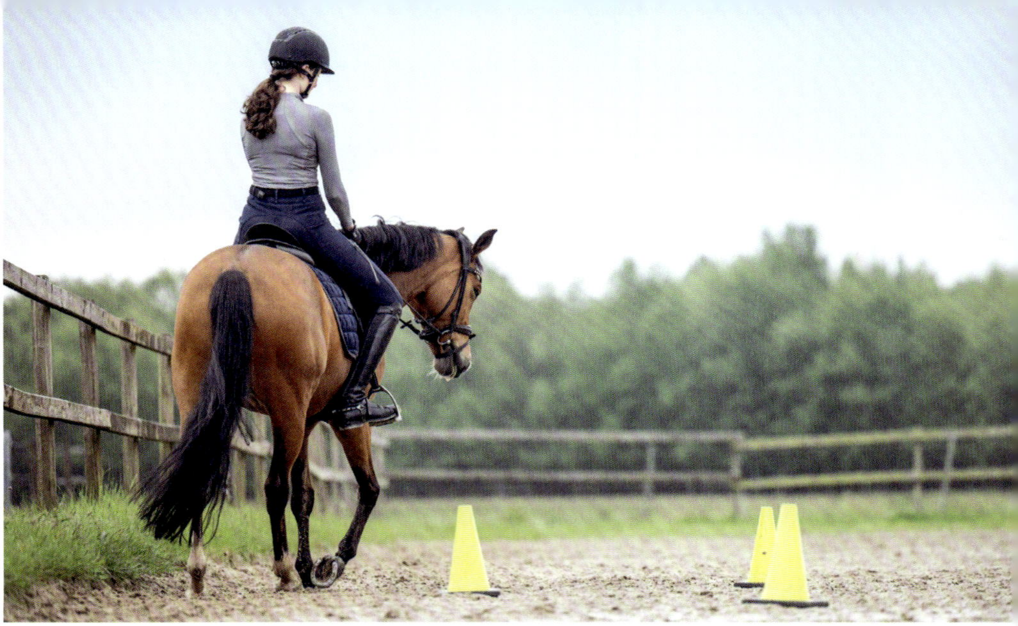

Nach vorbereitenden Übungen und Vorübungen ist der Reiter in der Lage, die Volte einzuleiten, …

WAS SIND METHODISCHE ÜBUNGSREIHEN?

Methodische Übungsreihen (vgl. Meyners 2018, Wollny 2010) gehören zu den Klassikern der Sport-Methodik. Es sind Übungsfolgen, die nach methodischen Grundsätzen geordnet sind, um zwei Ziele zu erreichen: 1. Erwerb und Qualitätssteigerung von motorischen Fertigkeiten (Zielübungen – Lektionen im Reiten) oder Steigerung der physischen Leistungsfaktoren wie Kraft, Schnelligkeit, Ausdauer und 2. die Verbesserung der koordinativen Fähigkeiten wie Gleichgewicht, Rhythmus, Reaktion, Kopplung, räumliche Orientierung, kinästhetische Differenzierung, situative Umstellung. Zentrales Ziel ist das Erlernen von Fertigkeiten (Lektionen im Reiten), wobei die Abfolge der aneinandergereihten Übungen eine bestimmte Struktur (siehe Seite 34, methodische Prinzipien) aufweisen sollte und die Übungen nicht beliebig aneinandergereiht werden dürfen. Schwierige und komplexe Zielübungen (Lektionen wie z. B. Volten) können bzw. sollten nicht direkt angestrebt, sondern müssen schrittweise erarbeitet werden.
Die Zielübung (Fertigkeit, Reitlektion) Volte birgt koordinative und physische Voraussetzungen in sich, die der Reiter (und auch das Pferd) aufgrund der Komplexität nur schrittweise erlernen können. Dabei müssen diese Schritte bestimmten Prinzipien folgen.
Bedacht werden müssen bei der Planung die individuellen Leistungsvoraussetzungen von Pferd und Reiter. Der Erwerb mehrerer aufeinander aufbauender Teilziele führt sowohl für das Pferd als auch für den Reiter zur angestrebten Zielübung (Volte). Auf dem Wege des Erreichens des Bewegungszieles (Volte) muss ein Dreierschritt orientiert an entsprechenden Prinzipien (z. B. vom Einfachen zum Komplexen) gewählt werden.

ÜBUNGSREIHE IN DREI SCHRITTEN: VOLTE

Der methodische Dreierschritt soll zur Zielübung Volte führen. Sie direkt anzustreben, würde das Pferd und auch den Reiter überfordern, weil eine zu große Komplexität von Anforderungen besteht (Problem Schiefe des Pferdes und Reiters). Der methodische Weg verfolgt einen Aufbau von vorbereitenden Übungen über Vorübungen zur Zielübung.

WAS SIND VORBEREITENDE ÜBUNGEN?

Vorbereitende Übungen beziehen sich als ersten Schritt auf technische Aspekte und grundlegende Fähigkeiten wie Beweglichkeit und Koordination. Technische Aspekte wären z. B. das Stellen und Biegen auf beiden Händen, während Fähigkeiten sich auf das Annehmen von halben Paraden, die möglichst identische Beweglichkeit des Pferdes auf beiden Händen, die Durchlässigkeit des Pferdes, die Koordination von treibenden und verhaltenden Hilfen für den Reiter etc. beziehen. Erst dann sind Bedingungen für das Gelingen der Volte gewährleistet, damit sich das Pferd auf einem Kreisbogen möglichst exakt mit der Vor- und Hinterhand auf einem Hufschlag bewegen kann.

WAS VERSTEHT MAN UNTER VORÜBUNGEN?

Das Absolvieren bewegungsverwandter Fertigkeiten (strukturell ähnlicher Lektionen) bezüglich der Koordination und Kondition wie Kraft, Schnelligkeit, Ausdauer, Beweglichkeit wäre der zweite Schritt.
Lektionen wie das Durchreiten einer Ecke, das Reiten von einfachen Schlangenlinien oder eines Zirkels etc. würden entsprechende Voraussetzungen schaffen, die im Endstadium zur Volte mit unterschiedlichen Durchmessern führen (zunächst größer, dann kleiner).
Es werden also technische Fertigkeiten, koordinative und konditionelle Fähigkeiten für Pferd und Reiter so systematisch aneinandergereiht, dass sie sich der Zielübung

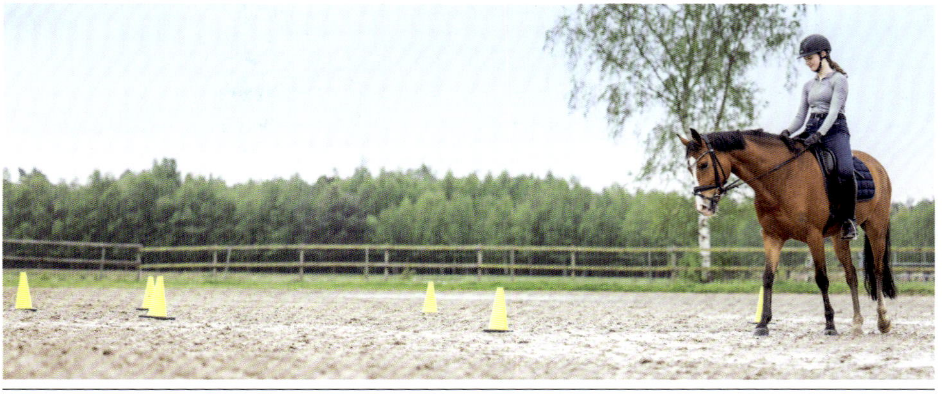

... auf der mit Hütchen markierten Linie zu reiten, ...

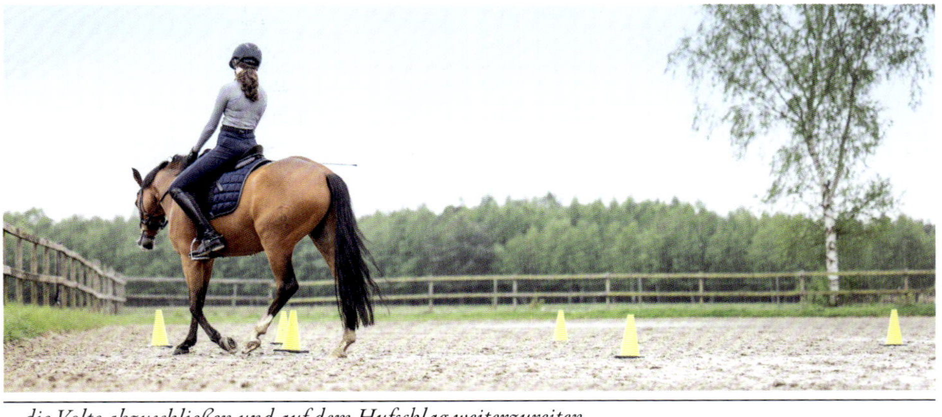

... die Volte abzuschließen und auf dem Hufschlag weiterzureiten.

(hier der Lektion Volte) annähern bzw. sie sich zwangsläufig ergibt.

WAS SIND ZIELÜBUNGEN?

Erst im dritten Teilschritt geht es um das Vollziehen der Zielübung Volte und die Stabilisierung (Verinnerlichung) dieser. Die Stabilisierung wird jedoch nicht durch ein stupides Wiederholen von Volten erreicht, sondern sie müssen an immer wieder anderen Orten und mit unterschiedlichen Durchmessern vollzogen oder mit anderen Lektionen verbunden werden.

METHODISCHE PRINZIPIEN DER VERMITTLUNG

VOM EINFACHEN ZUM KOMPLEXEN

Das Reiten einer Volte ist sowohl für das Pferd als auch für den Reiter eine komplexe Aufgabe. Komplex insofern, als der Reiter u. a. die diagonale Hilfengebung (komplexe kreuzkoordinative Anforderung) beherrschen muss, während sich das Pferd gestellt und gebogen mit der Vor- und Hinterhand auf einem Hufschlag zu bewegen hat. Voraussetzung ist eine gewisse Geraderichtung des Pferdes.
Die graduelle Annäherung an die Zielübung kann durch das Reiten einer Ecke, das Reiten einer einfachen Schlangenlinie, das Reiten eines Zirkels und schließlich das Reiten z. B. einer 10 m-Volte vorgenommen werden.

OPTISCHE LERNHILFE UND DEREN VERMINDERUNG

Das Prinzip der „optischen Lernhilfe“ sollte mit einbezogen werden. Beim Durchreiten einer Ecke fällt es sowohl dem Pferd als auch dem Reiter leichter, sich in Stellung und Biegung zu bewegen. Die Bande bietet als optische Hilfe eine gewisse Anlehnung, um gemäß den Kriterien der Reitlehre leichter durch die Ecke reiten zu können. Die Abfolge ist: halbe Paraden als Einleitung, einseitige Gewichtsverlagerung, verwahrender äußerer Schenkel, Stellung geben, Biegung herstellen durch den treibenden inneren Schenkel.
Das Durchreiten einer Ecke entspricht einer Viertelvolte und sollte zunächst im Schritt (dann im Trab und Galopp) vollzogen werden. Durch Pylonen als optische Hilfe könnte zunächst der Zirkel abgesteckt werden, um danach diese Lernhilfe durch Aufzeichnen der Kreisform auf dem Hallenboden zu reduzieren. Auch dieser methodische Weg ist vom Schritt über Trab zum Galopp zu vollziehen.

VOM LEICHTEN ZUM SCHWEREN

Dieses Prinzip ist in seiner Bedeutung in der Sportwissenschaft zwar relativiert worden, gilt aber beim Bewegungslernen generell. Relativiert wurde es insofern, als man nicht

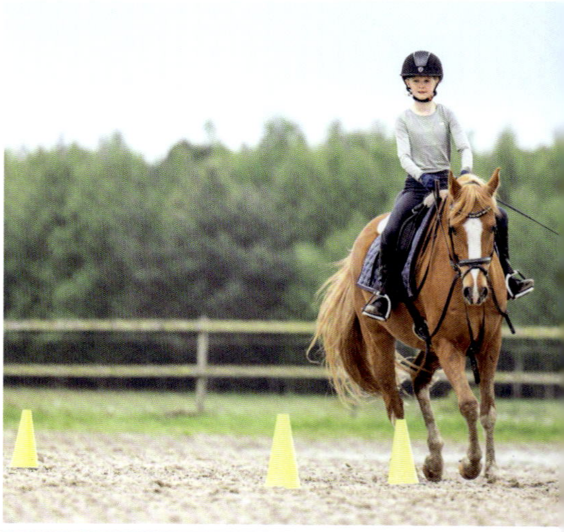

01

Vom Leichten zum Schweren

01 Mit Hilfszügeln im Trab um Pylonen …

02 … zum Galopp ohne Hilfszügel und optische Hilfsmittel.

sagen kann, dass bestimmte Bewegungsabläufe verallgemeinernd für jedes Pferd und jeden Reiter identisch leicht oder schwer sind.
In unserem Sinne kann man aber sagen, dass es leichter ist, das Erlernen einer Volte auf dem beschriebenen Weg anzustreben, weil sich die Intensität der Biegung erhöht und es zunächst leichter ist, die Kriterien der Einwirkung über ein langsames Tempo vom Schritt zum Galopp zu vollziehen. Dabei erhöhen sich die Ansprüche an die Koordination (Abstimmung) der treibenden und verhaltenen Hilfen des Reiters.

WECHSEL VON FLEXIBILITÄT UND STABILITÄT

Monotonie ist beim Bewegungslernen für Pferd und Reiter möglichst zu vermeiden, weil daraus stereotype Bewegungsmuster entstehen können. Somit lernt der Reiter nicht, situationsgemäß variabel zu agieren. Ein „stupides" Wiederholen identischer Bewegungsabläufe führt immer in Sackgassen. Sowohl das Gehirn des Reiters als auch des Pferdes stumpfen ab und machen es für den Reiter fast unmöglich, situativ flexibel auf das Pferd einwirken zu können.
Variabilität ist eine dringende Forderung, denn ein Bewegungsablauf kann niemals identisch zweimal gezeigt werden. Diese Einmaligkeit macht es zwanghaft notwendig, so viel wie möglich unterschiedliche Reize für Reiter und Pferd zu planen und anzuwenden.
Die im Sport gewünschte Konstanz von Bewegungsabläufen entsteht durch Flexibilität von strukturell verwandten Bewegungsabläufen. Erst dann kann sich der Reiter (und auch bezüglich seines Pferdes) sicher sein, qualitativ annähernd identische Bewegungsabläufe wiederholend zeigen zu können.

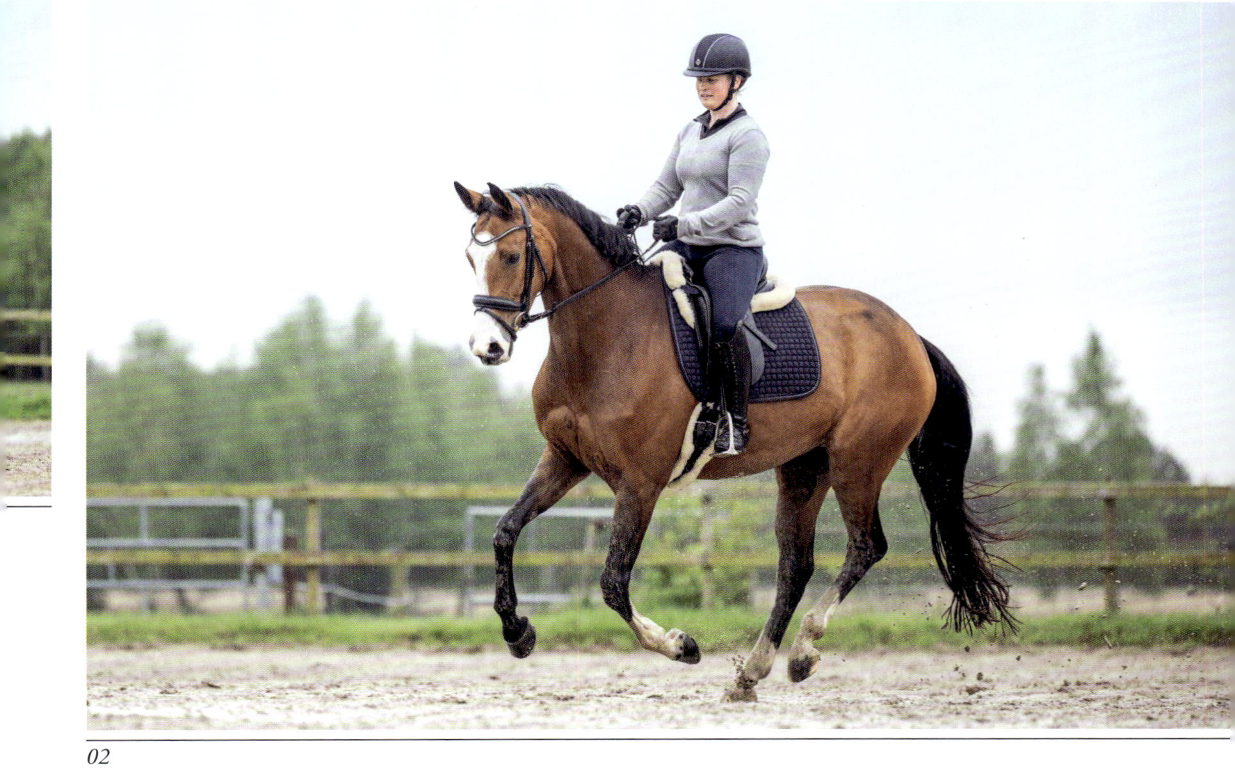

02

Denn in Prüfungen, in Wettbewerben und auf Turnieren müssen identische Lektionen mehrmals und meistens an anderen Orten auf möglichst identisch hohem Niveau gezeigt werden.

TRANSFERLEISTUNGEN

Aus der Transferforschung und dem Konzept des differenziellen Lehrens und Lernens stammt die Erkenntnis, dass u. a. Flexibilität und Stabilität die Grundlage für Transferleistungen sind (Beckmann/Schöllhorn 2006, Egger 1975, Leist 1978, Schöllhorn 2005, 2009, 2010). Transfer meint die Übertragung eines gelernten Verhaltens auf eine neue Fertigkeit (Lektion) oder Situation. Dabei müssen die technischen bzw. motorischen Anforderungen einen direkten Bezug zum vorher Erlernten haben.

Beide Begriffe scheinen sich eigentlich auszuschließen, was aber nicht der Fall ist. Einen Zirkel fünf- bis zehnmal nacheinander in demselben Tempo im Leichttraben zu reiten wäre mangelnde Flexibilität. Die Situation (Reiten eines Zirkels – Stabilität der Form) darf aufrechterhalten werden, wenn Pferd und Reiter Bewegungsqualitäten wie Dynamik, Geraderichtung etc. variieren würden (Flexibilität).
Ebenso kann die Lektion identisch sein (Stabilität), wenn sie an unterschiedlichen Stellen der Reitbahn ausgeführt wird (Flexibilität). Nur durch die Anpassung von Reiter und Pferd an sich ständig verändernde Lektionen oder Situationen ist es möglich, Bewegungskonstanz zu zeigen, weil diese situative Variabilität in vielfältigen Situationen mit sich verändernden Lektionen entsprechend geübt wurde.

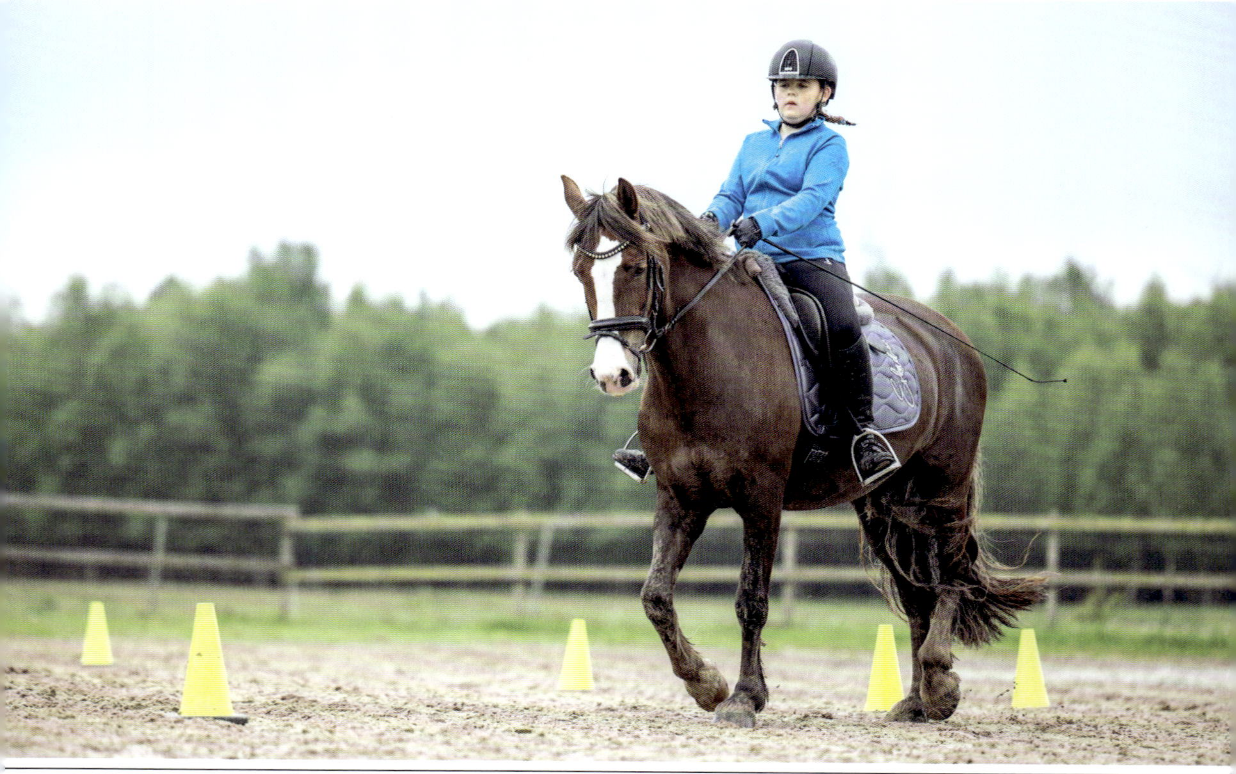

Veränderte Lektion: Reiterin Karla reitet eine Kehrtvolte.

HANDLUNGSORIENTIERTE VERMITTLUNG

Auch wenn die zu erstellenden methodischen Wege strukturelle Vorgaben für die Lösung von Bewegungsproblemen sind, sollten sie dem Reiter im Unterricht vom Ausbilder stets transparent gemacht werden. Reiter erhielten methodische Leitlinien an die Hand, um auch ohne Ausbilder selbstständig sachorientiert erfolgreich reiten zu können.

INTEGRATION VON PFERD UND REITER

Das 6-Punkte-Programm von Meyners ist ein – wie auf Seite 100 beschrieben – pragmatisches Konzept, das versucht, den Reiter auf dem Boden und auch auf dem Pferd mit zusätzlichen Bewegungsübungen positiv zu beeinflussen. Sensorische und physiologische Einschränkungen lösen sich weitestgehend auf und der Reiter kann auf die Bewegungen des Pferdes fach- und situationsgerecht reagieren und agieren.
Es bezieht sich auf sechs zentrale Körperbereiche, die wiederum wechselseitig miteinander korrespondieren. Diese wechselseitigen Interdependenzen werden im Verlaufe des Buches noch im Einzelnen dargestellt.
Durch die Sensibilisierung bestimmter Körperbereiche wird aber vor allem die Eigenwahrnehmung geschärft. Diese ist Voraussetzung, neben den physiologischen Veränderungen des Pferdes, reagieren und gezielt agieren zu können.
Wahrnehmen und Bewegen, Bewegen und Wahrnehmen beziehen sich wechselseitig aufeinander. Gemeint ist damit in Kurzform beschrieben, dass Pferd und Reiter so miteinander verschmelzen müssen, bis sie eine unzertrennbare Bewegungseinheit werden können. Tamboer (1994) spricht von einem dialogischen Verständnis von Bewegung.

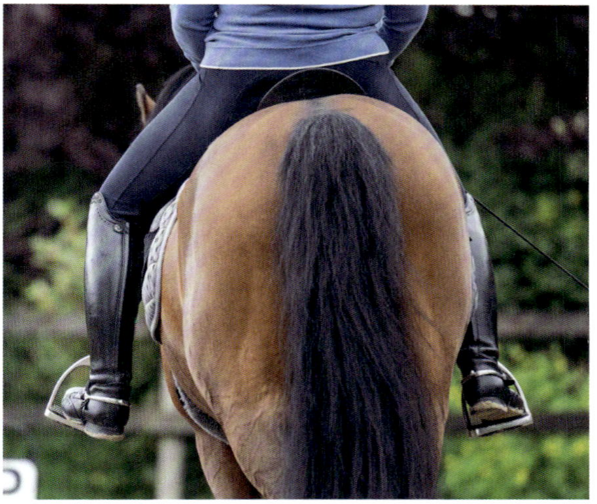

Die Eigenwahrnehmung der Schenkellage ist die Voraussetzung für entsprechende Hilfengebung.

AUSLÖSER VON BEWEGUNG

Diese Betrachtungsweise (funktionell, nicht physikalisch oder form-orientiert) geht davon aus, dass der Reiter im Unterricht nicht bewegt wird, sondern sich bewegt (vgl. Meyners 2016). Der Reiter selbst ist Auslöser seiner Bewegungen. Beim Reiten als Sich-Bewegen geht es um eine Person, die in einer Situation eigenständig etwas tut und damit sinnstiftend wirken möchte, also eine Absicht mit den eigenen Bewegungen in Bezug auf das Pferd in einer spezifischen Reitsituation (Halle, Außenplatz, Wald etc.) verfolgt. Diese Betrachtungsweise von Bewegungen setzt immer eine Einsicht in den Sinn des Bezugs von Reiter, Pferd und Reitsituation voraus. Die physikalische (form-orientierte) Betrachtungsweise dagegen analysiert ausschließlich Ortsveränderungen, ohne die Absicht des Reiters und den situativen Zusammenhang miteinzubeziehen.
In der Lehre über Reiter- und Pferdebewegungen sind muskuläre, nervale und psychische Prozesse insofern von großer Bedeutung, als sie Teilbedingungen für Funktionen (Absichten/Intentionen) darstellen. Durch die Art der Vermittlung aus physikalischer Sicht hat der Reiter keine Chance, selbst

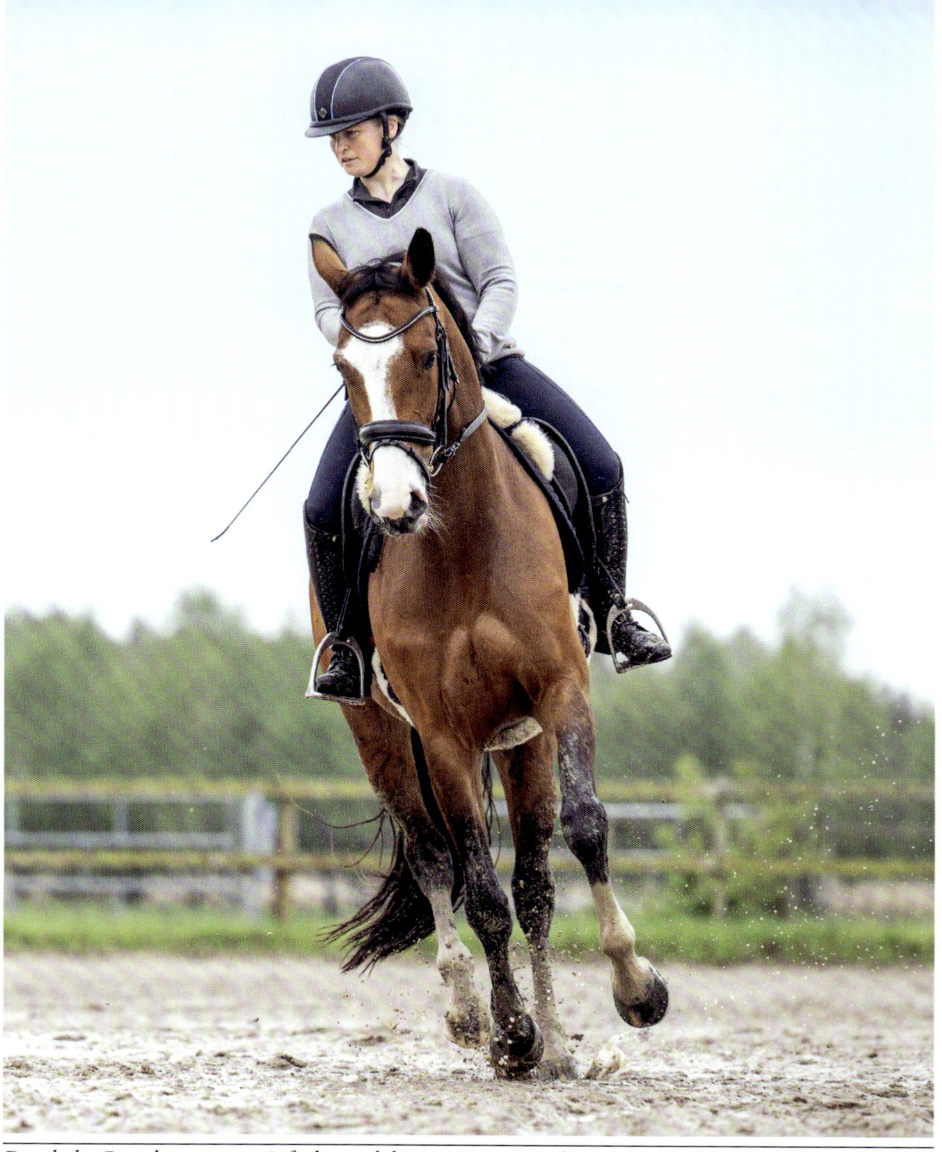

Durch das Bewältigen einer Aufgabe wird der Reiter zum Auslöser der Bewegung.

absichtsvoll zu handeln, sich auf sein Pferd zu konzentrieren, weil ihm diese Aufgaben vom Reitlehrer abgenommen werden.

REITEN ALS PERSÖNLICHER DIALOG MIT DEM PFERD

Jeder Reiter bewegt sich anders auf dem Pferd, so wie sich auch jedes Pferd anders bewegt. Leider wird dieser Erkenntnis in der Reiterei beim Lehren zu wenig Aufmerksamkeit geschenkt. Der Reiter wird zu stark in eine Form gepresst, und auch das Pferd wird seitens Gebäude und Bewegungsvermögen zu stark idealisiert (idealtypisch betrachtet, was nicht erfolgversprechend ist).

Dabei ist zu bedenken, dass jeder Mensch körperlich und geistig-seelisch eine individuelle Person ist – sowie auch das Pferd. Bewegungen von Reiter und Pferd müssen bezüglich ihrer Persönlichkeit gesehen werden. Reiter- und Pferdebewegungen sind also immer individuelles und nicht standardisiertes Verhalten. Aus der dialogischen Sicht geht es beim Reiten immer um eine Reiter-Pferd-Umwelt-Beziehung.

REITEN IST …
… das Erzeugen und Aussenden von Absichten des Reiters über Bewegungen und Verstehen der Reaktionen – also der Bewegungsantworten – des Pferdes.

QUINTESSENZ FÜR DIE AUSWEITUNG DES 6-PUNKTE-PROGRAMMS

Versteht man Reiten als Dialog zwischen Mensch und Pferd, so spielen beide Partner eine gestaltende Rolle zur Interpretation von gemeinsamen Bewegungsabläufen. Reiten meint in diesem Sinne Erzeugen und Aussenden von Absichten des Reiters über Bewegungen und Verstehen der Reaktionen (Bewegungsantworten) des Pferdes durch den Reiter.

Wenn diese dialogische Grundsituation bewegungstheoretisch gewählt wird, dann muss zu den 6-Punkten des Reiters auch stets das Pferd mit seinen korrespondieren Punkten mitbeachtet werden. Welche Körperbereiche des Reiters einbezogen werden, wie sie miteinander verknüpft sind und welche Abhängigkeiten untereinander bestehen, wird ab Seite 100 entwickelt. Außerdem wird in demselben Augenblick die Korrespondenz mit dem Pferd hergestellt. Diese Konsequenz fehlte bisher in den Darstellungen des 6-Punkte-Programms von Meyners.

NEUE ÜBUNGEN VERBESSERN DIE WAHRNEHMUNG

Um Handlungsfähigkeit von Reiter und Ausbilder zu erzielen, muss ein Konzept so strukturiert sein, dass generelle Bewegungsprobleme bewältigt werden können, aber auch bei komplexen Schwierigkeiten Lösungen angeboten werden. Diesbezüglich muss die Wahrnehmungsfähigkeit von Reiter und Ausbilder geschärft werden.

Die Grundstruktur eines Wahrnehmungs- und Anwendungskonzepts lieferte Meyners bereits in seinen grundlegenden pragmatischen Veröffentlichungen (u. a. 2008, 2009, 2011, 2016). Dabei ging es u. a. um das Durchschaubarmachen von Kommunikationsproblemen des Reiters durch unkoordinierte Reiterhilfen. Diese konnten mit elementaren Übungen so verändert werden, dass der Reiter sofort spüren konnte, wie er sich positiv bezüglich der Harmonie mit dem Pferd anpassen und darauf einwirken konnte. Dabei stand der Reiter im Fokus, wobei das Pferd hinsichtlich seiner Veränderungen aber immer mitgedacht wurde. Im Basismodell standen also Strukturveränderungen bezüglich der sechs Körperreiche des Reiters vorrangig im Mittelpunkt.

Da Reiten in diesem Konzept als Dialog des Reiters mit dem Pferd verstanden wird, soll nun in einem weiteren Schritt das ursprüngliche Modell durch eine neue Sichtweise erweitert bzw. ergänzt werden. Es geht sowohl um das Erreichen von tieferen Schichten von Bewegungsabläufen des Reiters durch neue Übungen als auch um das Aufzeigen von Konsequenzen der Veränderung des Reiters für die Ausbildung des Pferdes gemäß der Skala der Ausbildung.

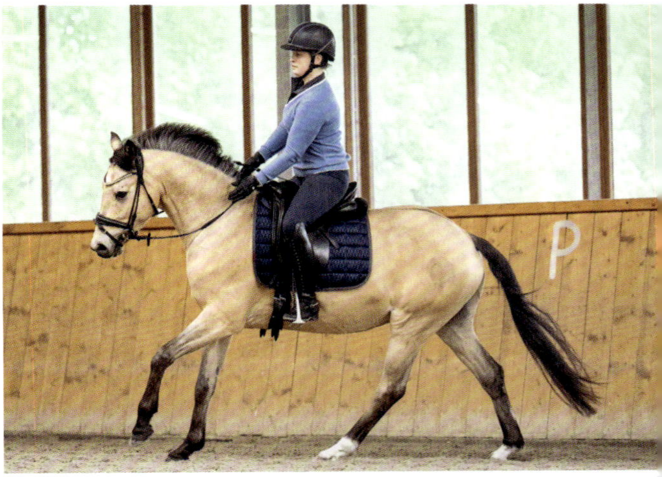

Reiten ist ein Dialog zwischen Pferd und Reiter.

BEHINDERER BEIM VERBESSERN DES REITENS

Wir verwenden den Begriff „Behinderer" bewusst, weil man Lernen generell nicht verhindern kann. Der Ausbilder kann noch so viele erschwerende Wege einschlagen, der Reiter findet trotz vieler Fehlversuche zum Bewegungsziel.

LERNWEGE BEIM REITEN

Der Reiter hat als menschliches Wesen so viel Potenzial des Lernens in sich, dass er irgendwann – trotz vieler Irrungen – den für ihn selbst individuellen Weg zum Bewegungsziel findet. Leider führen die vielen Irrungen jedoch zu demotivierenden Situationen, die die Lernwege unnötig verlängern.

Man bedenke die Aussagen von Volger in seiner Dissertation: „Selbst der dümmste Lehrer mit den schlechtesten Methoden kann nicht verhindern, dass Menschen sich ihrer genialen Möglichkeiten bedienen, ... Übungen lernen, in ... Bewegungen Sinn und Bedeutung suchen und finden und diese als schön empfinden." (Volger 1990, S. 61). Leider lernen Reiter oft „gegen den Reitlehrer", wenn seine methodischen Wege unwillentlich lerntheoretisch unzureichend sind, weil sich die Reiterei bisher zu wenig um objektivierende Bewegungslehreerkenntnisse bemüht hat. Es scheint die Annahme vorzuherrschen, dass ein traditioneller Unterrichtsstil ausreicht, um sicher zu Bewegungsverbesserungen zu gelangen.

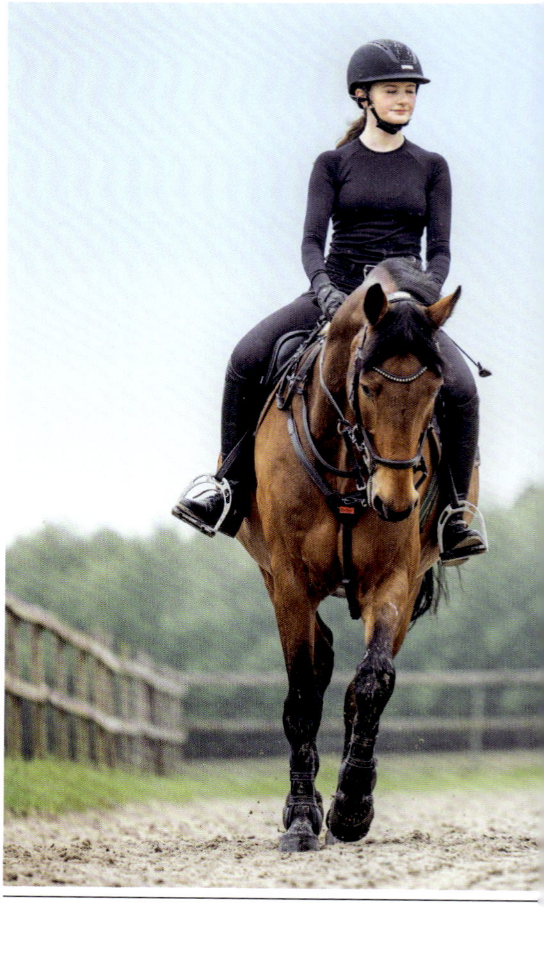

ZUR SITUATION

Die Reiterei hat sich bisher wenig darum bemüht, das Lernen der Reiter im engeren und im weiteren Sinne unter die Lupe zu nehmen und transparent zu machen. Im engeren Sinne sind reitfachliche bewegungswissenschaftliche Konzepte gemeint, an denen sich die einzelnen methodischen Schritte bei der Erarbeitung von Lektionen orientieren. Lernen im weiteren Sinne bezieht sich auf u. a. sozial-psychologische Rahmenbedingungen, die in ihrer Bedeutung oftmals verkannt werden, aber Grundvoraussetzungen für Bewegungserfolge darstellen. Werden sie bedacht, fällt den Reitern das Lernen leichter, ohne zusätzlich Energie zu vergeuden.

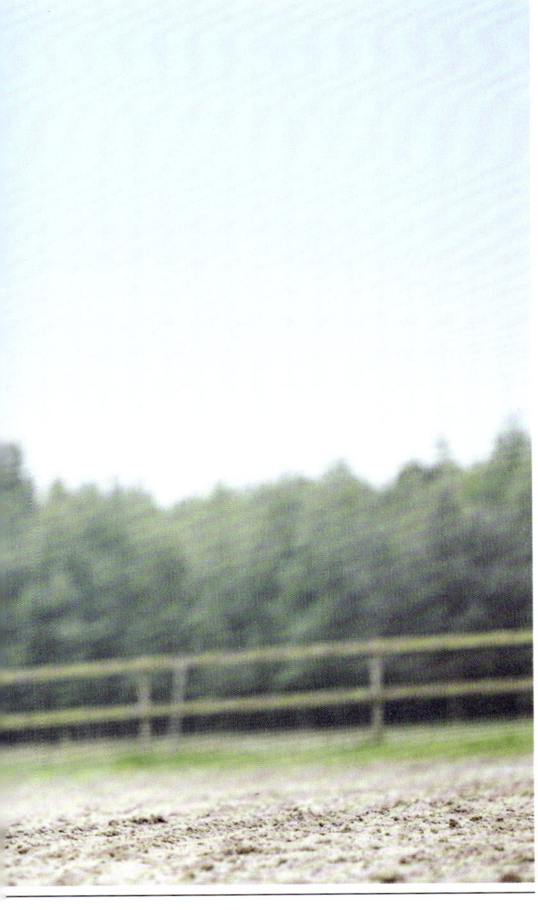

DIE REITLEHRE

Die Reitlehre stellt eine wertvolle Lehre für das Pferd dar, wobei der Reiter idealtypisch mitgedacht wird. Damit ist gemeint, dass vom Reiter Bewegungsanforderungen erwartet werden, um die entsprechenden Lektionen beim Pferd zu erzeugen. Dabei geht man davon aus, dass jeder Reiter imstande ist, diesen Bewegungsanforderungen auch nachkommen zu können.
Bedacht wird jedoch nicht, dass jeder Reiter seine eigenen Bewegungsprobleme haben kann. Es wird dann leider nach Methoden gegriffen, die nicht hilfreich sein können, aber trotzdem angewendet werden.
Der Reitunterricht basiert bisher unzureichend auf wissenschaftlichen Erkenntnissen. Dabei ist das Erteilen von Reitunterricht eine sehr schwierige Aufgabe, weil es dabei um zwei Wesen geht, die zu einem harmonischen Miteinander geführt werden sollen und wollen.
Trotz dieser hoch anspruchsvollen Aufgabe beruht die Vermittlung oft auf den Meisterlehre-Prinzipien und ist weitestgehend stereotyp. Reitunterricht nach „klassischen“ Methoden prägen viele Reitlehrer so stark, dass sie später in ihrer eigenen Unterrichtserteilung nur identisch unterrichten können. Sie lernen keine anderen Lehr- bzw. Lernmodelle als die ihrer Ausbilder/Meister kennen. Somit bleibt oft nur die Möglichkeit, eine Kopie des eigenen Reitlehrers (Meisters) zu werden.

Reiterin Louisa orientiert sich im Raum.

MANGELHAFTES AUSSCHÖPFEN VON SINNESKANÄLEN

Viele Ausbilder haben in der Meisterlehre gelernt, dass im Reitunterricht vorrangig Anweisungen gegeben werden, wobei meistens noch nicht einmal die eigentlichen Hintergründe der entstehenden Bewegungsprobleme erfasst werden. Die Unterrichtenden erzeugen dabei oft zusätzlich neue Bewegungsprobleme, indem sie Bewegungsabläufe sprachlich falsch beschreiben. Der Reitschüler wird beim Lernen behindert. Diesbezüglich müsste eine neue Art der Versprachlichung von Bewegungsabläufen des Reiters angestrebt werden (siehe Seite 88). Außerdem wird im Unterricht überwiegend nur ein Sinneskanal (Ohr) angeregt. Dabei wird nicht bedacht, dass Menschen möglichst alle Sinne nutzen sollten, um Lernerfolge zu erzielen. Jeder Reiter ist ein anderer Lerntyp und nutzt andere Sinneskanäle zum Erfassen von für das Lernen wertvollen Informationen. Durch das „Lernen müssen" über Bewegungsanweisungen wird der Reiter am Fühlen behindert.

BEWEGUNGSANWEISUNGEN BEHINDERN LERNEN

„Bewegungsanweisungen" legen alle Einzelheiten über Bewegungskriterien jeder zu reitenden Lektion fest. Der Reiter hat keinen Freiraum und muss sprachliche Vorgaben in Bewegungsvollzüge umsetzen.
Da er anstrebt, bewusst zu reiten, bemüht er automatisch seine linke Gehirnhälfte. Diese ist insofern nicht zum Bewegungslernen geeignet, weil sie nur ein Bewegungskriterium innerhalb einer Zeiteinheit vollziehen kann. Da innerhalb der zu reitenden Lektion jedoch viele Bewegungskriterien gleichzeitig stattfinden, ist sie für das Bewegungslernen weniger geeignet.

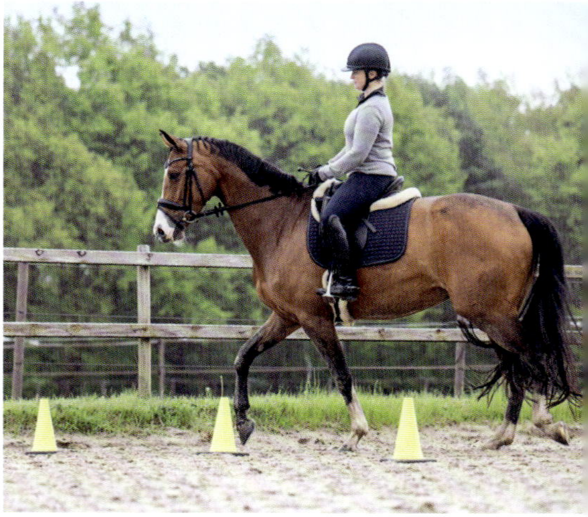

Angaloppieren aus dem Trab in drei Phasen: 1. Bande und Hütchen unterstützen die Biegung.

Anweisungen führen außerdem zu reaktiven Verhaltensweisen des Reiters (Abhängigkeiten vom Ausbilder). Er wird nicht handlungsfähig und entscheidet nicht für sich und das Pferd, sondern der Ausbilder übernimmt diese Aufgabe. Somit wird der Reiter nicht zur Selbstständigkeit und Handlungsfähigkeit geführt, um eigenständig Entscheidungen für sich und das Pferd treffen zu können, wenn der Ausbilder nicht zugegen ist (Gröben/Maurus 1999).
Bei einer „Bewegungsaufgabe" wird nur der Rahmen der Lektion vorgeben. Es wird vorher zwischen Ausbilder und Reiter geklärt, welche und wo in der Reitbahn Reiterhilfen zu geben sind, damit das Pferd die Aufgabe ausführen kann.

PRAXISBEISPIEL ANGALOPPIEREN

Es geht um das Lernen des Angaloppierens. Zu Beginn soll sich der Reiter mit seinem Pferd möglichst auf dem ersten Hufschlag bewegen, weil die Bande als optische Anlehnungshilfe genutzt werden sollte, damit es dem Pferd und dem Reiter leichter fällt, geradegerichtet traben zu können.

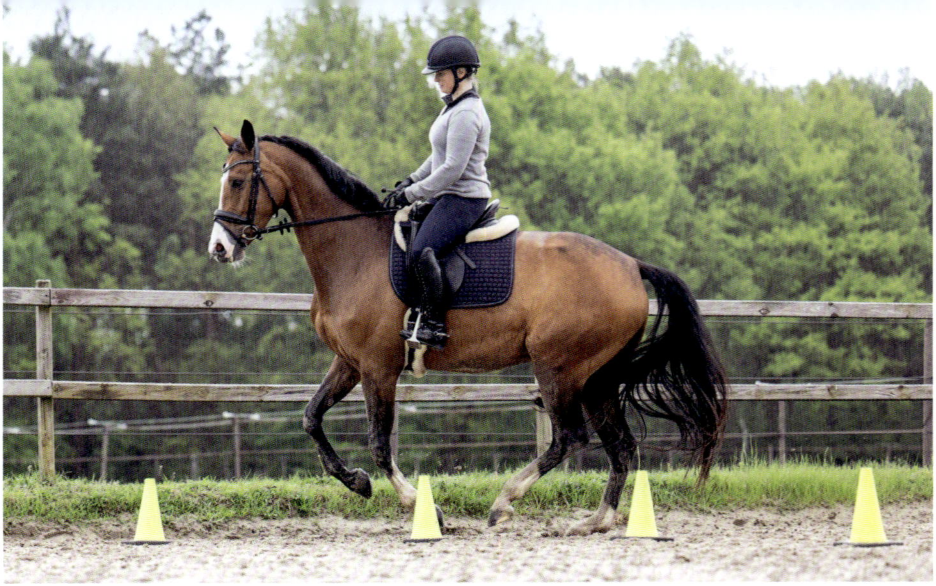

2. Selbstständiges angaloppieren:
Die Reiterin spürt, ob das Angaloppieren gelingt.

Nun überlässt es der Reitausbilder dem Reiter, wann und wo er das Pferd zum Angaloppieren anregt. Er wählt beispielsweise nach Absprache mit dem Reitausbilder die Ecke aus, weil dort das Pferd auf einer Viertelvolte natürlich gebogen ist, ohne dass der Reiter das Zusammenspiel aller Hilfen bereits perfekt beherrschen muss.
Auch wenn die ersten Bewegungsversuche fehlerhaft sind, sollte der Ausbilder nicht sofort korrigierend einwirken. Der Reiter muss selbst bei falschem Angaloppieren die Chance haben, es selbst zu spüren, ob der Versuch gelungen ist oder nicht. Wenn er es nicht wahrnehmen sollte, berät der Ausbilder den Reiter, spricht mit ihm über mögliche veränderte Hilfen in seinen weiteren Versuchen. Es werden also neue Vorgehensweisen abgesteckt, damit Reiter und Pferd sich auf diesem Wege so verbessern, bis sie von der Grobstruktur zur Feinstruktur gelangt sind.
Bei diesen Versuchen nutzt der Reiter seine linke Gehirnhälfte zum Planen (mentale Phase – Bewegungsentwurf/-vorstellung entwickeln), lässt die Bewegung gefühlsmäßig heraus und überlässt seiner rechten Seite des Gehirns die weiteren Aufgaben. Sie hat die Fähigkeit der Integration mehrerer

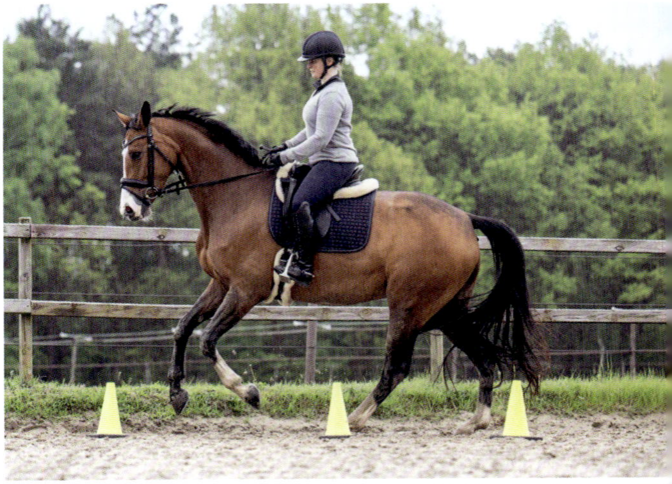

3. Es gibt keine Störungen durch Anweisungen von außen.

Bewegungskriterien. Diese gefühlsmäßigen Begleitungen der rechten Gehirnhälfte dürfen nicht durch Eingriffe des Ausbilders unterbrochen werden.
Würde er durch Anweisungen stören, werden koordinative Prozesse behindert und die Bewegungsausführungen des Reiters können sogar „zusammenbrechen". Durch die selbstständige Bewältigung von Bewegungsaufgaben lernt der Reiter für sich und das Pferd Verantwortung zu übernehmen. Er wird befähigt, für sich und sein Pferd entscheidungssicher zu werden.

AUSEINANDERSETZUNG „KOPF MIT BAUCH"

Mit einem Bild soll diese übergeordnete lerntheoretische Rahmenbedingung des Lernens im weiteren Sinne beschrieben werden. Man stelle sich vor, dass innerhalb des Menschen zwei Wesen leben würden. Gallwey (2012) spricht von einem Selbst 1 und Selbst 2. Selbst 1 wäre beim Lernen der Bestimmer oder Planer, Selbst 2 hingegen der ausführende Macher.
Bei den Bemühungen des Lernenden neigt der Kopf (Selbst 1) dazu, die Führung zu übernehmen und sich ständig als Bestimmer in die Aufgaben des handelnden Machers „Bauch", also Selbst 2, einzumischen. Durch die kritischen Kommentare von Selbst 1 gelingen die Bewegungsbemühungen des Bauchs immer weniger. Die Bewegungsergebnisse werden eher schlechter als besser. Der Lernende vergeudet sehr viel Energie, ohne den gewünschten Erfolg zu erreichen. Auf das Reiten Lernen bezogen heißen diese Aussagen, dass der Reiter das Denken bzw. die ständige Selbstreflexion ausschalten muss, weil gefühlvolles Reiten durch ständiges Nachdenken nicht erreicht werden kann. Reiter dürfen sich nicht ständig selbst reflektieren. Ihnen muss der Einklang zwischen den beiden Selbst gelingen, indem sie den Ablauf des Bewegungsprozesses entdecken bzw. wahrnehmungsmäßig begleiten lernen.

INNERES UND ÄUSSERES AUGE

Auf die Praxis bezogen müssen Reiter mit dem inneren und äußeren Auge „den Raum erfassen". Sie sollten in sich hineinhorchen, sich von innen sehen lernen und sich nicht von äußeren Gegebenheiten ablenken lassen. Diese Forderung klingt einfach, ist jedoch nicht leicht umzusetzen.
Für den Ausbilder bedeutet es, sich zunächst sehr zurückzunehmen, nicht sofort bei Fehlversuchen des Reiters einzugreifen. Im weiteren Verlauf des Lernprozesses gilt es, Beobachtungsaufgaben für das äußere und innere Auge zu stellen, die verfolgt werden sollen. Der Reiter soll sich reiterlich verbessern, in dem er sich über das äußere Auge (an Pylonen, Ständern, etc.) im Raum orientiert. Für das innere Auge gilt, muskuläre Veränderungen über den kinästhetischen Analysator (Bewegungssinn) spüren zu lernen.
Für das „äußere Auge" sind insgesamt motosensorische Aufgaben von Bedeutung, die sich auf den Einsatz der Augen beziehen, weil die Augen die Bewegungen des Reiters lenken (Feldenkrais 1988, 2020). Außerdem darf für das „äußere Auge" der Kopf nicht festgestellt, also nicht starr nach vorne auf den Pferdehals gerichtet sein. Wenn der Hals-Nacken-Bereich flexibel ist, blockiert sich der Reiter nicht im Becken und hat die Voraussetzung zum Fühlen geschaffen. Die Kommunikation des Reiters mit dem Pferd läuft hauptsächlich über die Auseinandersetzung des Beckens des Reiters mit dem Rücken des Pferdes ab.
Durch einen flexiblen Hals-Nacken-Bereich und ein mobiles Becken kann der Reiter den Pferdebewegungen folgen und spüren, wann die Bewegungsharmonie mit dem Pferd mehr oder weniger gelingt und sich harmonisch anfühlt.
Bewegungsaufgaben regen die Aufmerksamkeit des Selbsts 2 („des Bauches") vorrangig an, wobei Selbst 1 über die Reitbewegungen aufmerksam wacht, sich jedoch nicht kritisch einmischt. Denkt der Reiter zu sehr über sich und die Bewegungen des Pferdes nach, geht das Gefühl für den eigenen Körper und für das Zusammenspiel mit dem Pferd in den unterschiedlichen Situationen verloren.
Insgesamt muss das Wahrnehmen (Selbst 2 – „der Bauch") mehr einbezogen werden, wobei Selbst 1 („der Kopf" – der Bestimmer) seine Funktion behält, wenn es mental die zu absolvierenden Bewegungsabläufe

plant und so das mögliche Gelingen optimal vorbereitet. Je genauer der Bewegungsentwurf/Bewegungsplan vom Kopf entwickelt wird, desto effektiver gelingt das Verbessern des Reitens.

Diese Ausgewogenheit bzw. Korrespondenz zwischen Selbst 1 und Selbst 2 herzustellen, ist nicht ganz leicht und muss in vielen Versuchen erprobt werden. Trotzdem ist es ein wichtiger Schlüssel zum Gelingen eines gefühlvollen Reitens und die Voraussetzung zur Verbesserung.

REITER BLICKEN ERNST UND LEGEN DIE STIRN IN FALTEN

Reiten soll Spaß machen. Doch beim Betrachten von Reitern im Unterricht und auch auf Turnieren erkennt man selten Freude. Insgesamt wird zu ernst geritten. Der Unterricht orientiert sich zu starr bzw. verkrampft an Lektionen. Ausbilder sind nicht ausschließlich Vermittler von

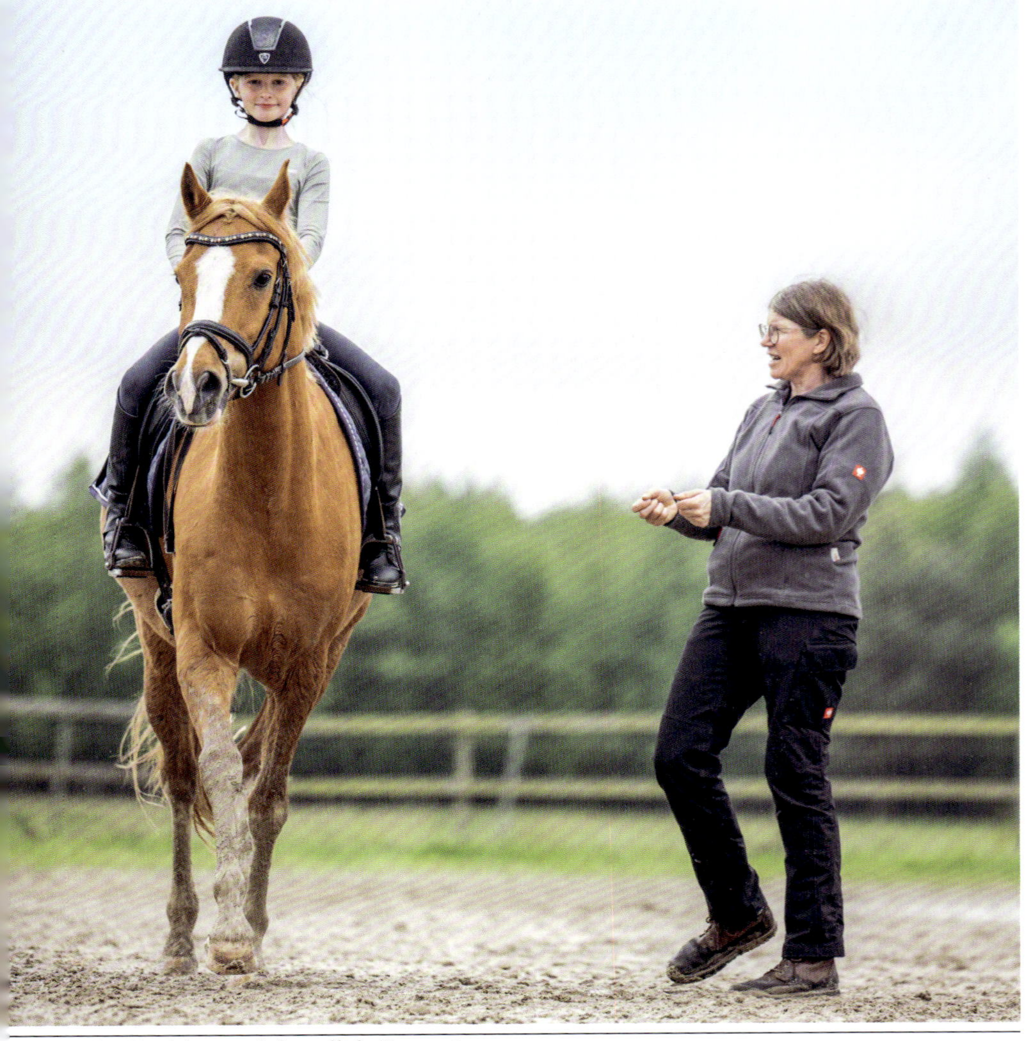

Die Reitlehrerin als freundliche Partnerin

Bewegungen, sondern sollten bedenken, dass sie durch die Art des methodischen Vorgehens auch eine Beziehung zu ihren Reitern eingehen.
Der beste Lehrplan eines Lehrenden ist erst einmal seine Person. Reitunterricht darf nicht allein die Sachorientierung in den Mittelpunkt rücken, sondern soll bei dem Reiter auch eine erzieherische Wirkung entwickeln. Deshalb hat der Reitausbilder eine Ausgewogenheit von drei Aspekten auszustrahlen: den Sachaspekt, den Beziehungsaspekt und den Vermittlungsaspekt. Je nach Situationsbewältigung ist die Sache (Lektion), die Vermittlung (das methodische Vorgehen) oder die Kommunikation zwischen Reitlehrer und Reiter in den Mittelpunkt des Unterrichts zu rücken. Im Unterricht sollte keiner dieser drei Aspekte einseitig den Vorrang haben, sondern eine Ausgewogenheit aller drei Momente macht die soziale Wirkung des Unterrichts aus.

DER UNFREUNDLICHE REITLEHRER

Der Reitlehrer sollte stets ein freundlicher Partner des Reiters sein, denn ein ernster Reiter kann sich nie locker bzw. gelöst bewegen. Deshalb sollte die Art des Reitunterrichts auch so gestaltet werden, dass es trotz aller Ernsthaftigkeit des Umsetzens der Reitmaterie auch spaßig und emotional angenehm zugeht. Diese Grundbedingung macht ein gutes Gelingen möglich.
Durch das Nachdenken über seine Reitsituation bilden sich oft Falten auf der Stirn. Diese Falten führen ebenso wie ein ernstes Reiten zu einem Festhalten im Becken. Die Muskulatur der Stirn korrespondiert mit den autochthonen (nicht willentlich beeinflussbaren) Beckenbodenmuskeln. Faltenbildung auf der Stirn lässt die Stirnmuskeln verkrampfen und führt automatisch als Reaktion zu einem Festhalten im Beckenbereich. Ein entspanntes Gesicht lässt also auf einen entspannten Reiter schließen. Somit ist es umso wichtiger, dass die gesamte Unterrichtssituation emotional angenehm und entkrampfend gestaltet wird.

FESTMACHEN
Kopf und Becken oder Kopf und Absatz korrespondieren immer miteinander, sodass sich ein verbissener Reiter ungewollt ganzkörperlich festmacht.

DER REITER BEISST DIE ZÄHNE AUFEINANDER

Viele Menschen reiten mit aufeinander gepressten Zähnen und spannen somit ihre Kaumuskulatur an. Beim Anspannen der Kaumuskulatur wird das Kiefergelenk festgestellt. Dabei bleibt es jedoch nicht bei einer Isolierung auf diesen Bereich, sondern diese Festigkeit überträgt sich über Muskelschlingen vom Kopf über den Hals zur Brust, zum Becken bis hin zum Absatz. Ein elastisches, mit dem Pferd schwingendes Reiten ist somit kaum möglich (siehe Seite 112).

NEGATIVE GEDANKEN ZERSTÖREN DEN BEWEGUNGSFLUSS

Jeder kennt es von sich selbst, dass man sich über seine soeben misslungenen Bewegungen ärgert. Dieses Nachdenken über negative Bewegungserlebnisse beeinflusst unsere weiteren Bewegungen negativ. Denkt der Reiter über soeben unterlaufene Fehler nach oder ärgert sich darüber, wird die Qualität seiner weiteren Bewegungen noch schlechter. Stattdessen sollte er sich durch positive Gedanken energetisieren, d. h. positiv stimulieren.

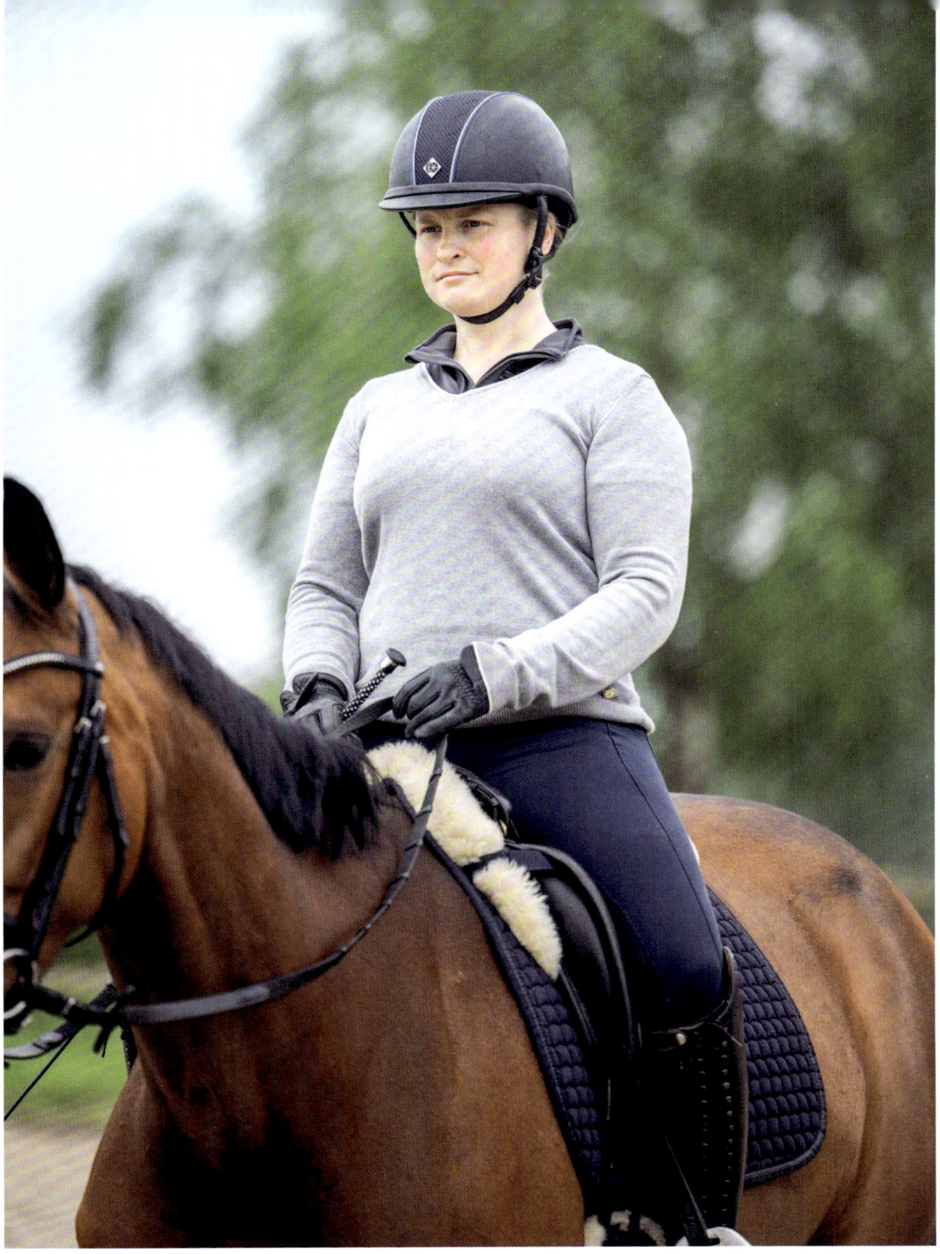

Negative Gedanken stören

KONZENTRATION KANN ZUM PROBLEM WERDEN

Der Reiter muss lernen, seine Aufmerksamkeit gezielt auf die kommenden Aufgaben zu richten, denn eine zu starke Konzentration lenkt den Reiter vom gefühlvollen Sitz ab. Bei starker Konzentration starren die Reiter fast regungslos vor sich hin. Wie bereits betont und auf Seite 30 beschrieben, leiten gemäß Feldenkrais (1988, 2020) die Augen die Bewegungen des menschlichen Körpers ein.

Starren hat beim Reiter einen negativen Effekt. Die Augen fixieren seinen Kopf, dieser blockiert das Becken, sodass der Reiter nicht mehr ganzkörperlich harmonisch mit dem Pferd mitschwingen kann.

Konzentration führt zur Dominanz der linken Gehirnhälfte. Dies lässt den Reiter nicht zum Fühlen kommen. Optimale koordinative Prozesse werden nicht erreicht. Konzentration führt insgesamt zum erhöhten Einsatz von Muskeln, die zum Gelingen der entsprechenden Bewegung gar nicht benötigt werden. Der Reiter muss lernen, seine Aufmerksamkeit auf zentrale Funktionen der Lektionen zu lenken, sodass die Lösungsversuche zunächst in der Grobstruktur gelingen. Danach können gezielt Wahrnehmungen auf die Funktionen gelenkt werden, die noch Mängel aufweisen.

TADEL UND LOB KÖNNEN BEHINDERN

Jeder Sportler – gleich welcher Sportart – kennt das negative Gefühl nach Fehlversuchen. Die dann vom Trainer ausgesprochenen Tadel helfen dem Sportler nicht, sondern lassen ihn noch mehr allein. Er versinkt – bildlich gesprochen – im Boden. Wenn jemand glaubt, dass Tadel den Reiter generell positiv unterstützt, der irrt.

Es ist jedoch auch ein Fehler zu glauben, dass Lob als Gegenteil von Tadel helfen würde. Warum kann auch Lob beim Bewegungslernen behindern? Der Sportler – hier Reiter – bemüht sich nach positiven Versuchen, diese positiven Bewegungsabläufe zu wiederholen und bemüht sich verstärkt, Mängel zu vermeiden. Dieses noch intensivere Bemühen um positive Ergebnisse führt zu einem noch höheren Einsatz von Muskelgruppen, die für die eigentliche Bewegungslösung nicht zuständig sind.

Es sollte also insgesamt ein Unterrichtsklima in der Reitbahn geschaffen werden, das emotional positive Zustände in den Reitern erzeugt, ohne emotional weder extrem positiv noch negativ zu wirken.

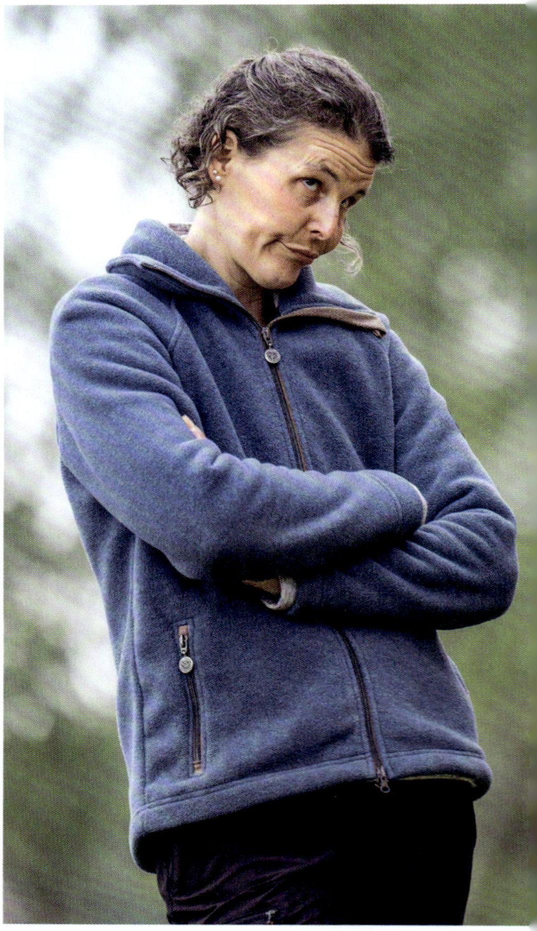

01

DESTRUKTIVES REITLEHRERVERHALTEN

Die Sprache des Reitlehrers, die Lautstärke und die Art des Untertones können dazu beitragen, die Reitstunde gelingen oder misslingen zu lassen. Ein autoritärer Ton und ständige Lenkungen (Direktiven) führen nicht zu einem emotional positiven Unterrichtsklima und behindern von vornherein Verbesserungen des Reitens.

Die autoritäre Stimme des Reitlehrers löst negative Schwingungen in der Reitbahn aus,

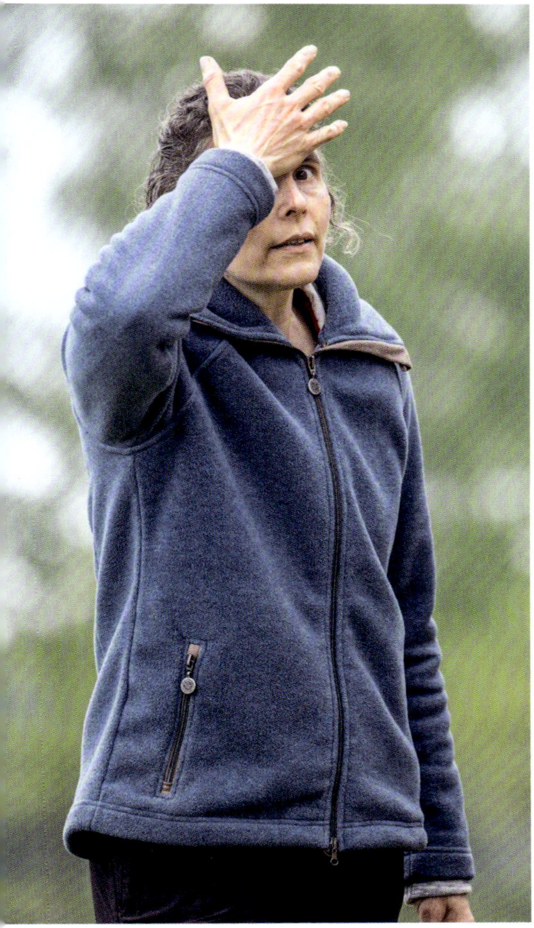

02

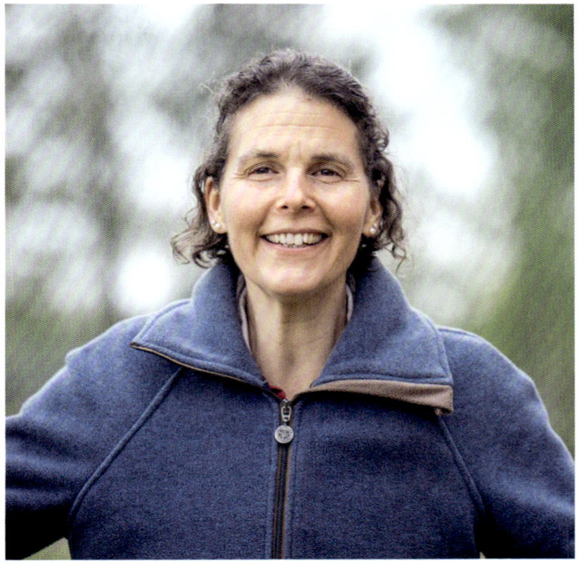

03

01 Destruktives Verhalten der Reitlehrerin ...

02 ... stört ebenso wie abwertende Gesten.

03 Zu viel Lob ist auch nicht zielführend.

die sich über das größte Organ des Reiters – der Haut – bewegungsbehindernd auf die Bewegungsabläufe des Reiters auswirken. Die Faszien werden über Schwingungen der Haut negativ beeinflusst. Faszien sind ein großes emotionales Organ (Gautschi 2022, Scheiderer 2022, Schleip 2015), das über positive und negative Schwingungen beeinflussbar ist. Faszien sind in ihrer Bedeutung für Mensch und Tier jahrzehntelang kaum in ihrer Bedeutung für das Gelingen gesunder Bewegung wahrgenommen worden.

DIE RÜCKENMUSKULATUR IST NICHT BEWUSSTSEINSFÄHIG

Die Haltung des Oberkörpers wird häufig korrigiert. Viele Reiter misstrauen den Ausbildern und widersetzen sich den Anweisungen sogar, weil sie ihre Körperhaltung nicht als negativ wahrnehmen. Die wahrgenommene Haltung ihres Oberkörpers entspricht nicht den negativen Beschreibungen des Ausbilders. Diese Reiter sind nicht renitent,

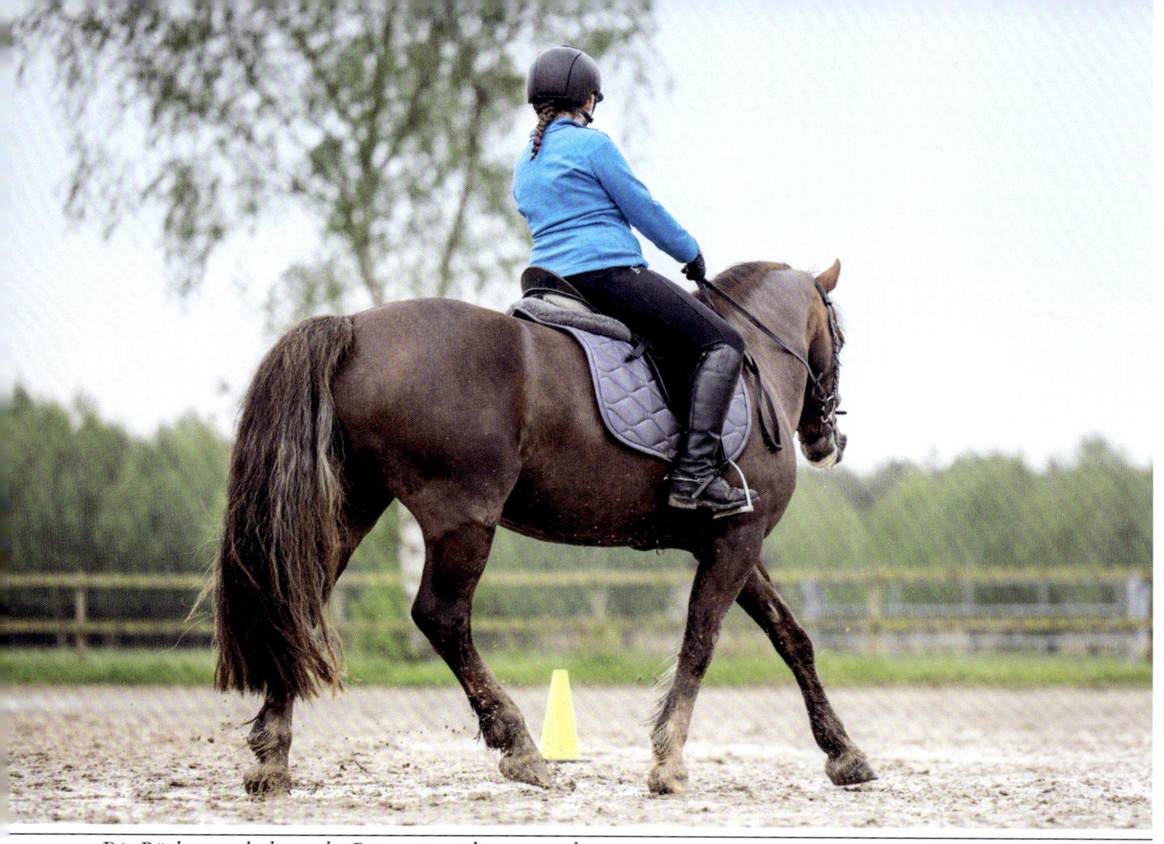

Die Rückenmuskulatur des Reiters ist nicht ansteuerbar.

sondern bilden nur eine verständliche Erkenntnis ab, weil ihr Körper bestimmte Wahrnehmungen nicht realistisch widerspiegelt.
Hintergrund dieser unterschiedlichen Einschätzungen der Reitsituation liegt darin begründet, dass die Rückenmuskulatur nicht bewusstseinsfähig ist. Sie gehört wie die Beckenbodenmuskeln zu den so genannten autochthonen Muskeln, die für die Reiter hinsichtlich der Entwicklung des Bewegungsgefühls wenig Unterstützung bieten. Hände, Arme, Beine und Füße sind demgegenüber hoch bewusstseinsfähig. Somit ist es fundamental wichtig, dass die Muskeln aller Körperlinien in einem kraftmäßigen Gleichgewicht zueinanderstehen (Frontallinie, Rückenlinie, die Laterallinien und Spirallinien). Dadurch muss die Aufmerksamkeit nicht gezielt auf die Stabilität des Oberkörpers gelenkt werden, weil die Aufrichtung natürlich funktionieren würde.

Der aufrechte Sitz kann nur optimal eigenommen werden, wenn der Reiter gleichmäßig auf den Sitzbein-Schambeinästen sitzt. Nur aus diesem Sitz heraus werden die Akupunkturpunkte an den Sitzbeinhöckern ständig angeregt, die für die natürliche Tonisierung (Spannung-Entspannung) des Oberkörpers zuständig sind und somit die fehlende Bewusstseinsfähigkeit der Rückenmuskeln kompensieren.

DIE WIRKUNG DES EQUIPMENTS

DER SATTEL ALS HINDERNIS

Der Sattel hat bezüglich des funktionalen aufrechten Sitzes eine erhöhte Bedeutung. Wichtig ist in diesem Zusammenhang die Größe des Sattels. Der Sattel darf den Reiter nicht in eine Form pressen, sondern muss

dem Becken genügend Spielraum zum Bewegen geben. Für Reiter gibt es nie ein zu groß, sondern eher ein zu klein.
Anfängerreiter müssen sich an einen Spielraum des Beckens (ein „Schwimmen") gewöhnen und vermeiden, sich Halt durch „Klemmen" zu verschaffen.
Tiefsitzer vermitteln dem Reiter ein vermeintlich sicheres Sitzgefühl, lassen aber wenig Bewegungen zu und behindern die Verbesserung der Einwirkung des Reiters.
In diesem Zusammenhang ist die Aussage von Christian (1963, S. 30) von Bedeutung, der folgende Erkenntnis erforscht hat: „Die völlige Freiheit der Gestaltung ist obligate Voraussetzung für regelhaftes Tun."
Damit wird die Bedeutung der Bewegungsvariabilität im Sattel angesprochen, die notwendige Basis für das der Situation gerechte Bewegungsgefühl ist. Die regelhafte Sitzposition entsteht nicht durch Vorgabe der Form, sondern durch Erspüren der Funktion. Die regelhaften Bewegungskriterien erfühlt der Reiter ausschließlich durch Gewähren aller Bewegungsfreiheiten. Leider wird immer noch in allen Sportarten dagegen verstoßen.

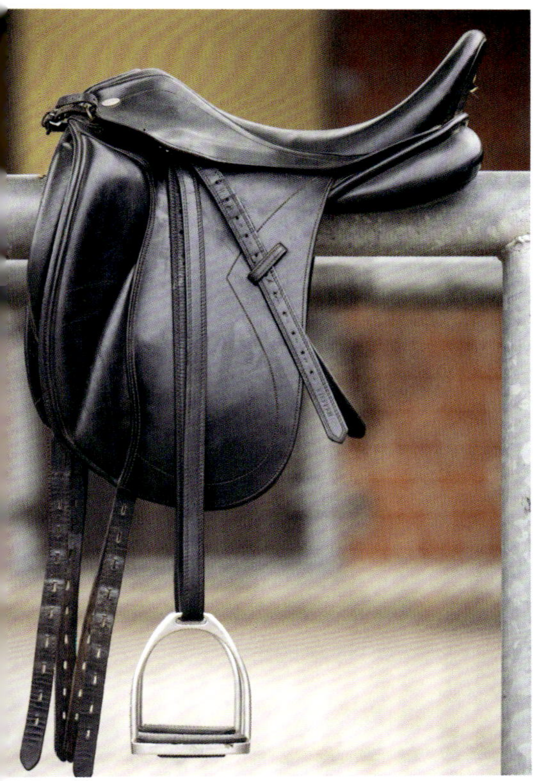

Tiefsitzer mit Pauschen

SATTELPAUSCHEN LASSEN KEINE DREIDIMENSIONALITÄT ZU

Pauschen grenzen den Reitersitz ein und bieten kaum Bewegungsmöglichkeiten für den Reiter, wie sie von Christian gefordert wird. Ein direkter Kontakt Oberschenkel-Pauschen führt nicht zur Harmonie von Reiter und Pferd. Die Pferdebewegungen sind von Natur aus dreidimensional, die menschlichen Bewegungen ebenso. Voraussetzung bei beiden Wesen ist ein freies Kreuz-Darmbein-Gelenk. Wenn nun aber durch den direkten Kontakt des Reiters mit den Pauschen seine Dreidimensionalität eingeschränkt wird, kann sich das Pferd ebenso nicht mehr dreidimensional bewegen. Somit kann sich weder der Reiter noch das Pferd qualitätsmäßig verbessern.
Sattelhersteller legen die Pauschen oft so an, dass der Oberschenkel des Reiters nur senkrecht nach unten platziert werden kann. Dadurch kann der Unterschenkel nicht mehr locker nach unten fallen, sondern wird zwanghaft relativ starr nach hinten genommen. Diese Schenkellage lässt ein Treiben am Gurt nicht mehr zu. Die mechanisch senkrechte Oberschenkelposition zwängt den Reiter reaktiv in eine Hohlkreuzposition, sodass ein gefühlvolles Mitschwingen unmöglich wird.
Pauschen bestimmen oft die Lage des gesamten Beines derart, dass eine Bügellängenverkürzung nicht mehr vorgenommen werden kann. Die Knie ragen beim Verkürzen der

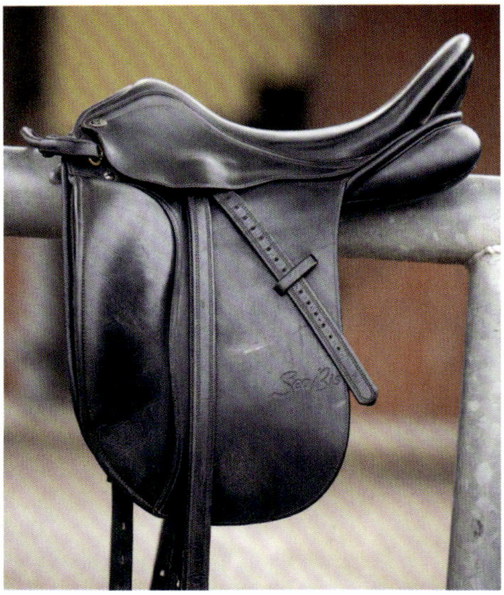

Große Pauschen lassen …

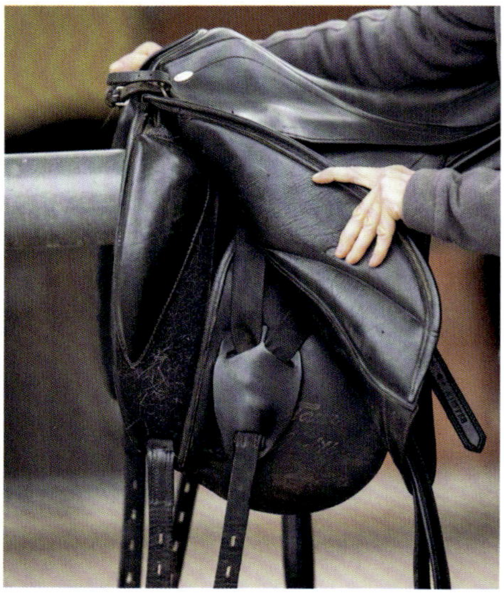

… wenig Spielraum für Bewegung.

Bügel über die Pauschen hinweg und können zu einer Tendenz des Stuhlsitzes führen.
Wenn Reiter nicht auf Pauschen verzichten können, sollten sie zumindest abnehmbar und somit positionell veränderbar sein, damit flexibles Lernen ermöglicht wird.
Weit vom Oberschenkel entfernte Pauschen können nicht eingrenzen, signalisieren aber dem Reiter beim Berühren Ungleichgewichtssituationen, die er ausgleichen muss.

SATTELMATERIAL UND FASZIEN

Da das Bindegewebe aus unterschiedlichen Rezeptorenarten besteht, muss bei der Wahl des Sattelleders und der Polsterung darauf geachtet werden, dass möglichst alle Rezeptoren und Faszien in ihren Funktionen angesprochen werden.
Die Golgi-Rezeptoren sind ein Schutzsystem bei extremen Dehnbelastungen und reagieren auf harte Reize. Pacini-Rezeptoren reagieren auf schnelle Druckwechsel, auf schaukelnde und schnelle ruckartige Bewegungen von außen und häufige Vibrationen. Ruffini-Rezeptoren reagieren auf Wechsel von statischem und dynamischen Druck, wobei die Anregungen großflächig sein müssen. Diese Bewegungen führen zu Entspannungsvorgängen.
Freie Nervenendigungen sind die größte und am variabelsten reagierende Rezeptorengruppe. Die Hälfte dieser Rezeptorengruppe reagiert auf hohe Schwellenwerte, während die andere Hälfte auf schwächere Reize ansprechen.
Insgesamt ist also die Wahl des Leders und der Polsterung von großer Bedeutung. Sie dürfen weder zu starr noch zu weich sein, damit eine sehr hohe Anzahl von unterschiedlichen Rezeptoren für die Wahrnehmung stimuliert werden. Wenn nun der Sattel materialmäßig in sich sehr hart ist,

FASZIEN

Über die Haut werden die Faszien stimuliert, die auch als emotionales und sensorisches Organ verstanden werden und denen heute eine hohe Bedeutung zugemessen wird (Gautschi 2022, Scheiderer 2022).

werden bestimmte sensible Rezeptoren zu stark gereizt und reagieren nicht loslassend. Ein zu weiches Material absorbiert hingegen die Schwingungen des Reiters. Die Wahrnehmungsprozesse der Pferdebewegungen werden gestört, sodass eine Einwirkung aufs Pferd nicht situationsgerecht sein kann. Bei Gewichtshilfen könnte der Druck auf die Sitzbeinhöcker mehr oder weniger in dem weichen Material verpuffen. Die Einwirkung würde weder mechanisch optimal übertragen, noch würden die Akupunkturpunkte an den Sitzbeinhöckern genügend angeregt, um eine aufrechte Sitzposition reaktiv zu erzeugen (man bedenke die mangelnde Bewusstseinsfähigkeit der Rückenmuskeln, siehe Seite 49).

REITSTIEFEL ALS PROBLEM

Enganliegende Reitstiefel können ebenso wie zu enge Kleidung zu Bewegungsschwierigkeiten führen. Sie hindern den Reiter in seiner Flexibilität und somit wird seine Wahrnehmung durch fehlende Mobilität des Bindegewebes reduziert. Ein sensibler Einsatz des Schenkels können Reiter nicht mit Stiefeln leisten, die die Kniesehnen ständig durch einen zu hohen Schaft reizen. Der Stiefelschaft soll sich dem Unterschenkel anschmiegen, darf aber nicht durch Starrheit und Enge die Waden- und Schienbeinmuskeln in ihrer Koordination (beim rhythmischen An- und Abspannen) hindern. Die Zehen- und Sprunggelenke dürfen nicht eingegrenzt werden. Sie müssen sich vielfältig bewegen können, damit der Reiter in seinem ganzkörperlichen Schwingen nicht gestört wird. Starre Sohlen der Stiefel hindern den Reiter in seinen natürlichen Bewegungsmöglichkeiten.

Besonders im Winter sieht man Reiter vermehrt mit dicken und starren Schuhen als mit Reitstiefeln reiten. Wärme tut im Winter zwar gut, doch beeinflussen unflexible Schuhe optimale Körperschwingungen. Grundlage für koordinierte rhythmische An- und Abspannprozesse der Frontal- und Rückenlinien ist die Plantarfaszie unter dem Fuß. Sie ist in ihrer Funktionalität nur gegeben, wenn die Sohlen der Reitstiefel weich und flexibel sind. Um die Wahrnehmung zu ermöglichen, soll die Sohle nicht gepolstert sein.

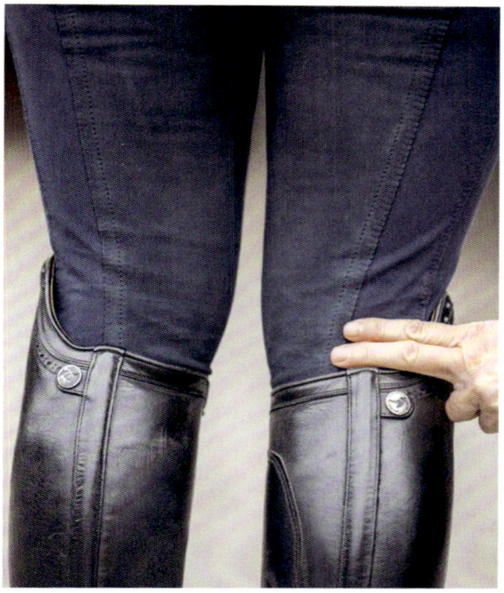

Mindest-Abstand zur Kniebeuge: zwei Finger

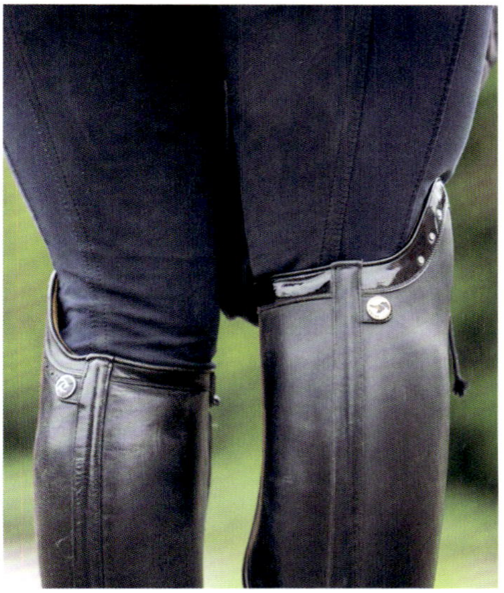

Stiefel dürfen das Golgi-System nicht dauerhaft stimulieren.

BÜGEL ALS NEGATIVE EINFLUSSFAKTOREN

Bügel sollen grundsätzlich im rechten Winkel zum Fuß platziert sein, um den Absatz problemlos nach unten schwingen zu lassen. Viele Reiter haben heute ihre Bügel schräg zu ihren Füßen stehen. Diese Reiter haben Schwierigkeiten, ihre Fußsohle flach auf die Trittfläche des Bügels zu setzen. Sie berühren ihn oft nur mit der Innen- oder Außenkante und haben dadurch keinen optimalen „Bügeltritt", also Kontakt zum Bügel, ohne ihn mechanisch „auszutreten". Der Kontakt des Fußes im Bügel darf nur reaktiv sein, d. h. der Reiter lässt seine Beine fallen und schwingt nach unten durch. Die Ursache für den mangelhaften Kontakt im Bügel liegt nicht in den Füßen begründet, sondern resultiert aus einer Fehlposition des Oberschenkelkopfes in der Gelenkpfanne des Hüftgelenks. Bei Alltagsbewegungen wird das Hüftgelenk nicht mehr genügend als Kugelgelenk eingesetzt, weil Menschen ausschließlich auf ebenen (störungsfreien) Flächen gehen, sodass die variablen Funktionen des Hüftgelenks nicht mehr genutzt werden. Bügel mit außen erhöhter Trittfläche sollen dem Reiter sicheren Halt im Bügel geben, nur wird die eigentliche instabile Ursache für ein stabiles Sitzfundament nicht behoben. Diese Veränderung des Bügels schafft keine Sicherheit im Bügel, sondern führt zur Starrheit im Sitz, weil durch die äußere Erhöhung der Trittfläche des Bügels der lange und kurze Wadenbeinmuskel dauerhaft kontrahiert werden und somit die Beweglichkeit in den Sprunggelenken getilgt wird. Durch variables Gehen als Übung (Wechsel nach jeweils sechs bis acht Schritten auf dem Ballen, Absatz mit angezogener Fußspitze, Außen- und Innenkante) werden die variablen Funktionen des Hüftgelenks wieder genutzt. Der Reiter empfindet seine Beine danach beim Gehen als leichter, die Schritte werden weicher erlebt und die Fußsohlen haben mehr Kontaktfläche zum Boden.

TRITTFLÄCHE DES BÜGELS NACH HINTEN ABGEFLACHT

Der tiefe, nach unten zeigende Absatz ist nicht starr, sondern mobil. Wenn die Bewegungen vertikal durch den Reiterkörper fließen können, bewegt er sich rhythmisch wechselnd mal ein wenig oberhalb bzw. unterhalb der Waagerechten. Diese wechselnden Positionen werden durch eine Bügelkonstruktion geradezu blockiert, wenn die Trittfläche dauerhaft nach hinten unten platziert ist.

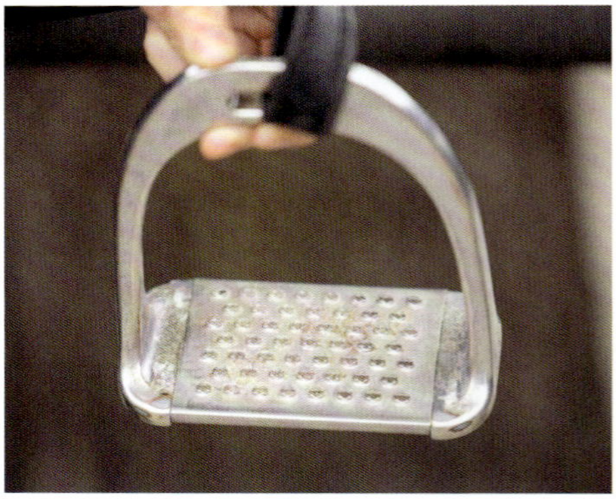

Raue Trittfläche

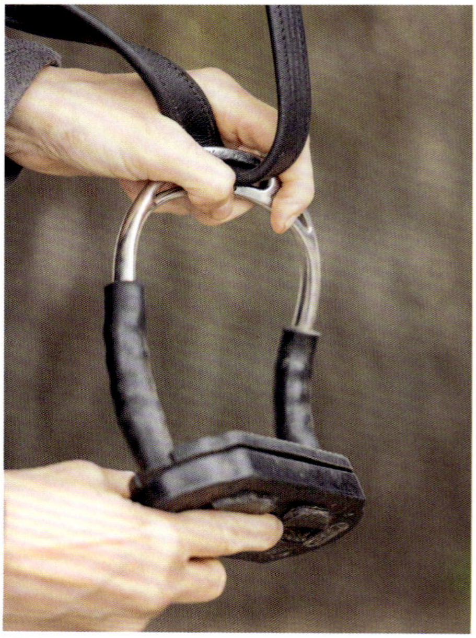

Bügel mit Gelenk

Es finden keine Bewegungen des Absatzes mehr statt, weil das rhythmische Sich-Bewegen der Muskeln des Unterschenkels (Zusammenspiel Waden- mit den Schienbeinmuskeln) eingeengt wird.
Diese fehlenden Bewegungen führen auch im gesamten Körper zu Verspannungen, weil keine sukzessiven Bewegungsübertragungen ablaufen können (Bewegungsübertragungen von den Gelenken der Zehen über die Sprung-, Knie- und Hüftgelenke bis zum Kopf).

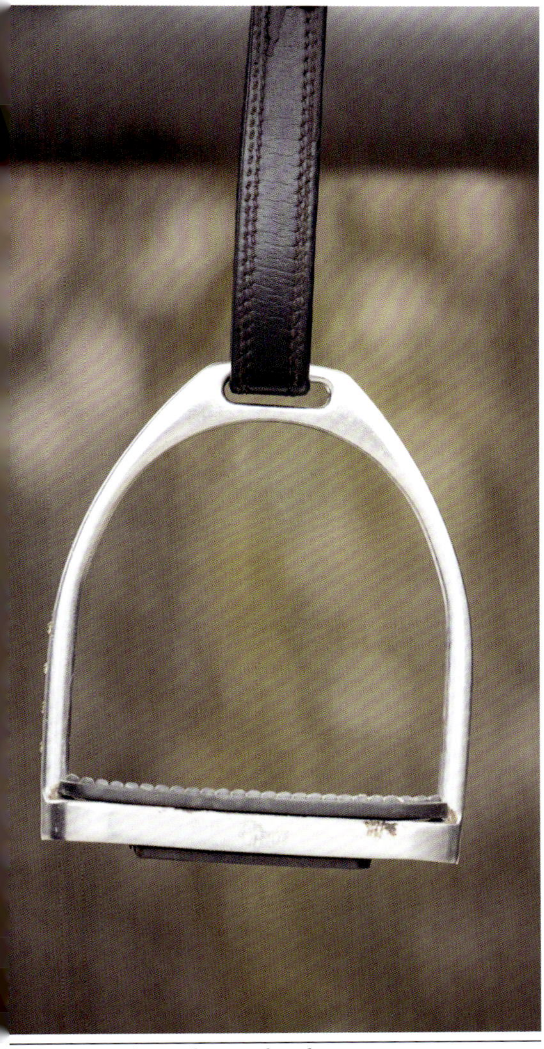

Funktionaler Steigbügel

RAUE TRITTFLÄCHE DES BÜGELS

Die Trittfläche der Bügel sollte stets kleine Bewegungen der Füße zulassen, weil diese notwendig sind, um Schwingungen durch den Körper zuzulassen. Wenn die Schuhsohlen bzw. Bügel sehr starr und rutschlos sind, lassen sie keine Feinabstimmung aus den Fußgelenken zu und reduzieren die Mobilität des Reiters.

BÜGEL MIT FEDEREFFEKT

Mit dieser Bügelstruktur will die Industrie eigentlich einen positiven Effekt erreichen, erzielt jedoch mittel- und langfristig das Gegenteil. Die Konstruktion soll den federnden Absatz ermöglichen, der oftmals vom Körpersystem des Reiters nicht geleistet werden kann. Diese wie bereits bei anderen Konstruktionen des Equipments gewollten Funktionen des Reitersystems werden jedoch nicht erreicht. Sie werden systematisch behindert.
Von außen werden beim Reiter Schwingungen erzeugt, für die Rezeptoren an den Gelenken, Muskeln und Sehnen (die Propriorezeptoren) zuständig sind. Durch für den Körper erzeugten falsche Reize geben die Rezeptoren irgendwann ihre Funktion auf. Somit sind diese Bügel für die Gelenke mittel- und langfristig nicht entlastend, sondern belastend, weil die natürlichen Funktionen verstellt werden.
Forschungsergebnisse über Dämpfungssysteme in Laufschuhen werden bei Hübner/ Saberi (2010) dargestellt. Diese Konstruktionen wirken sich negativ auf die natürlichen Federeffekte beim Läufer aus. Sie machen die Läufer mittel- und langfristig sogar krank, weil der Mensch verlernt, seine Schritte selbst weich aufzufangen. Stattdessen fußt der Läufer immer schwerfälliger und härter auf, wodurch körperliche Abnutzungseffekte erhöht werden.
Für den Reiter bestehen ähnliche Gefahren, weil er bei solchen Bügeln nicht „lernt", mit dem Becken seine Bewegungen weich

abzufangen und mit dem Pferd zu verschmelzen. Diese Auffangbewegungen werden zwar zunächst von den federnden Bügeln übernommen, wirken sich aber im weiteren Verlauf des Reitens immer stärker stoßend auf das Becken und die Wirbelsäule aus, bis es zu Bandscheibenschäden kommt. Mechanische Hilfen von außen erzeugen generell einen bewegungsstörenden und gesundheitsgefährdenden Effekt.

REITHOSEN MIT GUMMIBESATZ

Beim Reiten wird berechtigterweise ein ruhiger, aber einwirkungsfähiger Schenkel gefordert. Der „ruhige" Schenkel (das ruhige Bein) ist jedoch der stets weich mit dem Pferd mitschwingende. Würde er immobil sein, hätte er störende Wirkung, weil er die Bewegungen des Pferdes nicht aufnehmen und darauf einwirkende Impulse nicht geben kann.

Es wird mit unterschiedlichen Mitteln versucht, die Schenkel (Beine) ruhig zu „stellen". Eine Methode ist die mit Gummibesatz bestückte Reithose. Sie lässt jedoch feine, mit dem Pferd mitgehende Bewegungen nicht zu und behindert den gefühlvollen Sitz.

Wenn diese Reithosen auch Sicherheit zu geben scheinen, sind sie jedoch der Feinkoordination des Reiters abträglich. Ein ruhiger Reitersitz resultiert aus einem sich fein bewegendem Reiter, der in seinen in das Pferd eingehende Bewegungen nicht behindert werden darf.

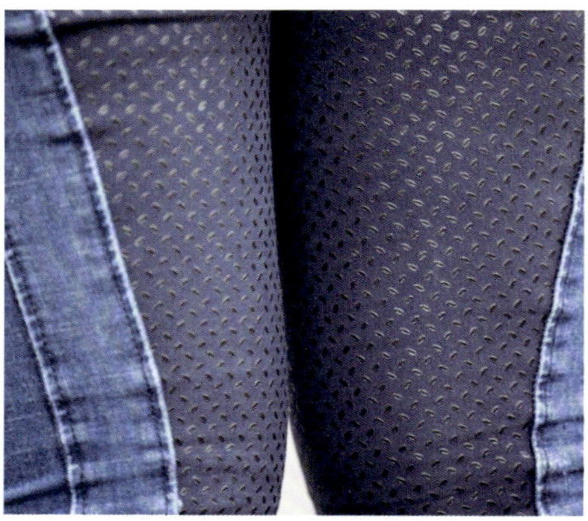

Reithose mit Gummibesatz

REITHELME KÖNNEN SCHWINGUNGEN REDUZIEREN

Reithelme sind ein Sicherheitsfaktor für den Reiter und müssen als Schutz unbedingt getragen werden. Bei der Anschaffung muss darauf Wert gelegt werden, dass die Kappe zu der Form des Kopfes passt. Reitkappen sind nicht nur Sicherheitsfaktor, sondern

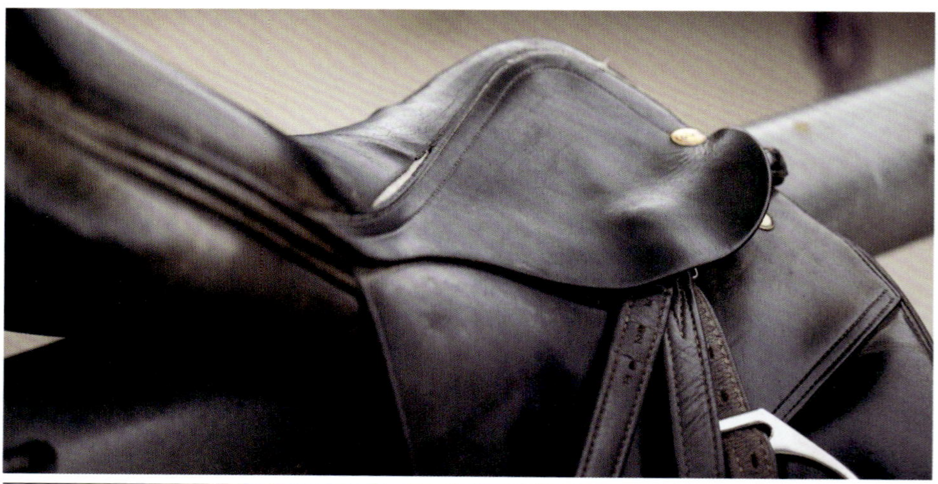

Gummibesatz kann sogar dem Sattel schaden.

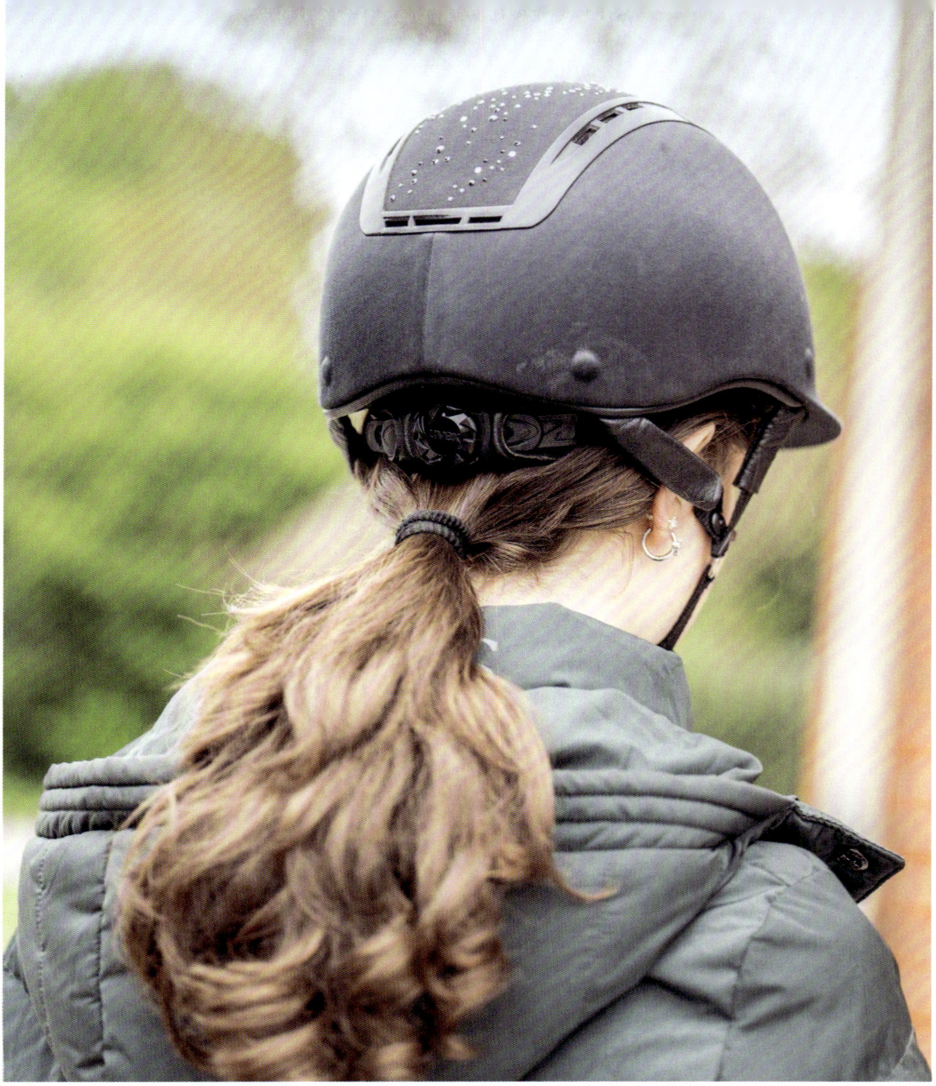

Der Zopf gehört immer unterhalb des Verstellrades.

können sich auf die Bewegungsabläufe des Reiters negativ auswirken, wenn bestimmte Bedingungen nicht gegeben sind. Wichtig ist der Rahmen des Helms, der keinen Druck auf die Kopfgelenke ausüben darf.
Da jeder Reiter strukturell eine andere Kopfform besitzt, sollten z. B. die Verstellräder für die Größe des Kopfes keinen Druck auf das erste (zwischen Schädel und erstem Wirbel: Atlas) und das zweite Kopfgelenk (zwischen Atlas und zweitem Halswirbel: Axis) erzeugen. Beide Kopfgelenke müssen Bewegungsfreiheiten aufweisen, um den Reiter optimal schwingen zu lassen.

Auch Kappen ohne Verstellräder dürfen den Kopf nicht so einengen, dass sich die Kopfschwarte wenig bzw. gar nicht bewegen kann. Die Kopfschwarte, auch mit „Skalp" bezeichnet, ist die funktionelle Einheit von Außenhaut, Unterhaut und Sehnenhaube über dem Schädeldach. Ein bewegungsfähiges Bindegewebe verbindet diese Sehnenhaube mit der Knochenhaut und lässt dadurch freie Bewegungen des „Skalps" zu. Diese Bewegungen sind Voraussetzung für ganzkörperliche Schwingungen. Sowohl der „Skalp" als auch ein unbeweglicher Absatz können für unflexible Reiter verantwortlich sein.

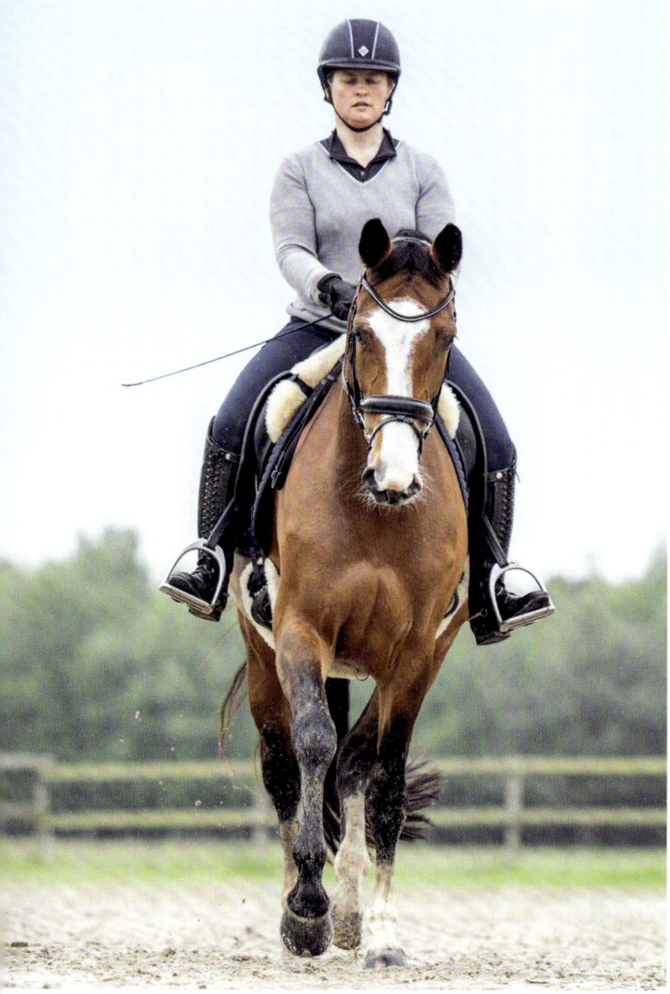

Korrekt aufgenommene Steigbügel ermöglichen funktionales Treiben.

BEWEGUNGSEIN-SCHRÄNKUNGEN

REITEN OHNE BÜGEL ALS BEWEGUNGSPROBLEM

Ohne Bügel reiten zu lassen ist eine Methode aus der so genannten Meisterlehre in der Reiterei. Viele Reitlehrer sind davon überzeugt, dass diese Methode den Reiter mehr schwingen lässt. Steigbügel sind aber unabdingbare Voraussetzung für optimale Bewegungsübertragungen innerhalb des Reiters.

Damit keine Missverständnisse entstehen: Es ist durchaus sinnvoll, Anfänger ohne Sattel auf dem blanken Pferderücken Reiterfahrungen sammeln zu lassen (dreidimensionale Bewegungen). Der Reiter erlebt immer wieder neue Ungleichgewichtssituationen und erobert sich die fundamentale Fähigkeit des Menschen: das Gleichgewicht. Positive Folgeerscheinungen des sensibel ausgebildeten Gleichgewichtssinns sind Reiter mit der Fähigkeit, unterschiedliche Rhythmen des Pferdes in sich aufnehmen und zurückgeben zu können (Einwirkung).

Außerdem erhöht sich ausgehend von der Gleichgewichtsfähigkeit das Reaktionsvermögen, das für das Ausgleichen von Fallsituationen lebenswichtig ist. Reaktionsfähigkeit ist im Reiten besonders bedeutungsvoll, um Unfallsituationen so früh wie möglich zu erahnen, damit der Reiter aus einem Stürzen ein gezieltes Fallen machen kann. Einen sachgerechten Reitersitz im Sattel ohne Bügel zu schulen ist kaum möglich. Der Reiter wird ähnliche Lernprobleme bekommen wie beim Schwimmen lernen im Trockenen. Man benutzt beim Reiten ohne Bügel andere Muskeln als beim Benutzen der Bügel. Geht es um den funktionalen Sitz und die Einwirkung des Reiters, muss er mit Bügeln reiten, weil ein fallengelassenes Bein (Reiten ohne Bügel) nicht dazu führt, die Schwingungen des Reiters nach unten in den Absatz und wieder zurück bis in den Kopf übertragen zu können. Die körpereigenen Kräfte verpuffen in Richtung Boden.

Wenn Reiter ohne Bügel formal korrekt sitzen wollen, müssen sie die Fußspitzen anziehen, damit der Absatz sich als tiefster Punkt zeigen kann. Zieht der Reiter die Fußspitzen an, wird das gesamte Bein fest. Ein korrektes Treiben wird dadurch ebenso unmöglich wie ein mitschwingender Sitz. Ein starres Bein stellt automatisch das Reiterbecken fest. Der Reiter kann nicht mehr harmonisch den Pferdebewegungen folgen. Der Dialog Reiterbecken – Pferderücken ist gestört, die Dreidimensionalität bei Reiter und Pferd geht verloren und die Reiterbewegungen werden stoßend.

FUSS IM BÜGEL

Der Reiter darf den Absatz im Steigbügel nicht zum Boden drücken oder die Fußspitze anziehen. Das gesamte Bein muss locker aus dem Hüftgelenk fallen und der Fuß soll sich weich an der breitesten Stelle des Ballens im Bügel stützen.
Nur dann hat der Absatz genügend Bewegungsspielraum, um sich reaktiv nach oben und unten bewegen zu können.

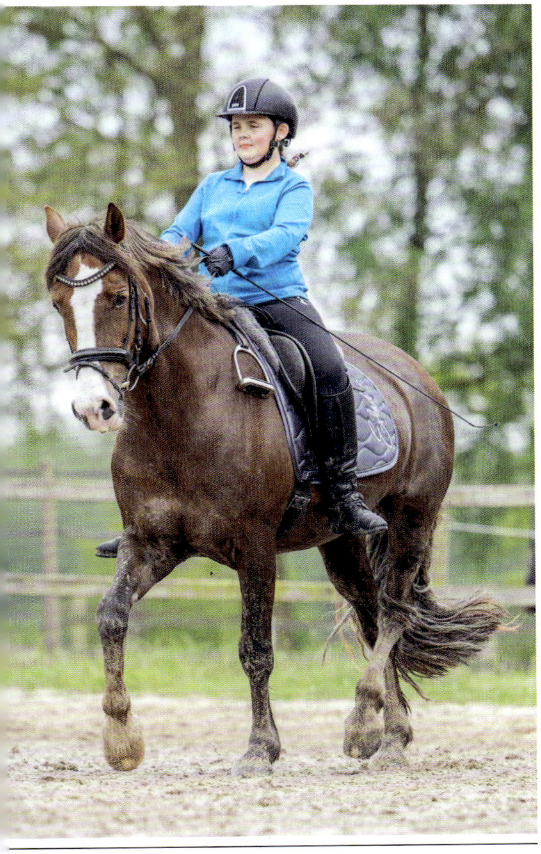

01

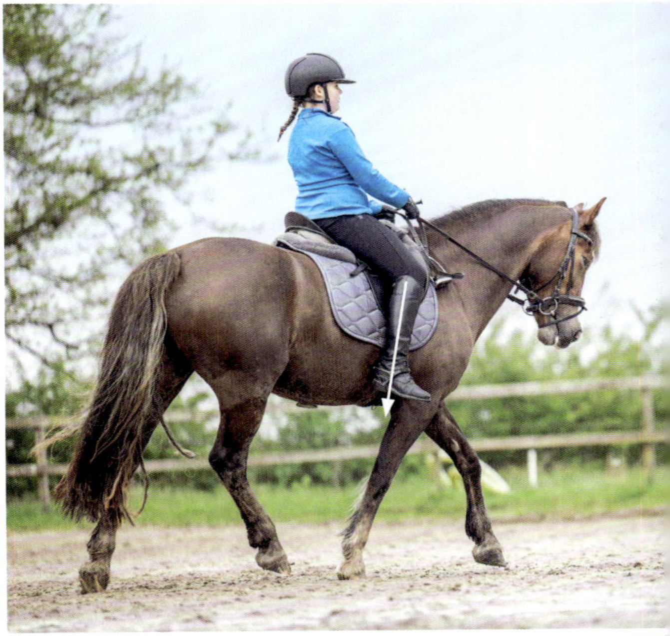

02

01 Beim Reiten ohne Steigbügel werden andere Muskeln angesprochen.

02 Die körpereigenen Kräfte verpuffen in Richtung Boden.

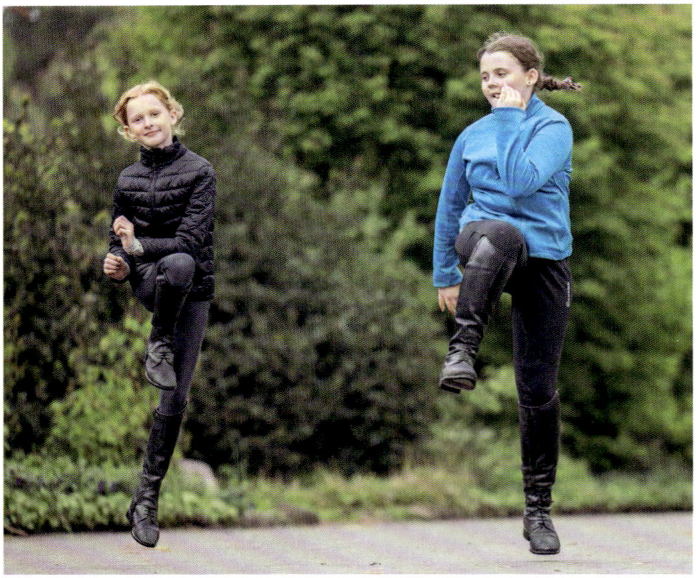

Hopserlauf mit Verwringung linker Arm rechtes Knie …

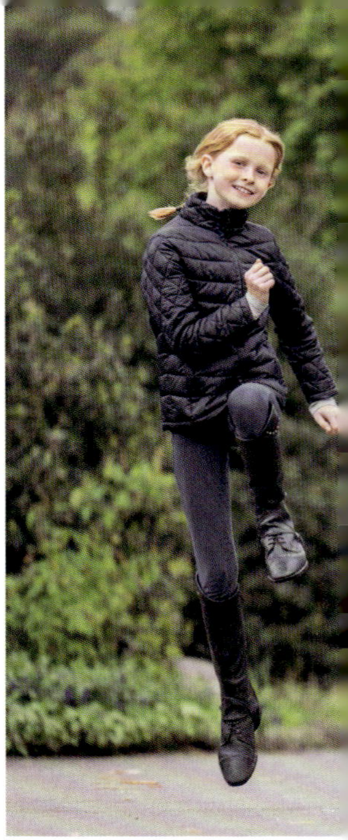

… und umgekehrt.

OHNE KREUZMUSTERBEWEGUNGEN KEIN BEWEGUNGSLERNEN

Dreidimensionalität ist die Basis für Bewegungslernen. Diese Fähigkeit ist bei vielen Menschen nicht mehr vorhanden, weil sie sich im täglichen Leben vor allem gehend zu wenig bewegen. Im Gehen finden Kreuzmusterbewegungen statt: Wenn das linke Bein nach vorne setzt, geht automatisch der entgegengesetzte Arm nach vorne. Die linke Gehirnhälfte steuert die rechte Körperseite, die rechte Gehirnhälfte die linke. Es werden also ständig beide Gehirnhälften koordinativ benutzt, die für das effektive und ökonomische Funktionieren der Nervenprozesse sorgen. Heute bewegt sich jedoch ein Großteil der Menschheit wie Passgänger. Sie gehen homolateral. Dabei geht beim Vollziehen der Schritte im Gehen immer der seitige Arm mit nach vorne, sodass es zu einer Rotationsbewegung um die Längsachse kommt. Hintergründe liegen in mangelhaften Schaltungen im Gehirn. Dabei werden diese falschen Impulse im Gehirn durch bestimmte Tätigkeiten hervorgerufen. Vor allem langes Sitzen führt zu negativen Funktionen des Gehirns. Gesundheitsforscher sprechen dem heutigen Sitzen umfangsmäßig dieselben hohen negativen Funktionen zu, die man früher dem Rauchen zuschrieb. Dehnen hielt man generell für gesund, um der einseitigen Erhöhung der Kraftentwicklung entgegenzuwirken. Dabei wird heute dem permanenten Dehnen (Stretchen) teilweise sehr kritisch gegenübergestanden, weil ein zu langes Verharren in der Endposition auch zu Homolateralität führen kann. Gleichzeitig wird die Kraft des beanspruchten (gedehnten) Muskels

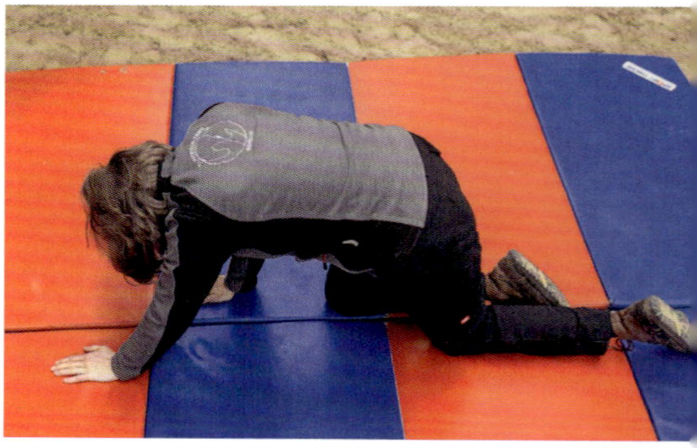

Zunächst wird auf Knien und Händen gekrabbelt.

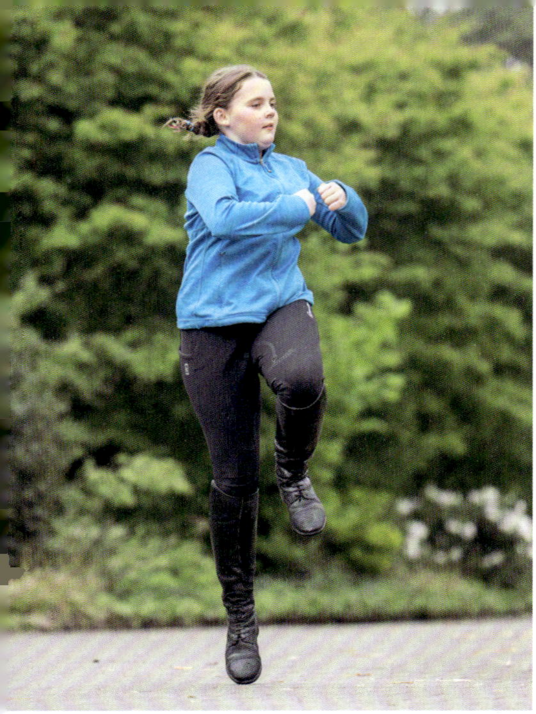

Becken des Pferdes parallel zum Becken des Menschen zeigen muss. Unter diesen Bedingungen sitzt der Reiter – wie man in der Reitersprache sagt – „in sich geschlossen". Aufgrund der beschriebenen heutigen Situation des Menschen (monotones Sitzen) ist jedoch oft ein so genannter offener Sitz festzustellen. Dieses negative Bewegungskriterium ist an der zurückgenommenen äußeren Schulter des Reiters zu erkennen. Dadurch sind zentrale Bewegungsfunktionen des Reiters nicht möglich, was am fehlenden Mitschwingen mit dem Pferd und an der unkoordinierten Einwirkung zu erkennen ist. Es wird gegen die Voraussetzungen für die diagonale Hilfengebung als eine der drei grundlegenden Reittechniken verstoßen (Stellen, Biegen, halbe Paraden).

herabsetzt. Dadurch können bei bremsenden Bewegungen nach dem Dehnen Verletzungen entstehen bzw. sich Bewegungsfehler ergeben, weil die kräftemäßige Koordination von Beuger und Strecker negativ beeinflusst wird und nicht mehr optimal funktioniert.
Kommen wir zum Reiten zurück.
Reiten ist immer in der Kreuzmusterstruktur, denn der Grundsitz ist ein Drehsitz. Was meint diese Aussage? Die Schulter vom Pferd muss parallel zur Schulter des Reiters sein, während gleichzeitig automatisch das

Übungen Kreuzkoordination

- Hopserlauf ohne und mit Verwringung
- Krabbelbewegungen in unterschiedlichen Lagen
- Überkreuzbewegungen

Ziele Kreuzkoordination

- verbessert Augenbewegungen links und rechts
- beidäugiges plastisches Sehen
- Links-Rechts-Koordination
- Raumbewusstsein
- verbessert Hören und Sehen

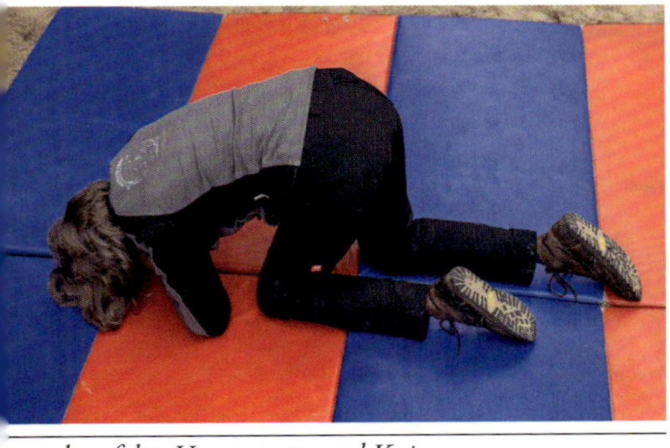

anach auf den Unterarmen und Knien.

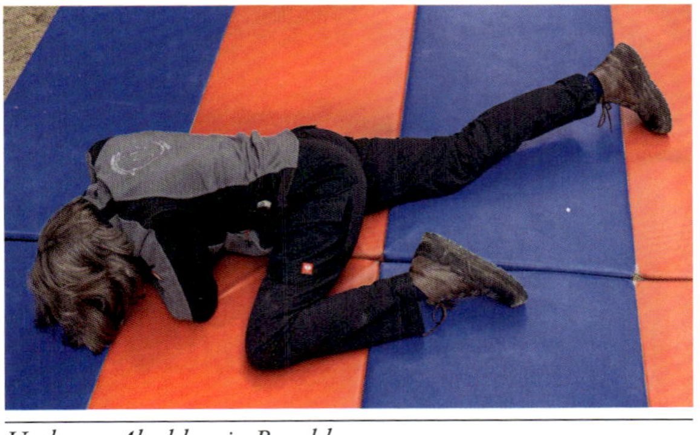

Und zum Abschluss in Bauchlage.

DREHFÄHIGKEIT UM DIE LÄNGSACHSE

In der heutigen Zeit haben nicht nur ältere, sondern bereits junge Menschen Probleme, sich um die Längsachse zu drehen. Diese Drehbewegung um die eigene Körperachse ist für Feldenkrais die elementarste Form der Selbstbewegung, damit mögliche Gefahrenquellen abgewendet werden können und man ihnen durch sinnvolle Bewegungen begegnen kann. Feldenkrais richtet sein Hauptanliegen auf drei Körperteile, die zentral an der Drehbewegung beteiligt sind: Augen, Kopf und Becken. Die optimale Koordination dieser drei Körperteile führt zu hoher Beweglichkeit.

Der Kopf hat besondere Bedeutung. Er ist der Ort der Augen, durch die der Mensch die Beziehung zur Umwelt herstellt und lebenswichtige Informationen aus seiner Umgebung erhält. Außerdem steuert er den gesamten Muskeltonus des Körpers (Meinel/Schnabel 2018), um den Menschen zu befähigen, sich gezielt in die Richtung zu wenden, in die sich der Kopf richtet. Wenn sich der Kopf in die Richtung bewegt, aus der ihn die Reize durch seine Augen, Ohren und Nase treffen, so verlagert sich sein Gewicht reaktiv auf die entsprechende Körperseite, in die sein Blick weist. Andere Körperteile werden in diesem Augenblick frei, sie werden entlastet. Hüftgelenke, Füße und Arme können optimal zusammenwirken.

Die Beweglichkeit des Kopfes ist insofern lebenswichtig, als mittels der Augen Gefahrenquellen rechtzeitig erkannt werden können oder der Mensch Veränderungen

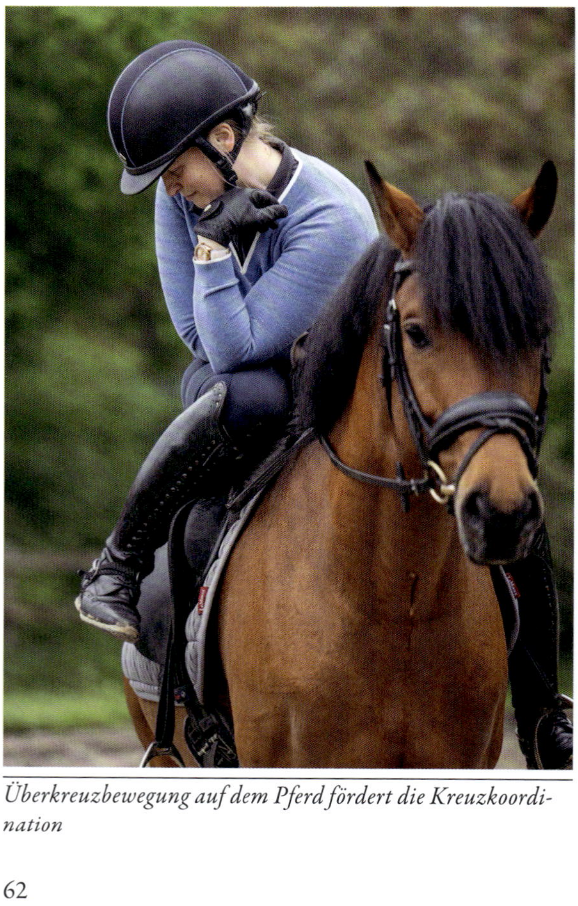

Überkreuzbewegung auf dem Pferd fördert die Kreuzkoordination

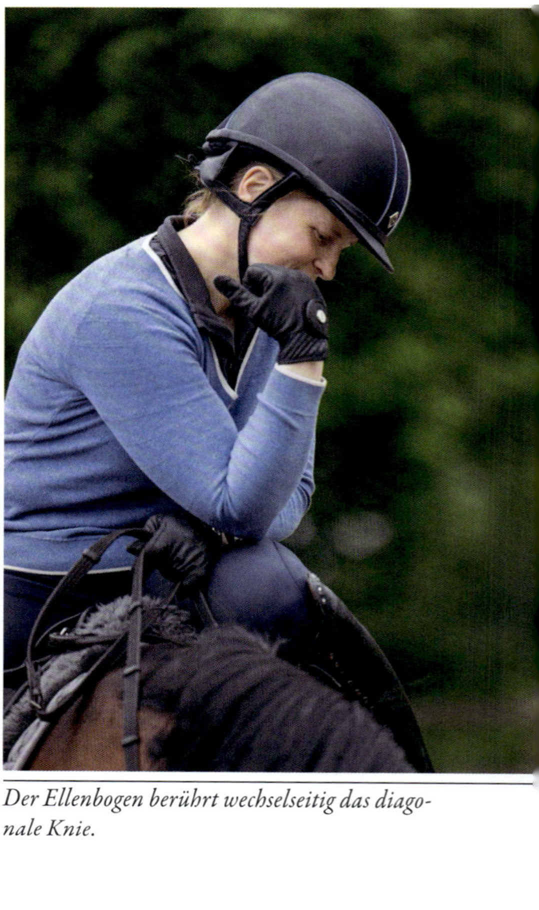

Der Ellenbogen berührt wechselseitig das diagonale Knie.

der Umwelt entdecken kann. Durch die dann möglichen Veränderungen des Muskeltonus von einer Konfiguration in eine andere kann sich der Mensch effektiv und ökonomisch bewegen. Je größer der Bewegungsspielraum des Kopfes ist, desto leichter (ökonomischer) fällt die Drehbewegung um die eigene Achse.
Die Augen begleiten alle menschlichen Bewegungen. Wenn sie fixiert sind, verhält sich der Kopf und daraufhin werden alle Bewegungen des Körpers als Folgeerscheinungen ebenfalls starr. Man kann sie mit Schaltstellen vergleichen, die alle Muskeln des Körpers koordinieren. Ist ein Auge dominant, werden alle Bewegungen in diese Richtung leichter fallen. Gleichzeitig werden alle Bewegungen zur anderen Seite qualitativ und quantitativ eingeschränkt.

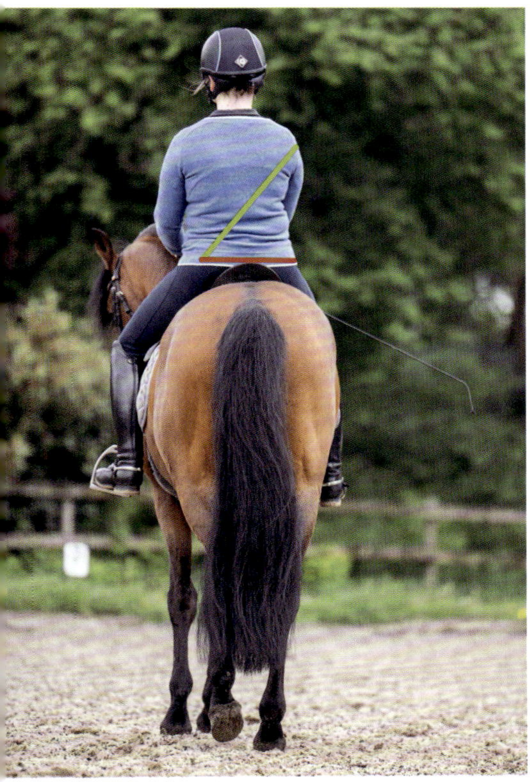

Fehlende Kreuzmusterbewegung ist an der Kleidung zu erkennen.

Die Funktionen von Augen und Kopf sind generell miteinander verbunden. Beide Köperteile organisieren (koordinieren) alle Handlungen und teilen die Muskelkrafteinsätze ein. Können sich die Augen kontinuierlicher in alle Richtungen drehen, bewegt sich der Mensch ebenso weicher, ökonomischer und harmonisch ohne Bevorzugung einer Richtung. Die Augen haben also Dominanz für alle Ganzköperbewegungen.
Das Becken bildet die Körpermitte des Menschen; er ist gemäß Feldenkrais der Motor der menschlichen Bewegungen. Pilates (2016) spricht vom „power house". An ihm sind die größten und kräftigsten Muskeln verankert, von denen die meiste Kraft ausgeht. Gemäß Meinel/Schnabel (2018) gehen vom Becken nicht nur die größten Kraftimpulse aus, sondern das Becken ist gleichzeitig das entscheidende „Bewegungsübertragungsinstrument" des Sportlers (des Reiters). Über das Becken finden Bewegungsübertragungen von den unteren zu den oberen Extremitäten und umgekehrt statt. Eine Bewegung ist nur dann optimal ausgeführt, wenn überwiegend Gesäß-, Oberschenkel- und Bauchmuskeln für Handlungen beansprucht werden.
Bewegungen sind für Feldenkrais nur dann sinnvoll, wenn sich alle Knochen auf einer Linie zur Hauptrichtung der Bewegung befinden. Diese Forderung wird auch bezüglich der Grundstruktur des Reitersitzes erhoben. Nur durch diese Konstellation können Kräfte auf direktem Weg ohne Energieverlust und ökonomisch durch den gesamten Körper fließen. Dabei soll keine Muskelgruppe aktiviert werden, die das Fließen der Bewegungen nicht unterstützt oder einen übermäßigen Kraftaufwand erfordert.
Der Drehwinkel des Körpers (die Flexibilität des Reiters) erhöht sich (wird größer), wenn sich Augen, Kopf und Becken unabhängig voneinander nicht in dieselbe Richtung

bewegen können. Die Körperdrehungen werden leichter, wenn sich diese drei Körperteile bewusst und gezielt auf unterschiedliche Arten gegeneinander bewegen können, denn dadurch wird eine größere Beweglichkeit der Wirbelsäule hergestellt.
Die beschriebenen fein aufeinander abgestimmten Bewegungen von Augen, Kopf und Becken differenzieren sich von „primitiven" Bewegungen, die bei einem Großteil der Menschen festzustellen sind. Diese Menschen bewegen diese drei Körperteile ausschließlich in eine synchrone Richtung. Verliert der Mensch seine Fähigkeit für das kreuzkoordinative Bewegen, entstehen über Jahre Schmerzsymptome. Feldenkrais nennt diese differenzierte Ausrichtung der drei Körperteile auch „räumliches Lernen".
Diese vielschichtigen Zusammenhänge bilden die Grundlage für einen natürlichen Reitersitz und ein Verschmelzen der Bewegungen des Pferdes mit denen des Reiters. Beim Durchreiten einer Ecke kann man die wenig differenzierte Ausrichtung und Abstimmung der drei Körperteile Augen-Kopf-Becken erkennen. Das Pferd befindet sich bereits in der neuen Bewegungsrichtung, während der Körper des Reiters oft durch die Zentrifugalkräfte hervorgerufen nach außen in Richtung Bande gedrängt wird. Diese Reiter haben einen starren Oberkörper, die Schulterachse kann sich nicht natürlich gegen die Beckenachse drehen, sodass passartige Bewegungsabläufe („primitive" Bewegungen) entstehen.

Übungen für Drehbewegungen um die Längsachse

— Überkreuzbewegungen
— Augen drehen gegen den Kopf
— Augen drehen gegen die Schultern
— Schultern drehen gegen die Hüften

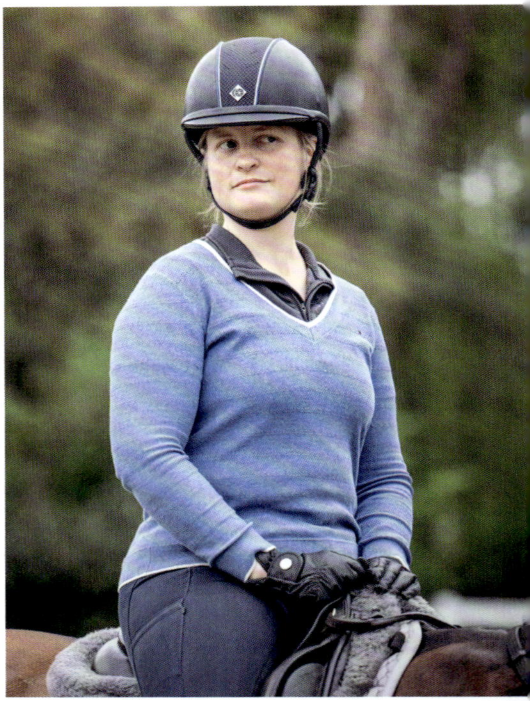

01

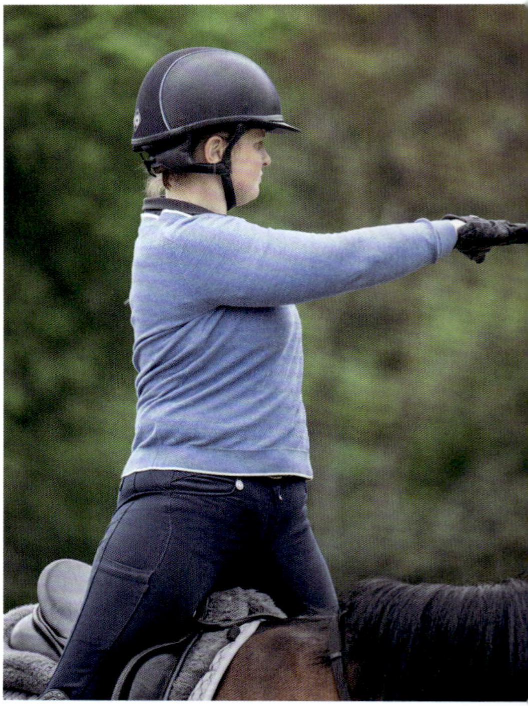

04

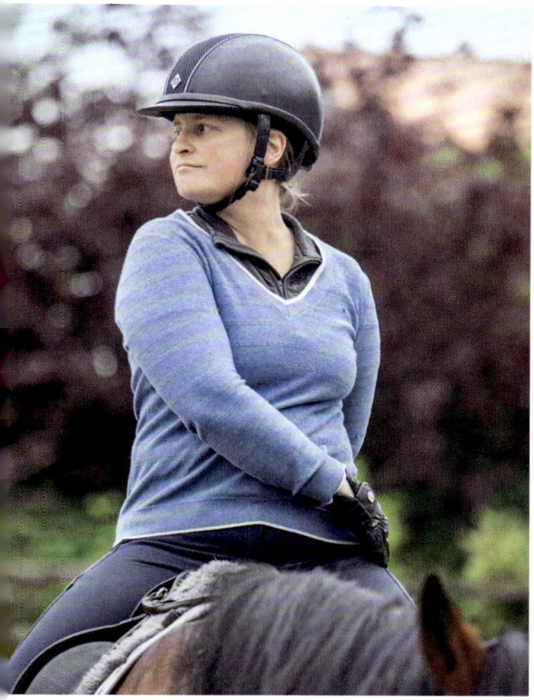

02

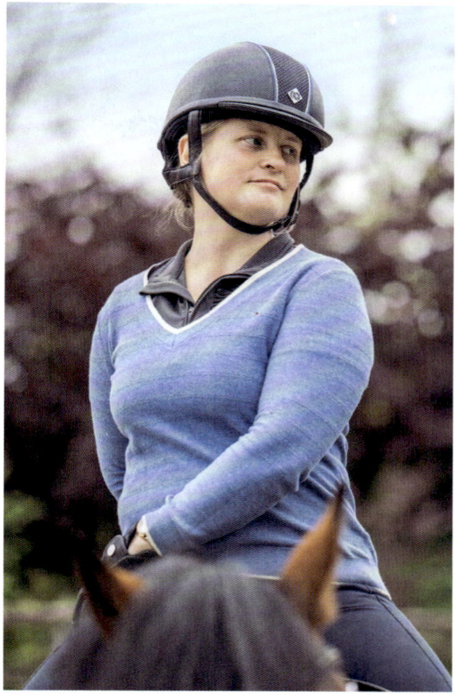

03

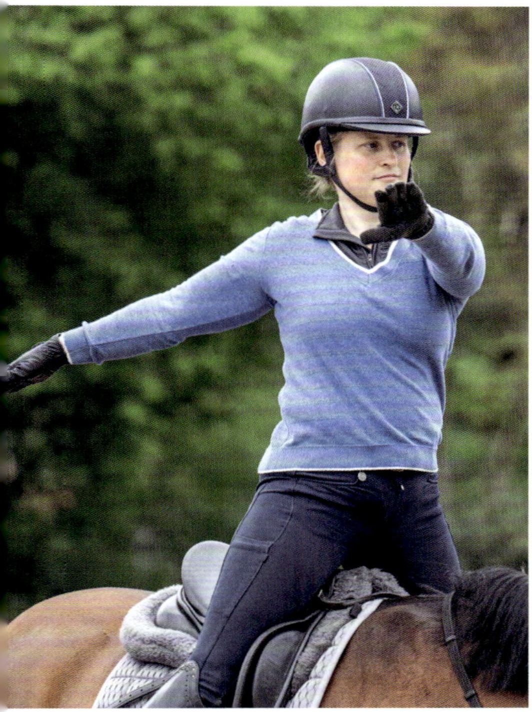

05

01 Aufrechte Sitzposition auf dem Pferd, Stuhl oder im Stehen: Der Kopf dreht nach rechts, während sich die Augen nach links bewegen (und umgekehrt). Diese Übung erzeugt bei vielen Reitern Schwierigkeiten, die gegengedrehten Bewegungen zu koordinieren.

02 Der Kopf dreht gegen die Schulter.

03 Der Kopf dreht gegen die Schulter in die andere Richtung. Nimm den Unterschied zwischen beiden Seiten wahr.

04 Kopf und Schultern drehen gegen das Becken. Wie fühlt sich diese Bewegung nach beiden Seiten an?

05 Der Kopf dreht gegen die Schulter, Schulter dreht gegen das Becken in beide Richtungen. Diese Übung verbessert die Drehbewegung um die Längsachse in beide Richtungen. Diese ermöglicht ein reaktives Einnehmen des Drehsitzes.

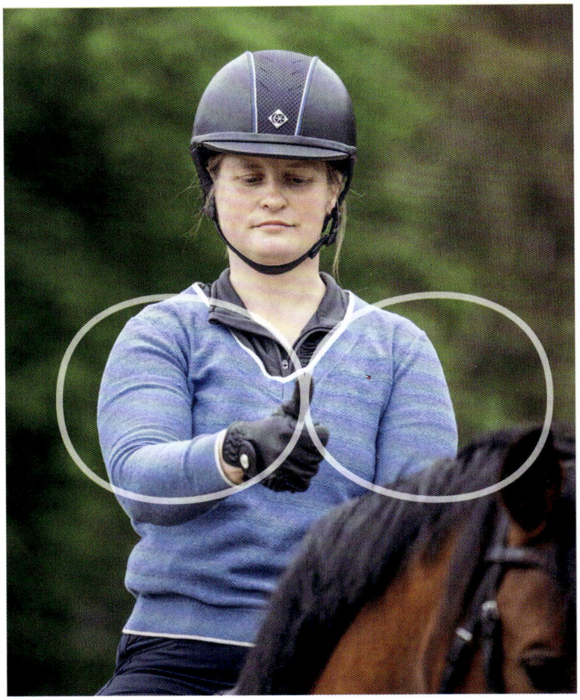

01

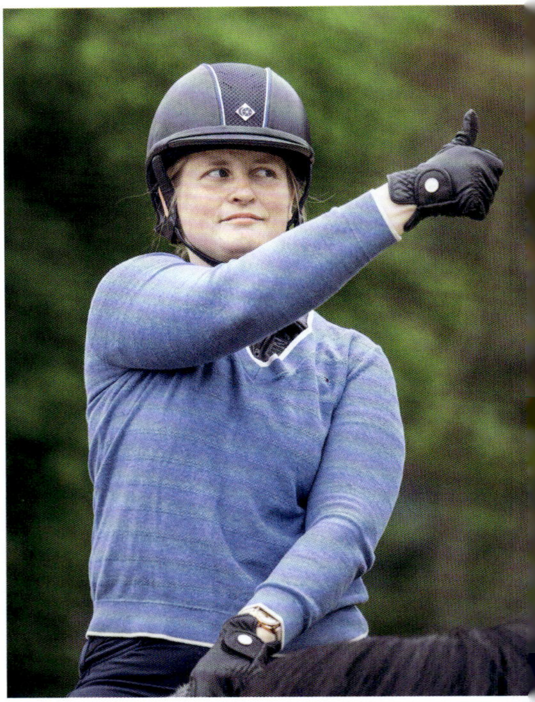

02

Das Kreuzen der Mittellinie wird über das Zeichnen einer liegenden Acht verbessert. Dies befähigt den Reiter, sich links und rechts gut im Raum orientieren zu können und ist daher für Reiter aller Disziplinen von Bedeutung.

01 Fixieren eines Punktes

02 Verlauf nach oben links

03 Auf dem Kreis zurück zur Mitte

04 Verlauf nach oben rechts

05 Auf dem Kreis zurück zur Mitte

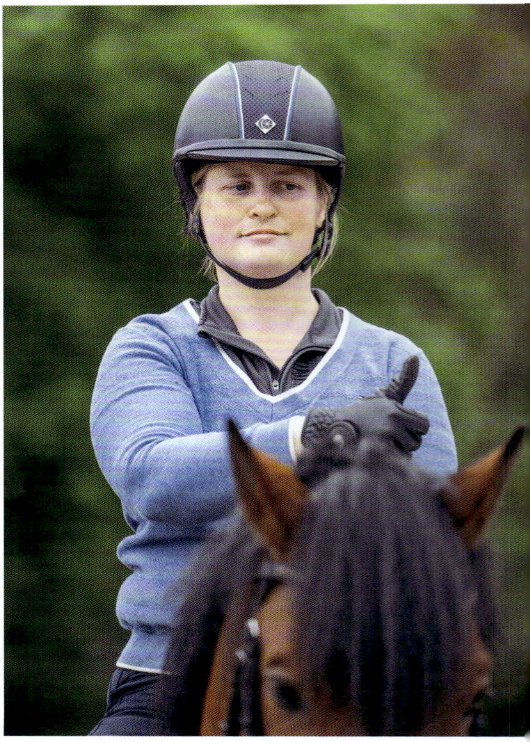

03

LIEGENDE ACHTEN

Der Übende fixiert einen Punkt direkt vor sich in Augenhöhe. Dieser Punkt bildet den Mittelpunkt einer Acht. In einer bequemen Haltung werden mit den Augen liegende Achten in die Luft gezeichnet. Über die Größe der Bewegungen entscheidet jeder selbst. Je größer die Achten, desto besser ist die Wirkung. Wichtig wäre das Erreichen des gesamten Gesichtsfeldes und der vollen Reichweite der Arme.

Begonnen werden soll mit der rechten Hand nach oben links, sodass die rechte Gehirnhälfte sofort angeregt wird, weil diese für die Ganzheitlichkeit der Bewegungen zuständig ist. Begonnen wird an der Mittellinie. Der Übende führt seinen Arm zunächst gegen den Uhrzeigersinn hinauf zur linken Seite und kreisförmig wieder zurück zur Mitte. Dann geht es im Uhrzeigersinn nach oben zur rechten Seite und kreisförmig wieder zum Ausgangs- und Mittelpunkt zurück (mindestens dreimal wiederholen).

Gemäß den Methoden der Vermittlung ist es ein Muss und die Forderung nach Variabilität von Abläufen auf fast alle Bewegungsabläufe zu übertragen, um Stabilität und Flexibilität von Bewegungsabläufen erzielen zu können. Besonders bei Übungen wie hier ist es fundamental wichtig, weil durch die Variabilität von Bewegungsabläufen der Augen so viele Areale wie möglich im Gehirn angesprochen werden, die für die Qualität der Bewegungsabläufe zuständig sind. Bewegung beginnt im Gehirn und nicht im Muskel. Stereotype Abläufe stumpfen den Reiter ab. Seine flexible Handlungsfähigkeit wird herabgesetzt.

Variation: Die Übung kann auch bei geschlossenen Augen ausgeführt werden. Der Kopf kann die Bewegungen ein wenig verfolgen, damit sich der Hals nicht verspannt.

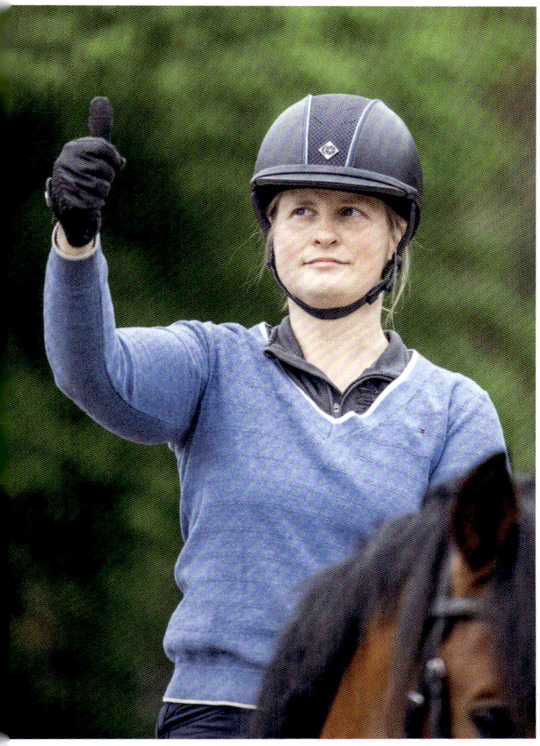

04

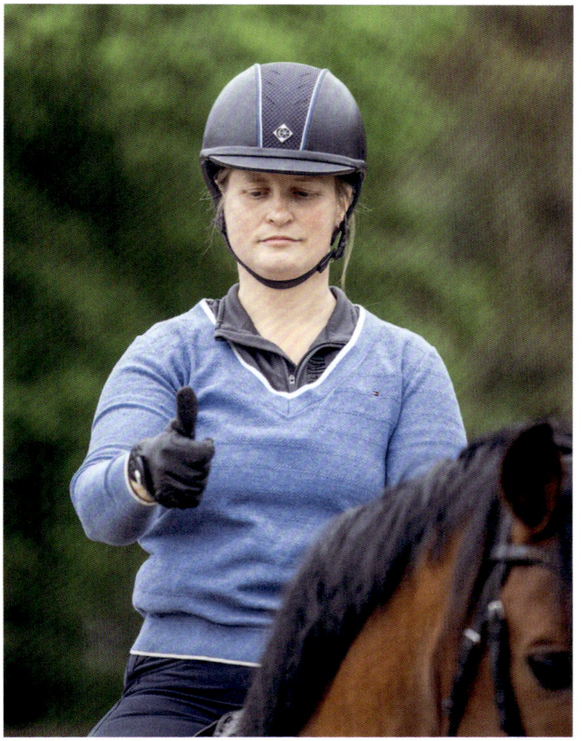

05

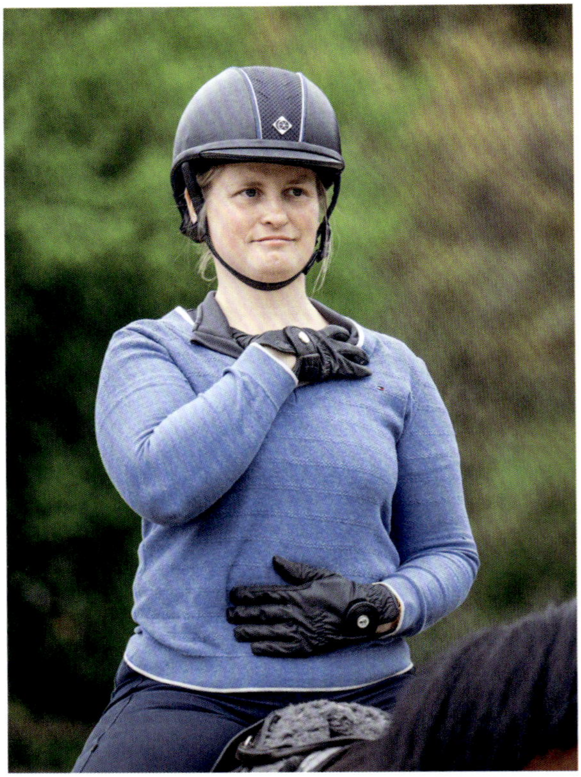

Gehirnknöpfe

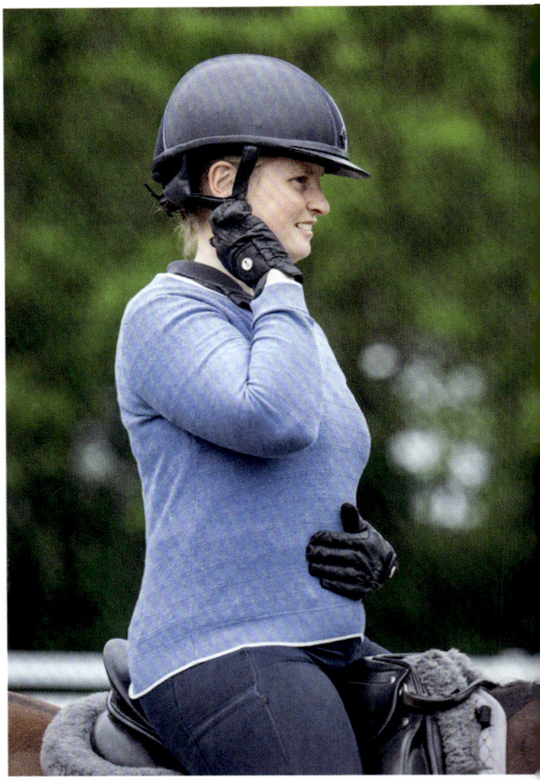

Balanceknöpfe

GEHIRNKNÖPFE

Die Gehirnknöpfe bezeichnen das weiche Gewebe unter dem Schlüsselbein. Sie grenzen direkt links und rechts ans Schlüsselbein an und können mit einer Hand intensiv etwa 20 bis 30 Sekunden weich massiert werden. Gleichzeitig wird mit der anderen Hand der Bauchnabel berührt. Die Hände sollen gewechselt werden, um beide Gehirnhälften zu aktivieren. Das Massieren der Knöpfe kann am Anfang leicht unangenehm sein, verliert sich aber nach einigen Tagen. Diese Übung kann ausgeweitet werden, indem der Übende seine Augen folgendermaßen blicken lässt (ohne den Kopf zu verändern): oben/unten/auf Nasenhöhe; diagonal von oben links nach unten rechts; diagonal von oben rechts nach unten links, Mitte links nach rechts. Man nennt diese Gestalt auch Schmetterlings-Acht.

Ziele Liegende Acht und Gehirnknöpfe

- verbindet linke mit rechter Gehirnhälfte
- kreuzt die Mittellinie bei Ganzkörperkoordination
- verbessert Links-Rechts-Gleichgewicht
- entspannt die Nackenmuskulatur
- verbessert die gesamte Muskelspannung im Körper

BALANCEKNÖPFE

Diese Übung kann im Stehen, Sitzen und Liegen vollzogen werden. Die Balanceknöpfe befinden sich direkt über der Einbuchtung, an der der Schädel auf dem Nacken ruht (etwa 2,5 cm beiderseits neben der hinteren Mittellinie und direkt neben dem Warzenfortsatz des Schläfenbeines). Der Übende reibt den linken Knopf, während er gleichzeitig den Nabel mit der rechten Hand berührt (dann Wechsel der Hände).

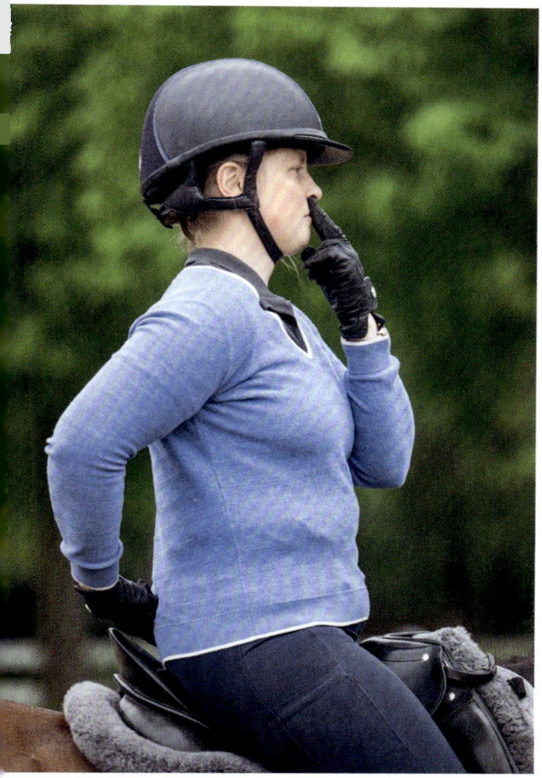

Raumknöpfe

Ziele Balanceknöpfe

- steigert allgemeines Wohlempfinden
- erzeugt entspannte Körperhaltung
- verbessert Reflexe und Überkreuz-Bewegungen

RAUMKNÖPFE

Beide Hände befinden sich auf der Mittellinie des Körpers. Die vordere Hand berührt mit Zeige- und Mittelfinger die Oberlippe, die andere das Steißbein. Durch den Wechsel der Hände werden beide Gehirnhälften aktiviert. Die Knöpfe können auch leicht massiert werden.

Ziele Raumknöpfe

- verbessert die Arbeit des mittleren Sichtfeldes und die Körperhaltung
- entspannt das Zentralnervensystem
- verlängert die Aufmerksamkeitspanne

GLEICHGEWICHT UND KOORDINATION

Dem Gleichgewicht wird hohe Bedeutung zugemessen, weil ein Defizit dieser koordinativen Fähigkeit automatisch sensorische Störungen in allen anderen Sinnesbereichen folgen lässt. In der Bewegungslehre wird zwischen Fähigkeiten und Fertigkeiten differenziert.

Der Begriff Gleichgewicht wird oft durch das Wort Balance ersetzt. Dabei muss bedacht werden, dass Balancieren eine Tätigkeit ist. Demgegenüber ist Gleichgewicht eine Fähigkeit, die als Quintessenz aus der Bewältigung vieler Ungleichgewichtssituationen als Teil- bzw. Endprodukt entsteht bzw. entstanden ist.

FÄHIGKEITEN

Wenn in der Bewegungslehre von Fähigkeiten gesprochen wird, gehen Sportwissenschaftler davon aus (u. a. Engelke/Hlatky 2007, Weineck 2019), dass grundlegende Bewegungsvoraussetzungen gemeint sind, die für verschiedene Sporthandlungen zutreffen. Sie sind sportarten- und technikübergreifend.

In diesem Zusammenhang wird in koordinative und konditionelle Fähigkeiten unterschieden, wobei koordinative Fähigkeiten informationsorientiert, während konditionelle Fähigkeiten energieorientiert sind. Informationsorientierung meint, dass diese Fähigkeiten in Abhängigkeit von den Sinnesaufnahmen gesehen werden müssen (Ohr/Auge/Haut/Bewegungssinn/Gleichgewichtssinn-Innenohr).

Zu den koordinativen Fähigkeiten gehören u. a. Gleichgewichts-, Rhythmus-, Reaktions-, optische Orientierungs-, situative Umstellungs-, kinästhetische Differenzierungsfähigkeit, Kopplungsfähigkeit etc. (siehe u. a. Meyners 2013/b, Weineck 2019). Unter energetisch orientierte Fähigkeiten sind Schnelligkeit, Kraft, Ausdauer und ihre

Komplexeigenschaften wie Schnellkraft, Schnelligkeitsausdauer, Kraftausdauer etc. zu verstehen.

FERTIGKEITEN

Im Sport wird der Außenaspekt der Bewegung (äußere Betrachtung) in Form von Fertigkeiten (Techniken – im Reiten sind das die Lektionen) sichtbar. Gemeint sind damit Ortsveränderungen des Reiters in Raum und Zeit.

Die Fähigkeiten Gleichgewicht und Rhythmus sind bezüglich der koordinativen Leistung beim Reiten von zentraler Bedeutung und schwer voneinander zu trennen. Ist ein Reiter nicht im Gleichgewicht, können seine Bewegungsabläufe auch nicht rhythmisch ablaufen. Hinter jedem Rhythmusfehler steckt ein Gleichgewichtsproblem. Ist ein Reiter nicht in Gleichgewicht und Rhythmus, muss er so stark auf sich selbst achten, dass er darüber hinaus seine Hilfen nicht mehr gezielt auf das Pferd übertragen kann. Es kommt so zu Kommunikationsproblemen. Die Harmonie Reiter-Pferd ist nicht mehr zu erzielen.

GLEICHGEWICHT ALS FUNDAMENTALE SENSORISCHE FÄHIGKEIT

Gleichgewicht ist von grundsätzlich positiven emotionalen Bedingungen abhängig. Emotionale Zustände wie Nervosität oder Ängste wirken sich auf körperliche Gleichgewichtszustände negativ aus.

Das zentrale Ziel des Reitlehrers muss es sein, Nervosität beim Reiter oder bei der Reiterin in den Anspruchssituationen weitestgehend zu vermeiden.

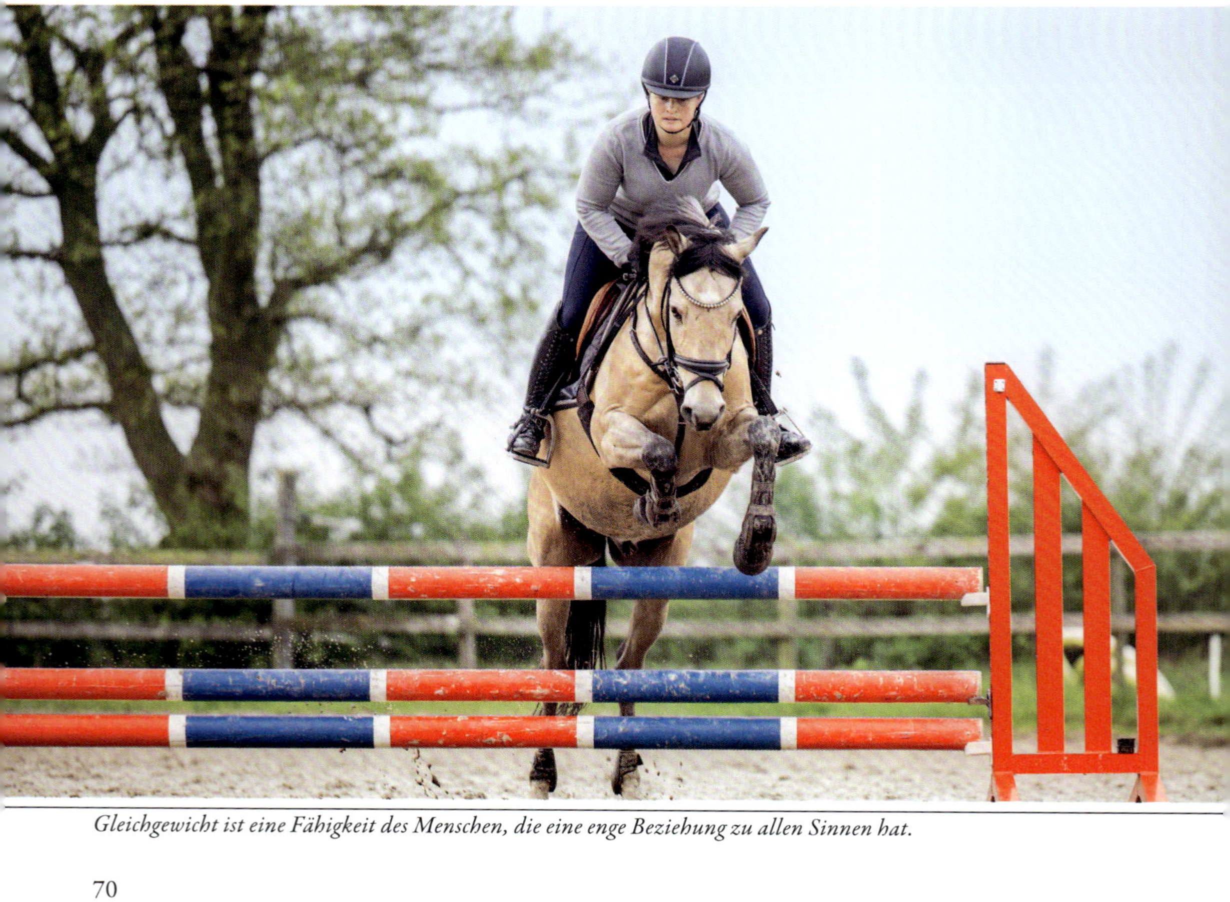

Gleichgewicht ist eine Fähigkeit des Menschen, die eine enge Beziehung zu allen Sinnen hat.

In diesem Zusammenhang muss die Funktion von Aufgeregtheit im Gegensatz zu hoher Nervosität oder Angst unterschieden werden. Aufgeregtheit kann sich positiv stimulierend auf die Lernfunktionen auswirken, wenn sie einen bestimmten Grad nicht übersteigt.
Hohe Nervosität und Ängste haben fast immer negative Funktionen. Den Grad der nervlichen Anspannungen zu messen ist nicht möglich, um präzise sagen zu können, wann Emotionen stimulierenden oder zerstörenden Einfluss auf das Bewegungsverhalten haben.
Generell muss betont werden, dass Gleichgewicht eine Fähigkeit des Menschen ist, die eine enge Beziehung zu allen Sinnen hat. Bei Gleichgewichtsstörungen des Menschen werden gleichzeitig alle Sinne negativ beeinflusst (Ayres/Robins 1998). Ein sich im Ungleichgewicht befindlicher Reiter hat automatisch Schwierigkeiten, seine Sinne optimal zum Lernen von Fertigkeiten (Reittechniken – Lektionen) einzusetzen.

Was versteht man unter Gleichgewicht?

Koordination bedeutet im sportpädagogischen Sinne das muskuläre Zusammenspiel aller Teilbewegungen innerhalb des Reiters und die harmonische Abstimmung seiner einzelnen Körpersegmente auch in Verbindung mit den Bewegungen des Pferdes (Gesamtkoordination Reiter und Pferd, siehe u. a. Meyners 2008/1, 2008/2, 2009). Bezüglich der einzelnen koordinativen Fähigkeiten hat Gleichgewicht die höchste Bedeutung für Reiter und Pferd.
Jahrzehnte unterschied man diese Fähigkeit in statisch und dynamisch. Heute grenzt man unterschiedliche Arten des Gleichgewichts gemäß der motorischen Bewältigungssituationen in Standgleichgewicht, Balanciergleichgewicht, Drehgleichgewicht und Fluggleichgewicht ab. Das Bewältigen der Gleichgewichtssituationen beruht auf Funktionen des vestibulären und kinästhetischen Systems des Menschen (u. a. Bertram/Laube 2008, Hirtz/Hotz/Ludewig 2004).

VESTIBULÄRES SINNESORGAN

Das vestibuläre Sinnesorgan befindet sich im Innenohr des Menschen und enthält Flüssigkeit. Hochsensible Härchen mit Kristallen sind darin angeordnet, die dem Gehirn Lageveränderungen weiterleiten. Des Weiteren gibt es drei Systeme wie Sacculus, Utriculus und Bogengänge. Diese sind für die Bewegungen vorwärts, rückwärts, oben/unten und Drehbewegungen verantwortlich. Das vestibuläre System koordiniert seine Funktionen mit dem Auge und Ohr und signalisiert dem Gehirn entsprechende Differenzen der Körperpositionen in Unruhesituationen. Diese Differenzen werden ausgeglichen. Der Kopf darf nicht zu weit nach vorne gestreckt, in den Nacken genommen oder zur Seite getragen werden. In diesen Haltungen wird die Informationsaufnahme im Innenohr verzerrt und die Ausgleichsregulierungen finden nicht situationsgerecht statt.

DAS BEWEGUNGSGEFÜHLSYSTEM

Das kinästhetische System (das Bewegungsgefühlsystem) erhält seine Informationen von Rezeptoren an Gelenken, Sehnen und Muskeln, den so genannten Propriorezeptoren. Diese reagieren schneller als alle anderen Rezeptoren. Feine Muskeltätigkeiten gleichen Ungleichgewichte aus, um den Menschen nicht stürzen oder fallen zu lassen. Die Propriorezeptoren haben engen Kontakt zu allen anderen Rezeptoren und stellen eine in sich schnell reagierende Funktionseinheit dar. Sie nimmt Gleichgewichtsstörungen so schnell wie möglich wahr, bevor man es von außen überhaupt erkennen kann.
Diese hohe Sensibilität der vestibulären und kinästhetischen Systeme (Analysatoren) kann sich nur entwickeln, wenn vielfältige und umfangreiche Bewegungen ein ständiges Anregen („Trainieren") beider Systeme garantiert.

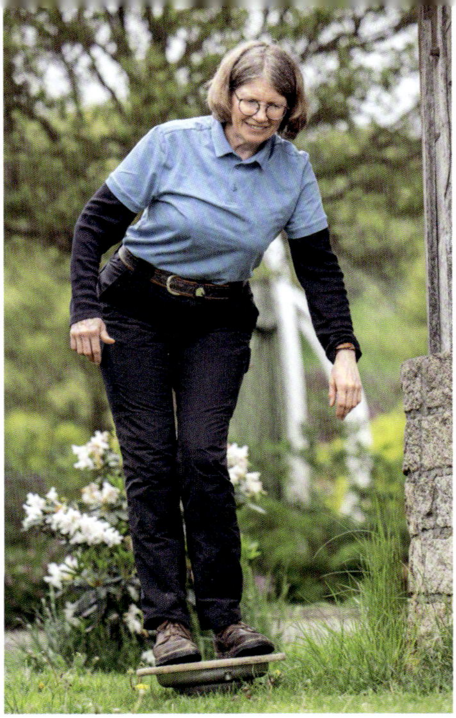

Training des Balanciergleichgewichts auf dem Sportkreisel.

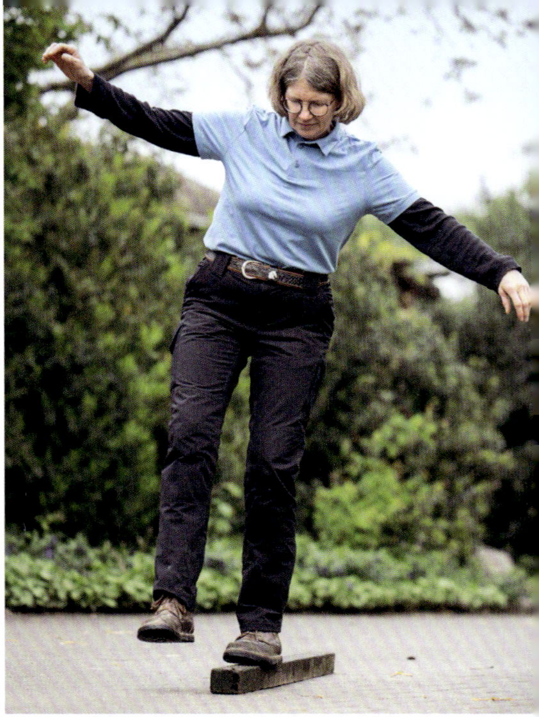

Training des Balanciergleichgewichtes auf einem schmalen Holz.

Welche Gleichgewichtsfähigkeiten gibt es?

Standgleichgewicht erwirbt normalerweise jeder Mensch in seiner natürlichen Entwicklung, wenn die Umgebung des Aufwachsens genügend Bewegungsanregungen bietet. Diese Bewegungsvielfalt ist jedoch in der heutigen Zeit nicht mehr überall vorhanden. Vielfältige und sich unterscheidende Bewegungsreize sind Basis für einen gesunden Aufbau der Persönlichkeit (Selbstwertgefühl und Ich-Identität) des jungen Menschen.

Balanciergleichgewicht ist eine Fähigkeit, die der Reiter auf dem Pferd nicht gehend, sondern sitzend vollzieht. Sie muss in hohem Maße bei jedem Menschen gehend erworben werden und ist die Basis für ein Transfer aufs Reiten. Unterschiedlich wackelnde Untergründe bieten sinnvolle Anregungen zum Ausgleichen von Ungleichsituationen. Die Ausgleichsfähigkeiten können dann auch problemlos aufs Reiten übertragen werden. Die Vielfalt der Möglichkeiten sollte genutzt und gefördert werden.

Drehgleichgewicht meint die Fähigkeit, Rotationsbewegungen um die eigene Achse in unterschiedlichen Tempi vornehmen zu können, ohne diese durch grobmotorische (großrahmige) Ausgleichsbewegungen der Arme und Hände vollziehen zu müssen.

Fluggleichgewicht ist die Fähigkeit des Menschen, sich vom Boden abzuheben, sich in die Luft zu schrauben und wieder sicher zu landen. Dabei darf die aufrechte Haltung der Längsachse bei der Drehung und der Landung nicht verloren gehen.

Gleichgewicht wird als höchste koordinative Fähigkeit verstanden werden, weil ein Mensch, der sich um sein Gleichgewicht bemühen muss, anderen Bewegungsanforderungen keine Aufmerksamkeit schenken kann, also im Sinne des Bewegungslernens eingeschränkt ist. Der Reiter hat sehr viele Detailbewegungen bei der Koordination der Hilfen innerhalb seines Körpers und in der Verwobenheit mit dem Pferd zu leisten. Bei Gleichgewichtsstörungen gerät er in Problemsituationen und kann nicht gleichzeitig auf das Pferd gezielt einwirken.

GLEICHGEWICHTS- UND RHYTHMUSFÄHIGKEIT

Gleichgewichts- und Rhythmusfähigkeit beziehen sich wechselseitig aufeinander, d. h. ein Reiter kann sich nur rhythmisch bewegen, wenn er sich gefühlsmäßig, muskulär, vestibulär und kinästhetisch vollkommen im Gleichgewicht befindet. Es muss bezogen auf die Muskulatur betont werden, dass sich Rhythmusfehler auch aufgrund muskulärer Schwächen (muskulärer Ungleichgewichte) ergeben können. Für den Ausbilder ist in den entsprechenden Situationen schwer zu beurteilen, ob die reiterlichen Probleme auf fehlendem Gleichgewicht beruhen (vestibulär, kinästhetisch, emotional etc.) oder muskuläre Ungleichgewichte die Ursache sind.
Im Zusammenhang mit Gleichgewicht meint Rhythmus die zeitliche, räumliche und dynamische Gliederung der Bewegung. Es geht um das Gleichmaß von An- und Entspannen der Muskulatur.

Übungen für Sensibilität und Gleichgewicht

- Balanceübungen auf mobilen Geräten wie Bretter auf Gummireifen
- Balancieren über schmale Hölzer
- Hüpfübungen auf Gummipads
- Balance halten auf einer Rollwippe
- unterschiedliche Pedalos fahren
- Übungen auf dem Sportkreisel, zum Beispiel:
- aufsteigen auf den Kreisel mit Abstützen
- verlagern des Gleichgewichts nach rechts/links, vorwärts/rückwärts
- einbeinig/beidbeinig auf dem Kreisel stehen und mit dem Becken kreisen
- weite Schwankungen mit dem Oberkörper vornehmen
- einbeinig, beidbeinig auf dem Kreisel stehen und unterschiedliche Drehungen vornehmen

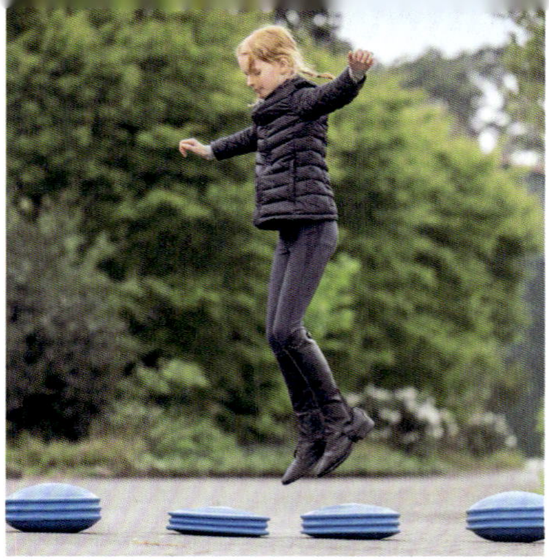

Hüpfen über eine Reihe …

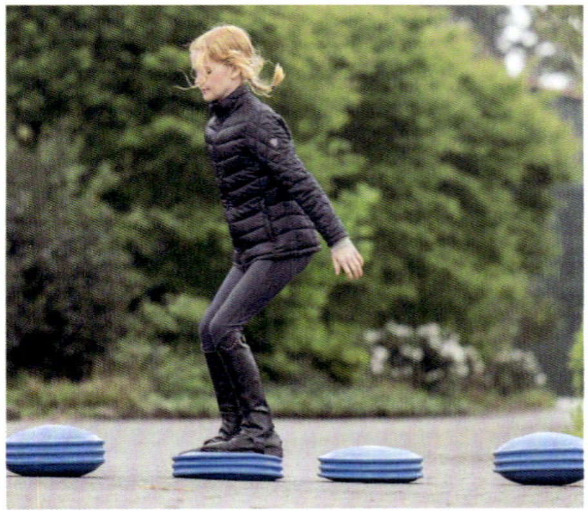

… von Gummipads.

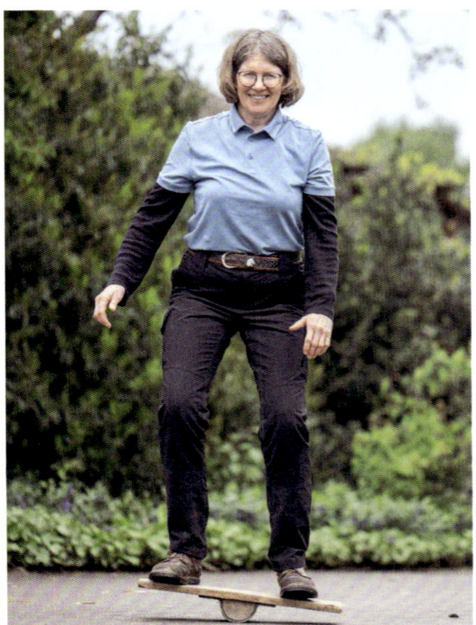

Rollwippe

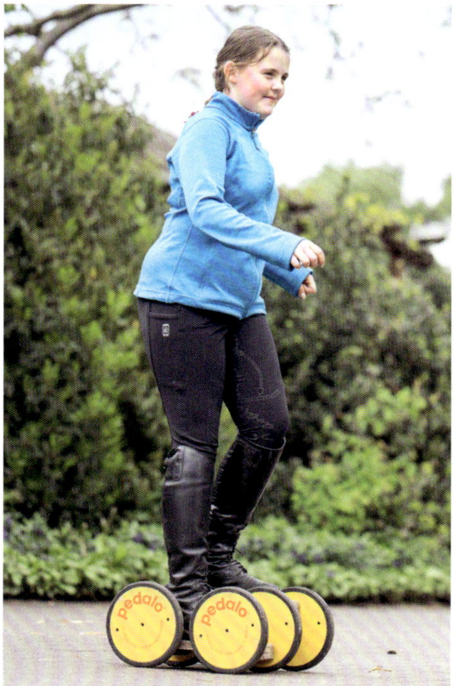

01

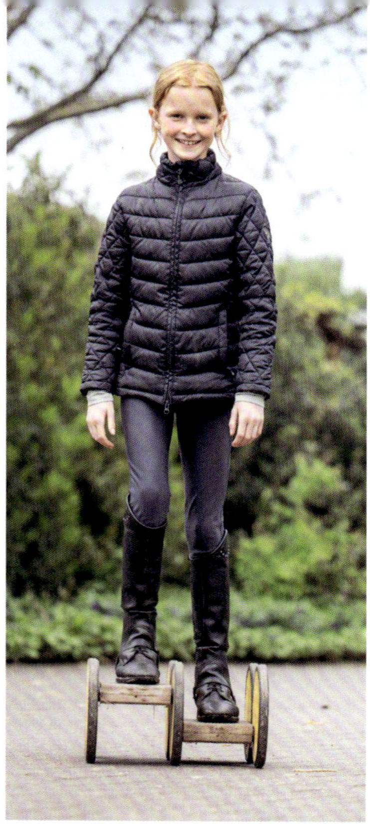

02

01 Mit dem Pedalo vorwärtsfahren in unterschiedlichen Geschwindigkeiten.

02 Mit dem Pedalo rückwärtsfahren in unterschiedlichen Geschwindigkeiten.

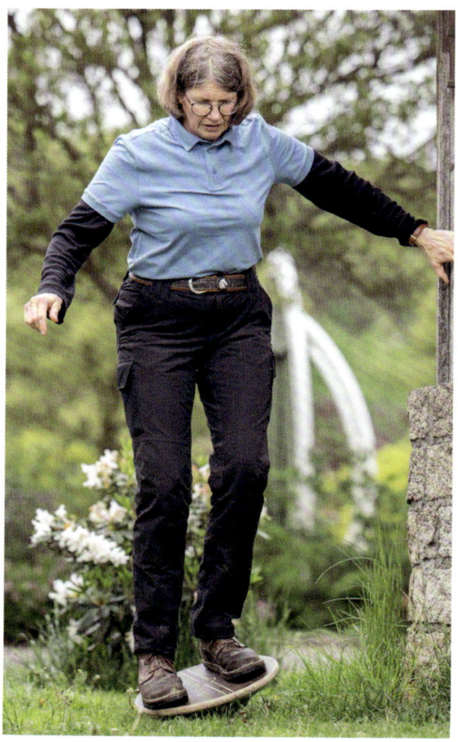

03

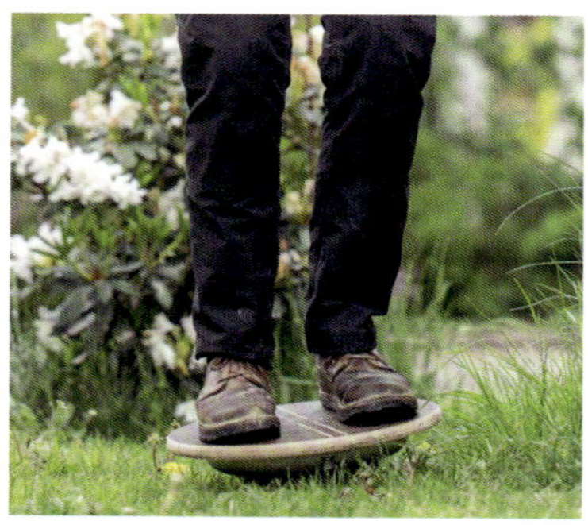

04

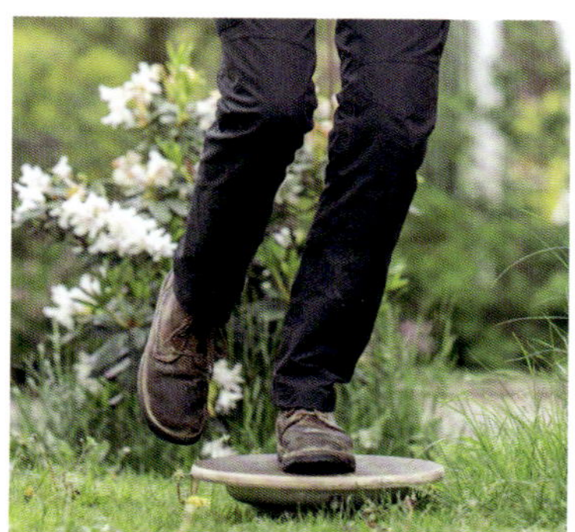

05

03 Anhalten beim Aufsteigen auf den Sportkreisel vereinfacht den Start.

04 Sportkreisel: Gewicht verlagern nach rechts.

05 Sportkreisel: Balancieren im Einbeinstand.

UNTERSTÜTZER BEIM VERBESSERN DES REITENS

Wie bereits in der Einführung ausgeführt, sollen sich die Reiter durch diese Anregungen angesprochen fühlen, ihre Reitqualitäten selbst zu verbessern. Es geht hier aber auch um den Reitunterricht.

DIE UNABHÄNGIGKEIT DES REITERS

Es geht vor allem darum, dass Reiter ihre Lern- und Übungsprozesse selbst mehr in die Hand nehmen sollen, um sich vom Reitausbilder unabhängig zu machen. Sie reiten meistens einmal pro Woche bei einem Ausbilder, die restliche Zeit gestalten sie zu Hause allein und müssen somit für sich und das Pferd Entscheidungen treffen können. Hierzu müssen die Bedeutung der didaktischen Bedingungsfelder wie Räumlichkeiten (Reithalle, Außenplatz, Lehr- und Lernmittel, Geräte etc.), die im Vorwort (Seite 4) ausgeführt wurden, vom Ausbilder in ihrer Funktionalität für das Lernen dem Reiter transparent gemacht werden, um den Reiter entscheidungsfähig werden zu lassen. Weitere Bedingungsfaktoren des Unterrichts sind die psychosozialen Voraussetzungen des Reiters (und des Pferdes), an denen sich der Ausbilder orientieren muss, um die motorischen Leistungen beider Wesen des Unterrichts optimal zu verbessern.

Erst danach folgen die Entscheidungen hinsichtlich des Themas, der Ziele, der Inhalte, der Methoden und der Überprüfungsmöglichkeiten. Die Verwobenheit und Komplexität

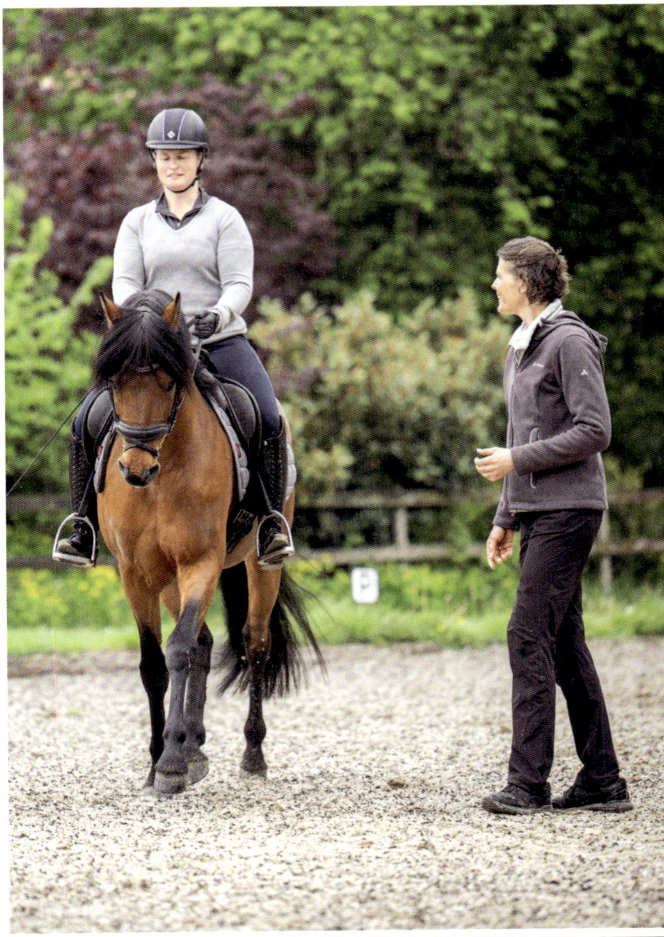

Reitunterricht ist ein Dialog zwischen Ausbilder und Schüler.

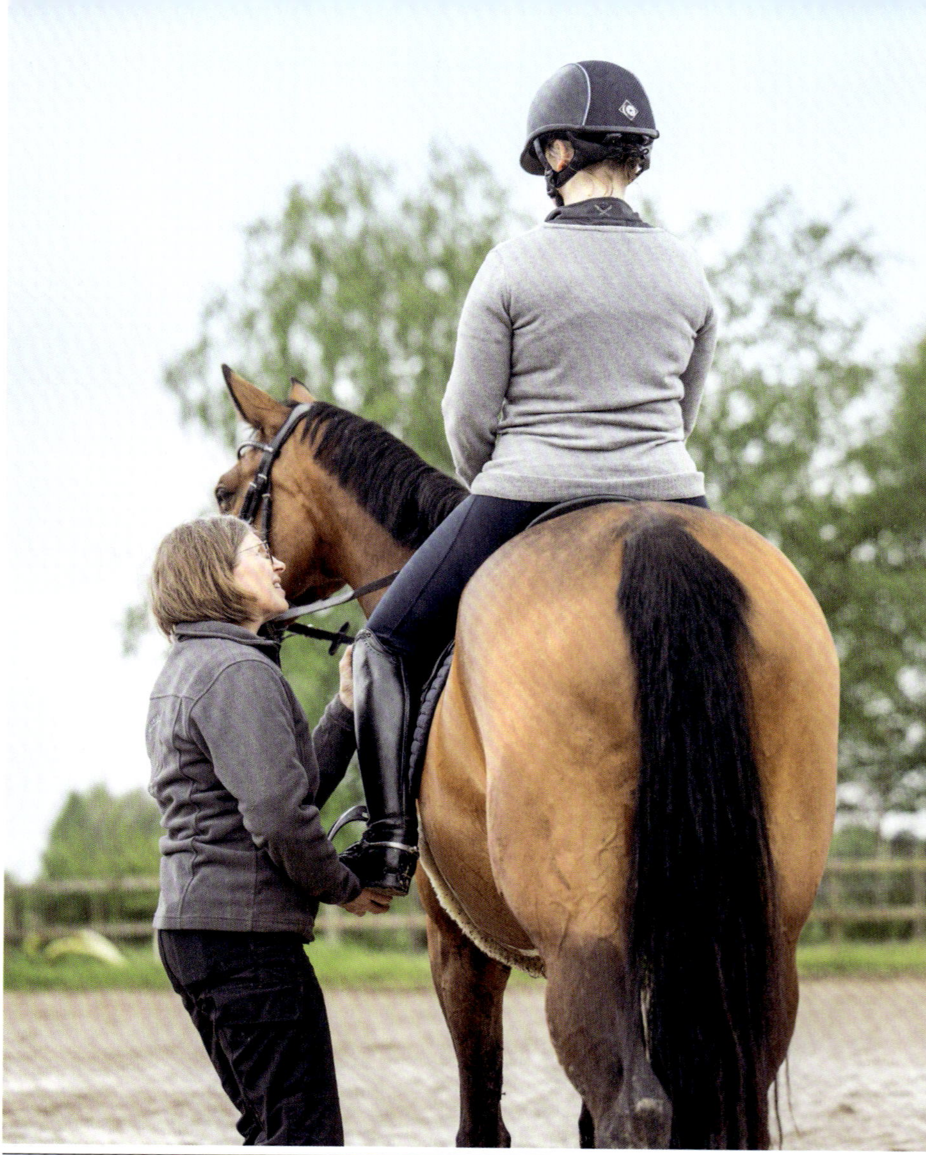

Es muss sich jeder Lehrende bewusst sein, dass sein Körper lernunterstützende oder behindernde Funktion übernimmt.

der Unterrichtsprozesse hat der Ausbilder anhand des ausgeweiteten 6-Punkte-Programms, der Funktionalität der Funktionsphasen innerhalb der Lektionen, der methodischen Wege, den methodischen Prinzipien und der Verbindung von Reiter und Pferd (Verbindung der Skala der Ausbildung des Pferdes mit den fundamentalen 6-Punkten des Reiters) stets beim Lehren seinem Reitschüler zu verdeutlichen.

Auch die Ausweitung der speziellen Funktionsübungen über das Grundlagenprogramm hinaus müssen innerhalb des Unterrichts erprobt werden, um das Ziel des Reitens zu ermöglichen, einen Dialog zwischen dem Reiter und dem Pferd herzustellen. Des Weiteren sind Verbesserungsprozesse des Reitens nur möglichst umweglos zu erreichen, wenn die entblätterten Verhinderer des Lernens im Unterricht eliminiert werden (Seite 46 ff.).

Ausbilder und Reiter können sich noch so intensiv bemühen, ihre Lernprozesse zu verbessern, wenn die ausgeführten Behinderer des Lernens nicht ausgeräumt werden, ist ein Erreichen des dialogischen Miteinander zwischen Pferd und Reiter nicht realistisch. Erst dann sind die Grundvoraussetzungen geschaffen, ein Verschmelzen beider Partner herzustellen.

Wenn die zentralen Störfaktoren des Reiten lernens (Seite 40 ff.) ausgeschaltet werden können, kann man sich um die Unterstützer bemühen, die dann erst vertieft wirken, wenn die Rahmenbedingungen keine Hindernisse aufweisen. Es geht um die sozialpsychologische Grundstimmung, die vorhanden sein muss, um Kompetenzen beim Reiter aufzubauen, handlungsfähig für sich und das Pferd zu werden. Selbstständigkeit ist das Fundament für Handlungsfähigkeit. Durch diesen Lernansatz gelangt der Reiter zur Fähigkeit, sich anstatt von außen von innen sehen und bewegen zu lernen. Man erwirbt das Bewegungsgefühl. Es geht um die Verschränkung von Wahrnehmen und Bewegen. Diese bildet die Grundlage für die Entwicklung der Innensicht und Unabhängigkeit des Reiters von seinem Ausbilder.

DAS SOZIALE KLIMA IM UNTERRICHT

Reiten lernen darf grundsätzlich nicht unter Stressbedingungen stattfinden, weil durch die daraus entstehenden Ausschüttungen von Adrenalin und Noradrenalin die Sinne des Reiters beim Aufnehmen von Informationen aus der Umwelt negativ beeinflusst werden. Somit würden selbst das Ausschalten der Behinderer nicht zum Lehrerfolg führen.

Es muss ein Lernklima angestrebt werden, dass kommunikativ ist und ein einseitiges, Stress erzeugendes Verhalten des Reitlehrers nicht zulässt. In Stresssituationen entstehen Versagensängste beim lernenden Reiter, die die unterschiedlichen Sinnesorgane des Reiters (Ohr, Augen, Haut, Geruch, Gefühlssinn etc.) so negativ in Bezug auf Informationsaufnahme und -abgabe beeinflussen, dass Lernverbesserungen kaum realistisch sind.

Da jeder lernende Reiter ein anderer Lerntyp ist, muss die Lernsituation so gestaltet werden, dass sich jeder Reiter emotional geborgen fühlt. Er muss über Bewegungsaufgaben an Verbesserungsprozesse herangeführt werden, womit eine möglichst hohe sensorische Integration erreicht wird. Markova (1993) spricht vom Entdecken des Möglichen, das auch beim Reiten lernen erzielt werden sollte. Dabei sollten möglichst alle Quellen für positives Unterstützen von Lernprozessen genutzt werden (auch die so genannten naiven psycho-regulativen Funktionen). Mit naiv werden die Funktionen bezeichnet, die mit klassischen wissenschaftlichen Methoden nicht nachweisbar sind, aber trotzdem funktionieren.

GUTER BERATER ODER VERMITTLUNGSINGENIEUR

Der Reitlehrer ist dabei von entscheidender Bedeutung und nicht nur Instrukteur, sondern sollte vor allem als Berater und Moderator fungieren. Der beste Lehrplan eines Ausbilders ist erst einmal seine Person, die über die Wahl der Unterrichtssprache und vor allem auch über seine Körpersprache kommuniziert. Es muss sich jeder Lehrende bewusst sein, dass sein Körper lernunterstützende oder behindernde Bedeutung hat.

Wenn sich der Reiter an der Person des Ausbilders orientiert, richtet sich seine Aufmerksamkeit nicht an dem Verhalten eines Vermittlungsingenieurs aus, der „trocken“ (zweckrational) die Reittechniken an den Reiter und das Pferd „bringen“ möchte.

Bereits die Körperhaltung transportiert inhaltliche Aussagen, die vom Reiter meistens sehr sensibel „gelesen" werden können. „Die Situation lehrt, nicht die Instruktion" ist eine fundamentale Aussage von Trebels (1990, S. 15). Damit ist gemeint, dass der Reitschüler sich nicht nur auf die Sachaussagen des Ausbilders konzentriert, sondern die Gesamtsituation erfasst und interpretiert.

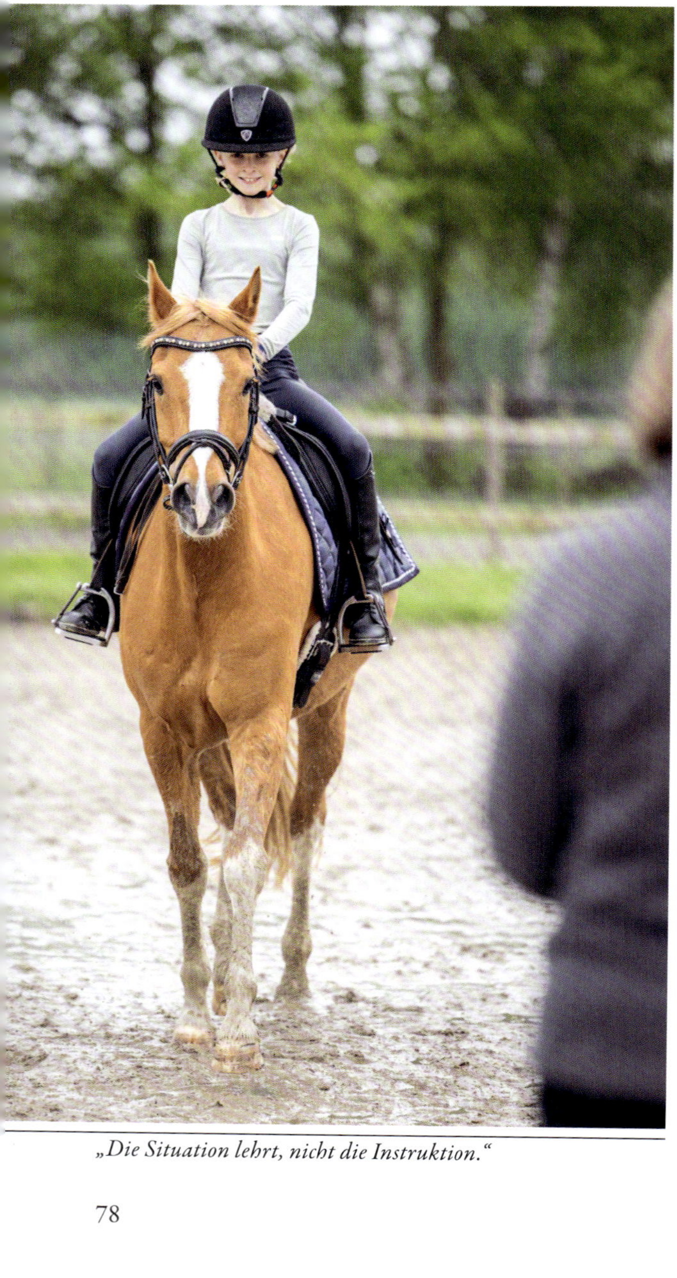

„Die Situation lehrt, nicht die Instruktion."

Dabei spielen nicht nur die Worte des Ausbilders eine entscheidende Rolle, sondern diese werden in einen Kontext mit Körpersprache und dem Tonfall des Lehrenden gesetzt. Verbesserungen des eigenen Reitens sind leichter zu erreichen, wenn der Reitlehrer als Berater im Gegensatz zum Instrukteur auftritt, weil diese Person eher als Identifikationsfigur angesehen wird im Gegensatz zu einem ständig wirkenden Besserwisser, dessen Schwall an Informationen gar nicht „verdaut" werden kann.
Unterricht hat die Reitlehre für das Reiten zu Hause vorzubereiten, um dem Lernenden seinen eigenen Weg zu ebnen. Es geht also um die Entwicklung der Selbstständigkeit des Reiters.

KÖRPERSPRACHE VON REITLEHRER UND REITER

Reitlehrer und Reiter müssen sich über die Funktion ihrer Körpersprache bewusst sein, die die innere Stimmung transportiert.
Bei aller positiven Stimmung im Unterricht darf er nicht in einem zu lockeren Verhalten (Laissez-Faire-Verhalten) des Reiters münden, denn dann geht die Ernsthaftigkeit (Sachlichkeit) des Reitens verloren. Ein schlaffer, zu lässiger Reiter kann nicht gezielt und gleichzeitig gefühlvoll einwirken.
Der Ausbilder sollte sich hüten, unbeobachtet in einer Körperhaltung zu verharren, die Negatives signalisiert. Selbst ungeschulte Reiter erspähen peripher Signale der Körperhaltung des Ausbilders, die negativ wirken. Die Haltung beider Partner des Unterrichts sollte positive Interaktionen demonstrieren, weil sie sich beim beidseitigen Lösen von Bewegungsaufgaben unterstützen.
Dabei sollte noch bedacht werden, dass sich sowohl Reitlehrer als auch Reiter selbst stimulierend bewusst aufrichten sollten (ohne sich zu verspannen), weil sich aus

einer aufrechten Körperhaltung ein anderer Energiefluss ergibt, der Erfolge über eine optische Übertragung eher ermöglicht. Dazu ist es jedoch nötig, sich selbst beobachten zu lernen, um als Ausbilder gezielt durch Selbststeuerung Lehrfunktion zusätzlicher Art einzusetzen bzw. der Reiter diese Hilfen von außen durch Selbstaufrichtung noch unterstützen kann.

DIE STÄRKEN DES REITERS

Die Lernpsychologie hat nachgewiesen, dass sich die Schwächen beim lernenden Menschen verringern, wenn die Stärken betont werden. Diesem Grundsatz des Handelns sollten sich auch die Reitlehrer verschreiben, um die Reiter psychologisch so zu stärken,

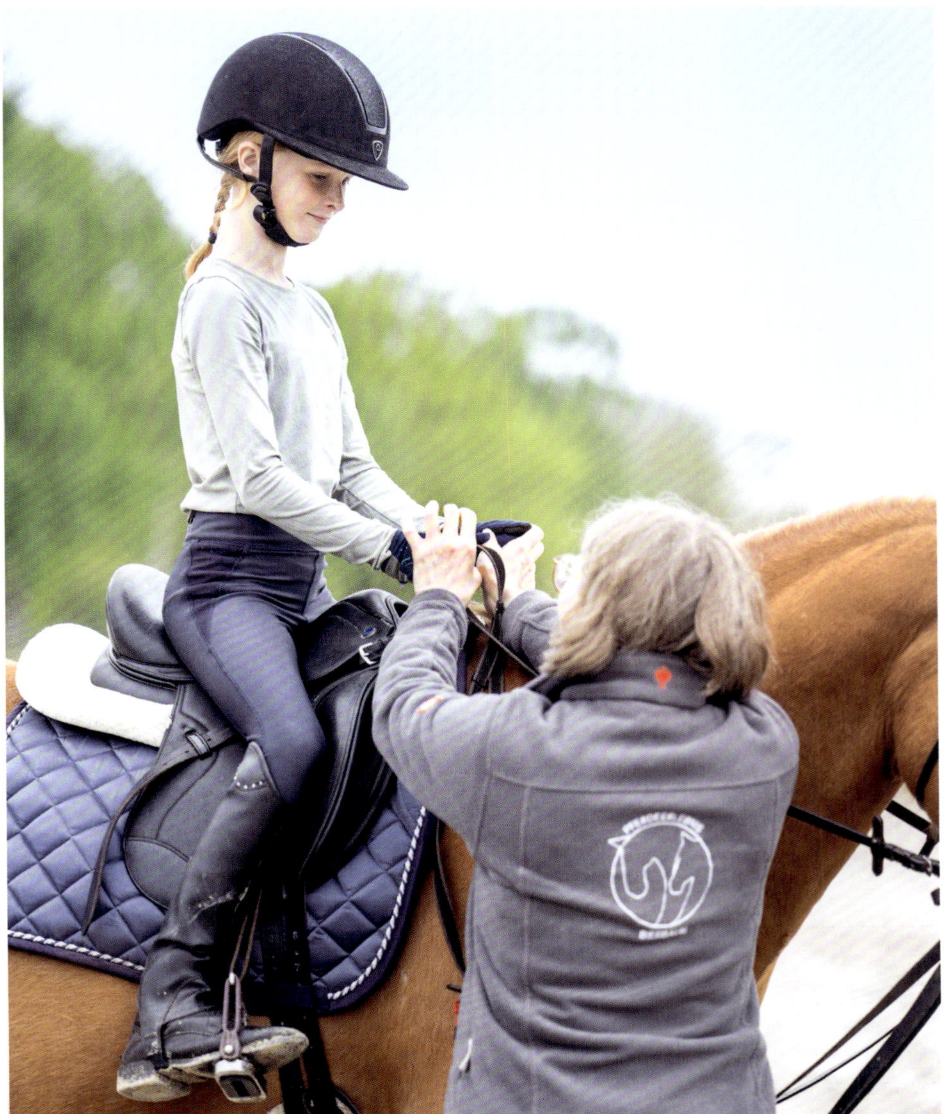

Aus einer aufrechten Körperhaltung ergibt sich ein positiver Energiefluss.

dass sie für ihre selbst zu gestaltende Praxis emotional optimal vorbereitet sind und eine positive innere Stimmung besitzen, die sie nutzen sollen, um ihre Schwächen mittel- und langfristig in Angriff nehmen zu können.

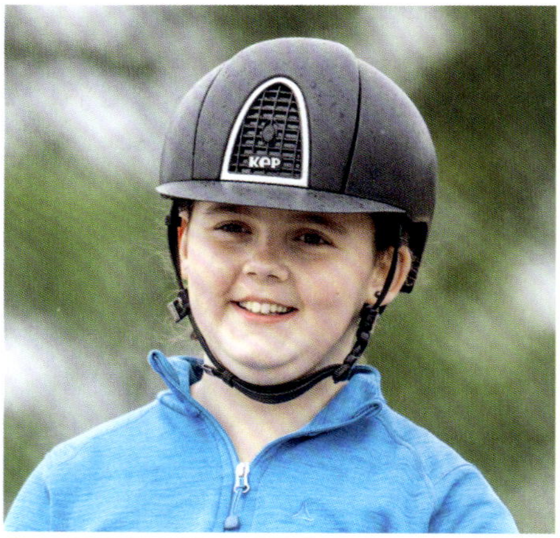

Lächeln

SICH SELBST VON INNEN STIMULIEREN

LÄCHELN

Es wurde bereits auf Seite 15 dargestellt, dass der Reiter gute Laune haben sollte, um über die positive innere Stimmung grundsätzlich zu entkrampfen. Der Reiter kann nur optimal locker sein und mit dem Pferderhythmus mitgehen, wenn keine inneren Verspannungen vorliegen. Unterstützen kann er diesen Zustand durch ein leichtes Lächeln. Die entspannten Gesichtszüge übertragen sich durch Muskelschlingen vom Gesicht über die Hals-Nackenmuskulatur bis zum Becken, sodass der Reiter ohne Schwierigkeiten mitschwingen kann.

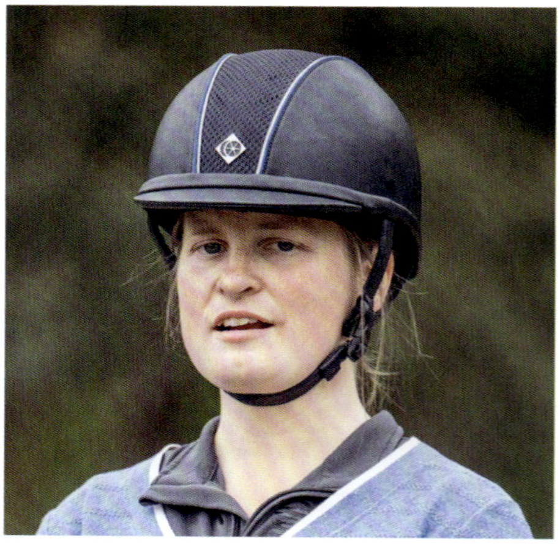

Zunge an den Gaumen drücken

POSITIVE GEDANKEN

Auch Gedanken an etwas Angenehmes und Schönes wirken sich auf die Losgelassenheit des Reiters positiv aus. Nur ein losgelassener Reiter kann im emotionalen Gleichgewicht sein, wenn er sich sowohl im muskulären Gleichgewicht als auch im neurologischen Gleichgewicht befindet. Das Bewegungsgefühl kann sich insgesamt ausschließlich auf dem Hintergrund aller Gleichgewichtsaspekte entwickeln.

ZUNGE AN DEN GAUMEN DRÜCKEN

Die Zunge übernimmt bei vielen Sportlern eine spielende Rolle, indem sie bei offenem Mund mehr oder weniger gezielt eingesetzt wird. Dabei kann sie energetisch unterstützend fungieren. Sie übernimmt Basisfunktion für gefühlvolles Reiten, indem die Zungenspitze gefühlvoll ungefähr einen halben Zentimeter hinter den oberen Schneidezähnen an den Gaumen gedrückt wird. Dann bleibt die Körperenergie intakt und die positiven Schwingungen bleiben zentriert.
In kritischen Lebenssituationen und beim Reiten sorgt sie für die Unterstützung des Gleichgewichts und kann unterstützend für ein gefühlvolles Reiten eingesetzt werden. Dabei ist jedoch darauf zu achten, dass der Druck mit der Zunge nicht zu stark eingesetzt wird, weil sie dann kontraproduktiv wirkt. Sie blockiert dann das Kaugelenk und lässt den Reiter verkrampfen. Die Stärke des Drucks sollte jeder Reiter erprobend herausfinden.

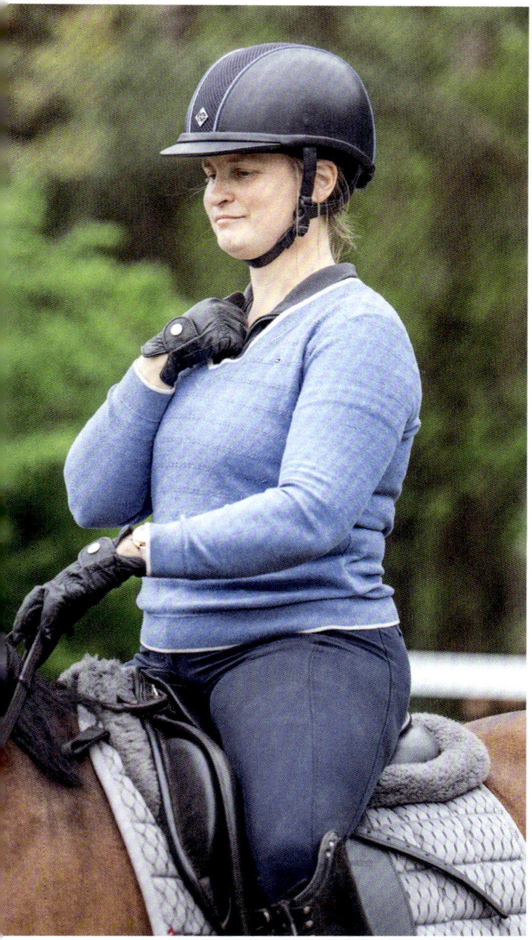

Thymuspunkt klopfen

THYMUSPUNKT KLOPFEN

Auch der Thymuspunkt sollte in seiner positiven Funktion einbezogen werden. Man kann heute immer mehr Leistungssportler im Fernsehen beobachten, die sich kurz vor ihrer Performanz mehrmals mit der Faust auf das Brustbein klopfen.
Diese Maßnahme führt zur Entlastung von der Stresssituation.
Der Sportler befreit sich von der Überforderung und ist leistungsfähiger. Beim Klopfen wird der Thymus reflexartig aktiviert. Der Mensch sollte es generell mehrmals täglich vollziehen, um sich vor unbewusstem Stress zu schützen.

SUMMEN

Summen sollte ebenfalls zur Entlastung von unbewusstem Stress genutzt werden. Wir Menschen werden ständig von Schwingungen durchzogen. In Stresssituationen sind sie zu hoch und der Mensch zittert. Sind die Schwingungen zu gering, neigt er zu apathischen Verhaltensweisen bzw. reagiert nicht mehr. Sind die Schwingungen optimal, befindet sich der Reiter im Einklang mit dem Pferd.
Jeder Sportler kennt Situationen, in denen bereits verinnerlichte Bewegungsabläufe zusammenbrechen. Teilweise geht gar nichts mehr. In solchen Situationen gewinnt das Summen an Bedeutung, weil es das Bewegen wieder leichter macht. Das Summen reaktiviert bereits verinnerlichte Bewegungsmuster. Selbst beim Brüllen des Reitlehrers kann sich ein Reiter durch Summen vor negativen Übertragungen über die Haut schützen.

BEWEGUNGSGEFÜHL ALS BASIS FÜR VERBESSERUNGSPROZESSE

Der Reiter kann sich nur verbessern, wenn er imstande ist, sich so von innen zu sehen, wie der Reitlehrer ihn von außen sieht. Dabei ist es wichtig, dass sich der Reitlehrer und auch der Reiter selbst im Klaren sind, was Bewegungsgefühl eigentlich heißt. Beide Partner des Unterrichts (Reitlehrer und Reiter) müssen den Weg zur Selbstständigkeit anstreben wollen. Dabei sind die ab Seite 75 bereits bearbeiteten Punkte unterrichtlich zu gewährleisten, um keine Störfaktoren in den Unterricht einfließen zu lassen.
Je weniger Störfaktoren beim Lernen einfließen, desto leichter fällt es dem Reiter, sich auf seine inneren Vorgänge einzulassen.

BEWEGUNGSGEFÜHL – WAS IST DAS?

Das Thema Bewegungsgefühl wurde in der sportwissenschaftlichen Forschung lange Jahre nicht verfolgt. Ab Beginn der 1990er-Jahre wurde das Thema wieder mehr in der Sportpädagogik einbezogen und unter unterschiedlichen Aspekten behandelt.
Wenn sich Sportler unterhalten, weiß jeder eigentlich ganz genau, was man unter Bewegungsgefühl zu verstehen hat, wenn man – in unserem Fall Reitern – ein solches attestiert. Ein gefühlvoller Reiter besitzt die Fähigkeit, sich so mit seinem Pferd zu bewegen, dass seine Bewegungen als zweckmäßig, ökonomisch, harmonisch und elegant wahrgenommen werden.
Es treffen nach Meinel/Schnabel (2018) folgende Qualitätsmerkmale für die Bewegungsbeherrschung zu:

- Bewegungsgenauigkeit,
- Bewegungselastizität,
- Bewegungsübertragung,
- Bewegungsharmonie,
- Bewegungsfluss,
- Bewegungsrhythmus.

Insgesamt ist die Fähigkeit gemeint, wenn sich ein Mensch in einer Bewegungssituation mit seinem Körper oder mit einem Gerät von seinem Gefühl, also seiner inneren Sensibilität leiten lässt.
Das Pferd ist kein Gerät, sondern ein sensibles Wesen, mit dem der Reiter bewegungsmäßig einen Dialog führen muss. Dabei müssen beide Rhythmen miteinander in einen Einklang gebracht werden. Zunächst muss sich der Reiter dem objektiven Rhythmus des Pferdes anpassen, weil die große Masse immer die kleine bewegt. Erst wenn der Reiter sich der großen Masse angepasst hat (quasi mit dem Pferd „verschmolzen" ist), kann er auf es einwirken und die beschriebenen Bewegungsmerkmale zeigen, die bei Meinel/Schnabel als Interpretationskriterien gelten.

SPRECHEN WIR ÜBER GEFÜHLE

Bisher wird in der Reiterei zwar stets von Bewegungsgefühl gesprochen, doch an keiner Stelle einmal in der Tiefe behandelt. Es ist auch besonders schwierig, gefühlvolles Reiten zu beschreiben, weil wir es mit einer Sondersituation zu tun haben: Im Reiten müssen stets zwei Wesen in einem Kontext gesehen werden, die etwas Gemeinsames gestalten wollen.
Im Gegensatz zum Badminton haben wir es nicht mit einem „toten Gegenstand" zu tun, der mehr oder weniger berechenbar ist. Beim Reiten geht es um die Verständigung zweier Lebewesen, wobei beide Kommunikationspartner individuell sind.
Bei der genaueren Analyse des Begriffs Bewegungsgefühl muss man eine Betrachtung von außen (Außensicht) und innen (Innensicht) unterscheiden, wobei im gängigen Reitunterricht bisher die Außensicht zu stark im Vordergrund stand. Die lenkende Funktion des anweisungsorientierten Unterrichts schien allein fähig zu sein, das Reiten verbessern zu können. Hier wird versucht, einen wichtigen neuen Weg aufzuzeigen. Die Selbstständigkeit des Reiters bildet ein Fundament, sich von der Außensicht des Reitlehrers zu lösen, sich von innen zu betrachten und zu verbessern, auch wenn der Reitlehrer nicht anwesend ist.

INNENSICHT DES BEWEGUNGSGEFÜHLS

KONTROLLE

Der Reiter muss sich kontrollieren können. Darunter wird verstanden, dass er seine Bewegungen verinnerlicht hat, sie je nach Situation variabel beherrscht und flexibel anzuwenden versteht.
Er muss auch das Pferd kontrollieren. Seine Bewegungen müssen so auf das Pferd abgestimmt werden, dass dessen natürlichen Bewegungsabläufe zur Geltung kommen

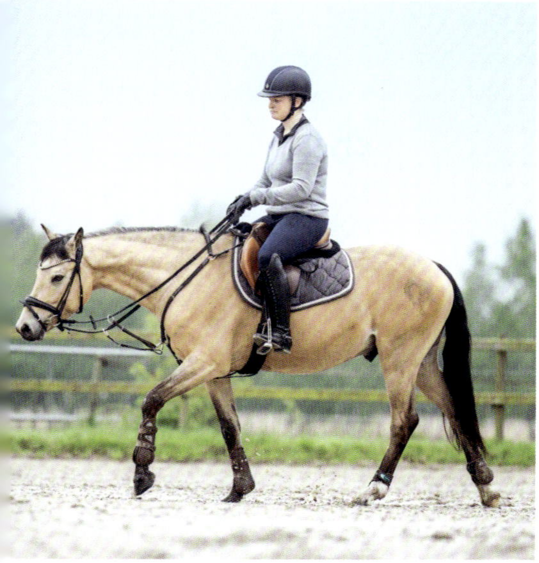

Objektrhythmus Pferd und Subjektrhythmus Reiter verbinden sich miteinander.

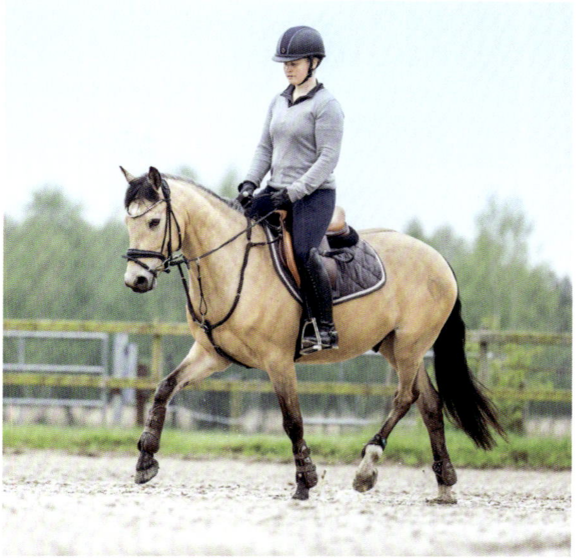

Das Gesamtbild muss harmonisch und fließend aufrechterhalten werden.

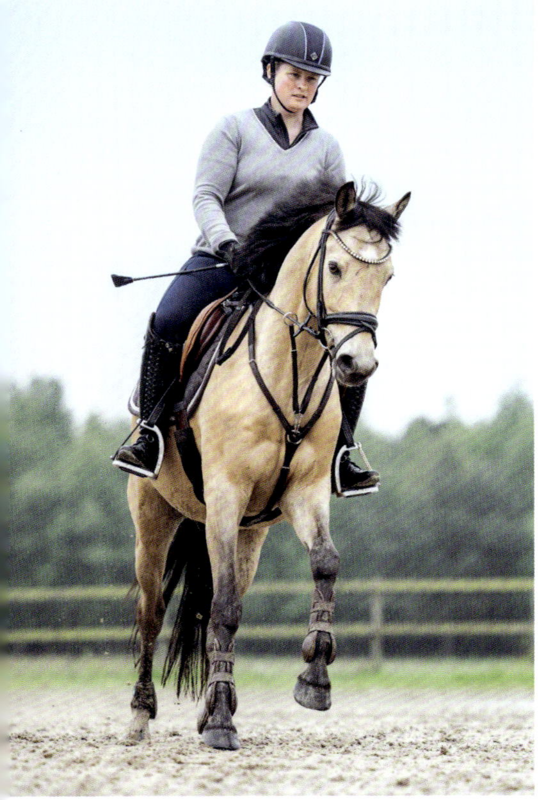

Es geht um das Einlassen auf das Pferd mit dem Ziel des Verschmelzens.

können. Der Reiter muss Bewegungsprobleme so früh spüren und tilgen, dass sie von einem Außentehenden kaum wahrzunehmen sind.

TEMPOGEFÜHL UND GLEICHGEWICHT

Der Reiter muss Bewegungsmerkmale beherrschen, die für einen stimmigen Dialog benötigt werden. Dazu gehören Tempogefühl, weil jedes Pferd sein eigenes Tempo benötigt. Des Weiteren muss der Reiter ein sensibles Gleichgewicht besitzen, um nicht störend in sich verändernden Reitsituationen zu wirken. Das Gesamtbild muss harmonisch und fließend aufrechterhalten werden.

AUFMERKSAMKEIT UND ZUSAMMENSPIEL

Der Reiter ist ständig gefordert, die volle Aufmerksamkeit auf das Pferd zu lenken. Er muss in das Pferd hineinhorchen, ohne sich dabei zu verspannen. Dabei darf er nicht nur reagieren, sondern muss an kleinsten

Veränderungen des Pferdes erahnen (antizipieren), wenn es sich nicht wunschgemäß auf die Intentionen (Einwirkungen) des Reiters bewegt.
Der Reiter darf seinen Willen aber auch nicht dem Pferd aufzwingen, was aufgrund seiner Masse kaum gelingen kann. Es würde in einem aussichtslosen Kampf enden.
Man muss von außen erkennen, dass es sich beim Reiter um ein Sich-Einlassen auf das Pferd geht, um die optimalen Bewegungsmöglichkeiten des Pferdes herauszulocken.
Von außen muss ein Zusammenspiel Reiter-Pferd erkennbar sein, das sich durch ein Einwirken und Erspüren auszeichnet. Das Zusammenspiel Reiter-Pferd muss so miteinander verbunden sein, dass ein ständiger weicher Bewegungsfluss erkennbar wird. Reiter und Pferd müssen eine Bewegungseinheit bilden.
Beide Bewegungsrhythmen (Objektrhythmus Pferd – Subjektrhythmus Reiter) verbinden sich miteinander. Der Reiter muss die Bewegungsmöglichkeiten des Pferdes erspüren und zu veredeln versuchen. Zunächst geht es um die „Unterordnung" des Reiters (Einlassen auf das Pferd) mit dem Ziel des Verschmelzens mit dem Pferd, um über diese anschmiegsamen Bewegungen wahrzunehmen, was man bewirken kann. „Versuche, wenn du das Pferd in irgendeiner Weise bedienst, zu erfühlen, wie du auf es einwirkst und was es dann von dir will. Wenn du zunächst auf seinen Willen einschwenkst, wird es später auch auf deinen Willen einschwenken" (vgl. Tholey 1987, S. 101).

BEWEGUNGSGEFÜHL

Bewegungsgefühl meint in diesem Sinne etwas koordinativ hoch Anspruchsvolles, wenn die Bewegungen des Retters leicht, sicher, ökonomisch und vor allem situationsgerecht wirken. Zum Bewegungsgefühl gehören verinnerlichte (gespeicherte) Bewegungserfahrungen, die der Reiter im Umgang mit vielen Pferden in unterschiedlichen ständig variierenden Reitsituationen durch sensibles Wahrnehmen erfahren hat. Es ist also das besondere Gefühl für die Bewegungen von Pferden. Dabei geht es nicht primär um Reittechniken, sondern es steht der Erwerb von Erfahrungswissen im Vordergrund, das über einen langen Zeitraum in erlebten Situationen durch Empfindungen (und deren Reflexion) erworben wurde.

KINÄSTHESIE

Bewegungsgefühl kann auch mit Kinästhesie verbunden werden. Darunter versteht man unterbewusst stattfindende Wahrnehmungs- und Empfindungsprozesse, in denen die eigenen und die Bewegungen des Pferdes ablaufen.
Es geht um die Wahrnehmung von Teil- und Ganzkörperbewegungen des eigenen Körpers, des Pferdekörpers und von Situationen. Dabei spielen Körperverlagerungen und das Raum-Lage-Verhältnis eine zentrale Rolle. Zuständig ist vor allem der kinästhetische Analysator, der Bewegungssinn, der möglichst in Koordination mit den anderen Sinnen (Gleichgewichtssinn im Innenohr, der Haut und dem Auge) entwickelt werden muss.

KÖRPERBEWUSSTSEIN

Bewegungsgefühl hat auch einen engen Bezug zur Fähigkeit, seinen eigenen Körper wahrzunehmen. Der Reiter muss den rhythmischen Ablauf von Anspannungs- und Entspannungsprozessen ebenso spüren wie die räumlichen Möglichkeiten seines Körpers. Diese Fähigkeiten werden mit dem Begriff Körperbewusstsein bezeichnet. Wenn sich der Reiter der Möglichkeiten seines Körpers bewusst ist, er spürt und erkennt, was er mit seinem Körper bewirken kann, ist die Basis für einen gefühlvollen Umgang mit dem Pferd gegeben.

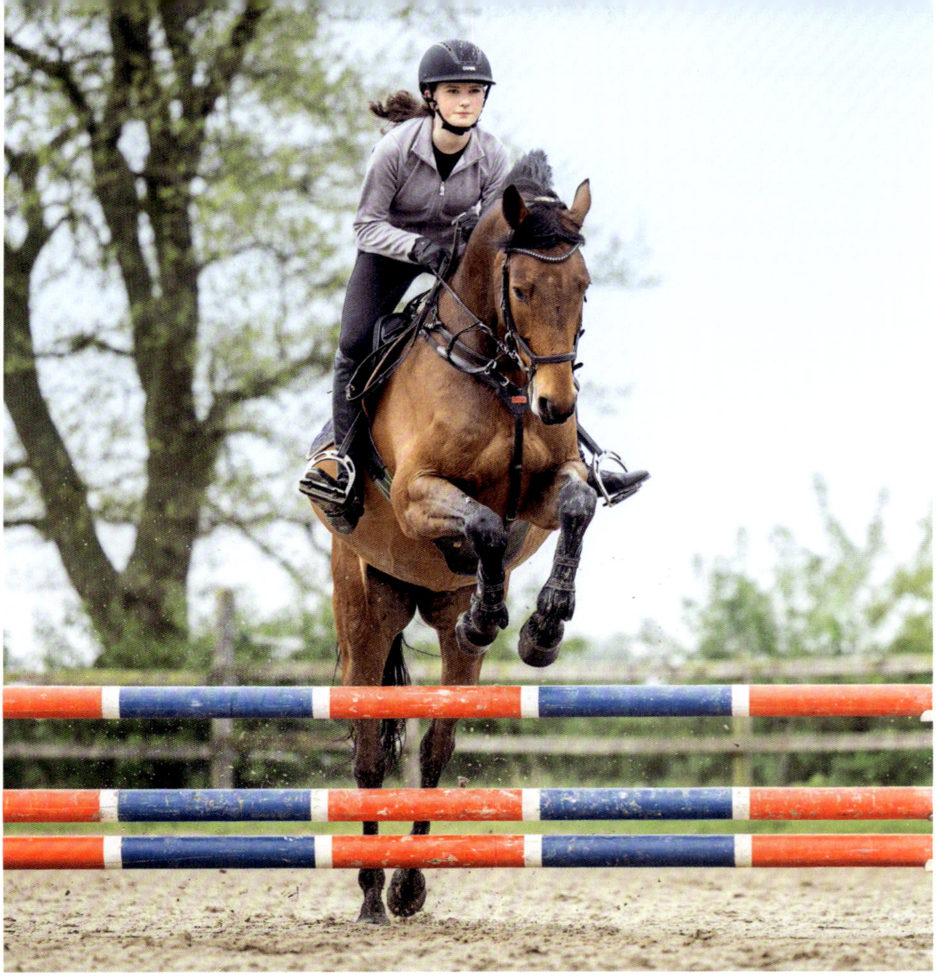

Beim Springen entsteht das Gefühl des Emporgetragenwerdens durch das Pferd.

BEWEGUNGSERLEBNIS

Mit Bewegungsgefühl werden auch Bewegungserlebnisse bezeichnet, die emotional positiv bzw. negativ (anregend und erregend) besetzt sind. Es verbergen sich dahinter innere Vorgänge, die der Reiter spürt und erlebt. Dabei handelt sich um Erlebnisse wie folgt:

1. Der Reiter erlebt das Geschwindigkeitsgefühl bei Verstärkungen wie Mitteltrab und starker Trab, Mittelgalopp und starker Galopp oder beim Überwinden von breit gebauten Hindernissen. Die Bewegungen werden als weich, fließend, leicht, dynamisch empfunden.
2. Der Reiter erlebt die totale Übereinstimmung seiner Bewegungen mit denen des Pferdes.
3. Der Reiter spürt schwungvolle Situationen in Dressur und Springen, das Gefühl des Emporgetragenwerdens durch das Pferd.
4. Der Reiter empfindet Lust, wenn er nach Risikosituationen Erfolg gehabt hat.
5. Der Reiter spürt Angst, wenn er vor noch nicht erlebten Situationen steht.

In diesem Sinne bezieht sich Bewegungsgefühl auf emotionale Erlebnisse, die zwischen bedrohlicher Angst und großer Freude gelagert sind.
Diese Seite des Bewegungsgefühls macht das Reiten so anziehend, weil in anderen Disziplinen des Sports diese Erlebnisse nicht auf identischer Qualitätsebene existieren.

VERWOBENHEIT WAHRNEHMEN UND BEWEGEN

Bewegungsgefühl ist auch als Verwobenheit von Wahrnehmen und Bewegen zu verstehen. Es ist ein harmonischer Dialog zwischen Reiter und Pferd. Reiter und Pferd gehen sensibel miteinander um, aufeinander ein. Man kann auch von einer Verzahnung von Wahrnehmen und Bewegen sprechen. Bewegen und Wahrnehmen (Hilfen geben des Reiters und die Antworten des Pferdes erfühlen) durchdringen sich wechselseitig. Die Situation des Spürens und Bewirkens verschmelzen so miteinander, dass man nicht mehr feststellen kann, wer aktiv oder reaktiv ist. Der Reiter ist auf dem Pferd

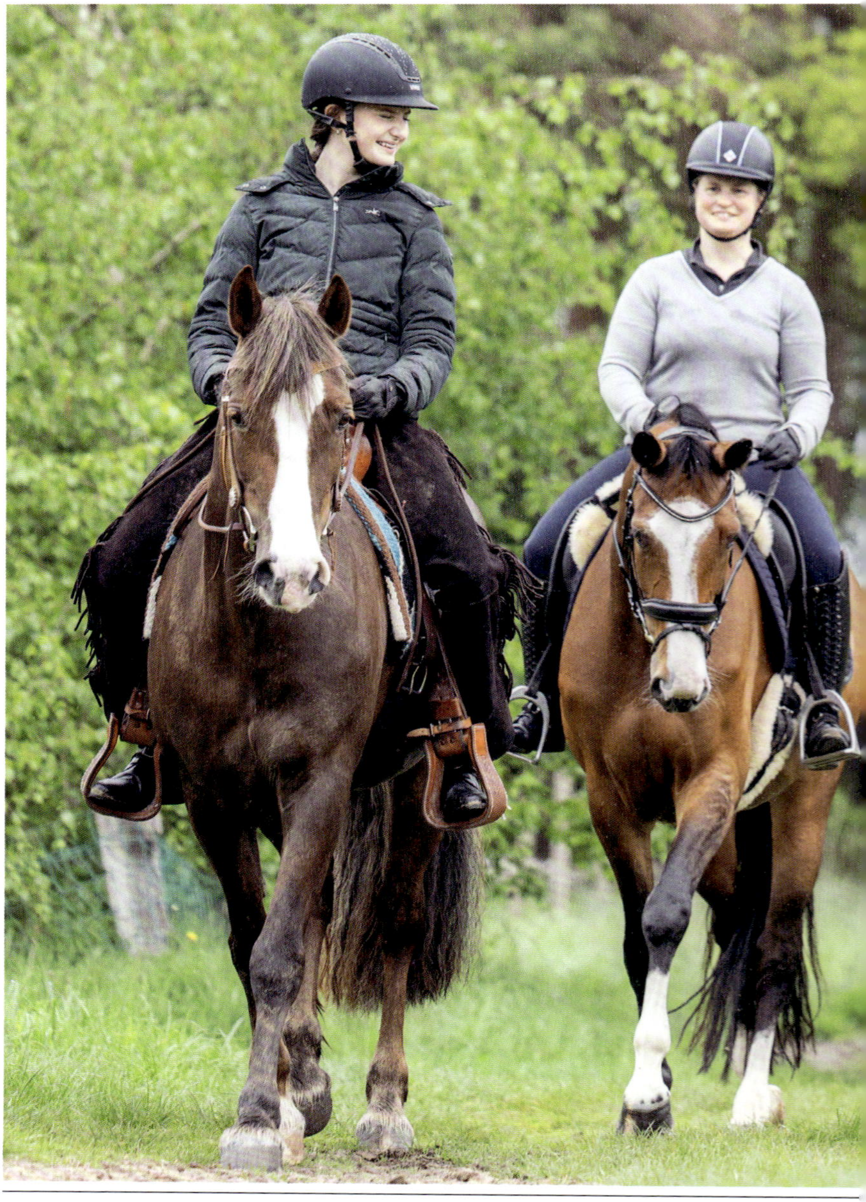

Reiter erleben die totale Übereinstimmung ihrer Bewegungen mit denen der Pferde.

nicht mehr nur reagierend aufgrund der wahrgenommenen Bewegungen des Pferdes, er sendet auch aktiv eigene Informationen durch seine Hilfengebung aus. Er antizipiert die Bewegungen des Pferdes, stellt sich auf mögliche Bewegungen des Pferdes ein und plant etwas Eigenes, wenn er das Gefühl hat, dass das Pferd ihn „überlisten" will.

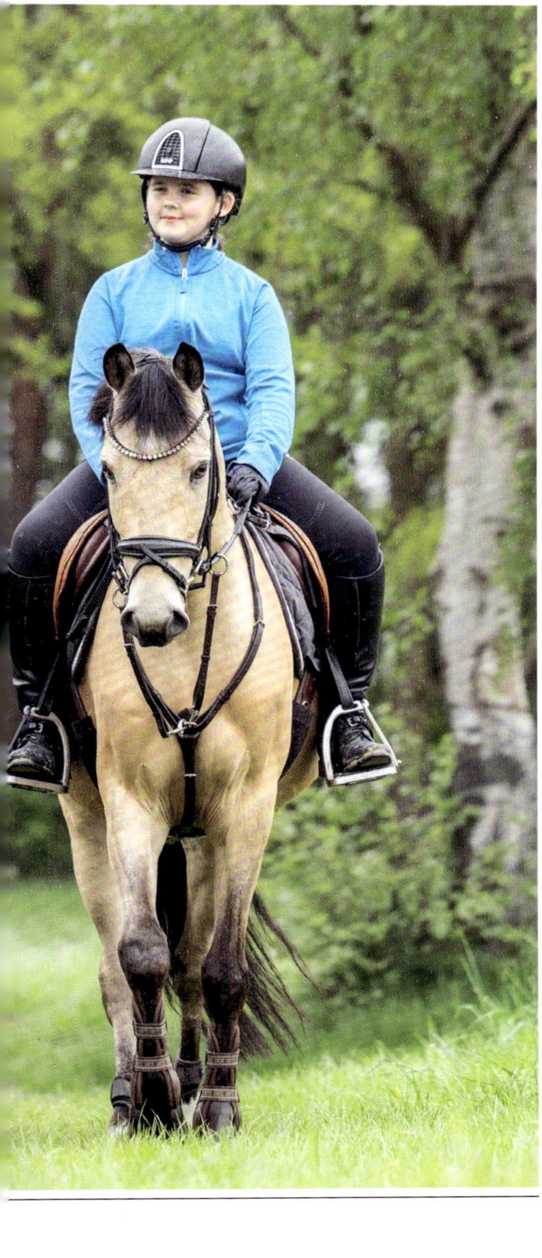

GEFÜHLVOLLES REITEN UND REITVERMÖGEN

Bewegungsgefühl ist auch an der Qualität der Bewegungen des Reiters zu erkennen. Bei qualitativ hochwertigen Ausführungen des Reiters sprechen Ausbilder auch von gefühlvollem Reiten ihres Reitschülers. Dann sind vor allem Bewegungskriterien festzustellen, wie sie unter Außensicht bereits genannt wurden: Losgelassenheit, Stimmigkeit, Harmonie etc.

Bewegungsgefühl kann auch mit Reitvermögen gleichgesetzt werden. Besitzt der Reiter diese Bewegungsqualität, ist er imstande, sich selbst und das Pferd ganz bewusst zu koordinieren, ohne den Ausbilder zu beanspruchen. Der Reiter hat aufgrund der inneren Rückmeldungen Fähigkeiten entwickelt, die ihn zur Selbstständigkeit geführt haben. Er kann selbstständig, ohne den Ausbilder einzubeziehen, Reitaufgaben lösen. Der Reiter besitzt nun Fähigkeiten und Voraussetzungen, sein Pferd situationsangemessen zu reiten, weil er fähig ist, koordinativ komplexe Reitprobleme lösen zu können.

Bewegungsgefühl heißt auch, Bewegungsfeinheiten unterscheiden zu können (kinästhetische Differenzierungsfähigkeit). Diese Fähigkeit des Reiters ist relevant, um Richtung, Tempo und Rhythmus seines Körpers gezielt bestimmen zu können. Sie ist Grundlage zum eigenständigen Lernen neuer Bewegungsabläufe (Lektionen).

METHODEN DES HANDLUNGSORIENTIERTEN KONZEPTS

Die Methoden des handlungsorientierten Konzepts reichen weit über das reine Instruieren hinaus, um die Reiter zu Fähigkeiten wie Selbstständigkeit, Variations- und Differenzierungsfähigkeit sowie zur Selbstkorrektur zu führen.

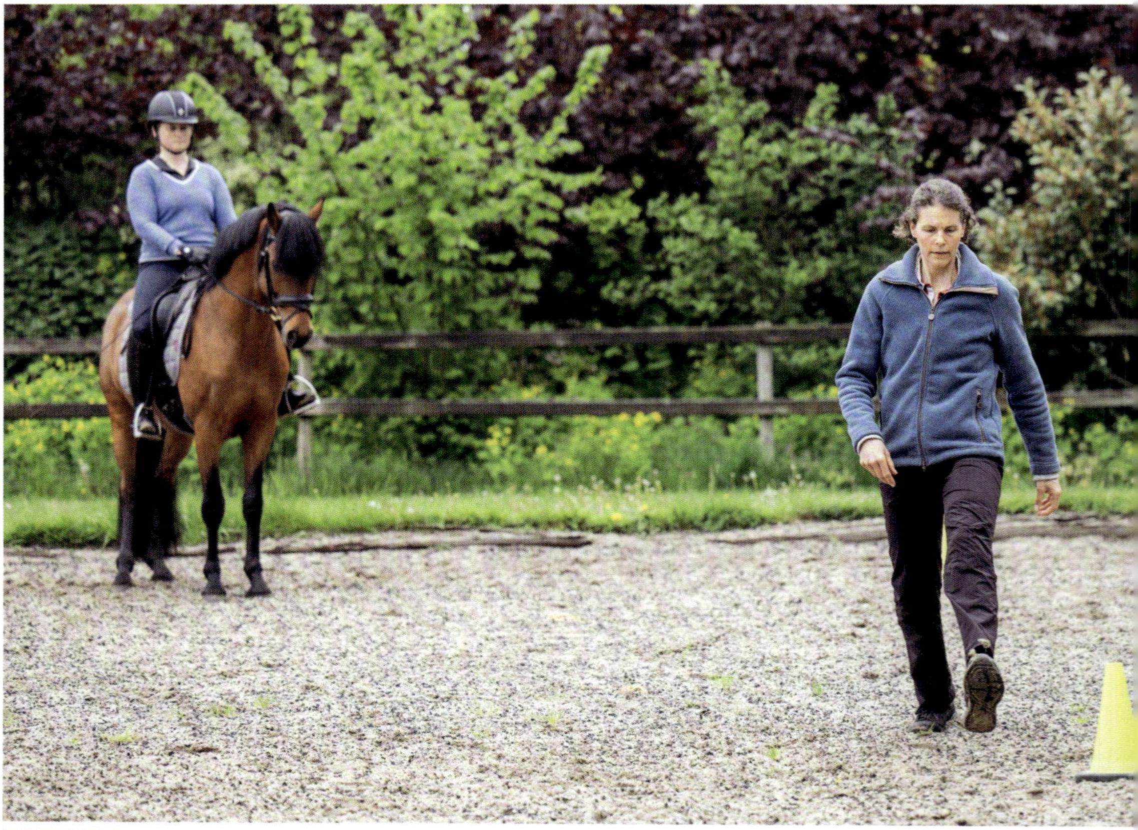

Vorgaben können auch durch Bilder (Metaphorik) eingespielt werden.

Somit würde der Unterricht im Reiten auch Bildungsfunktion (Heim 2011) übernehmen, weil der Reiter ein Verständnis über seine Bewegungsabläufe erhielte und sich kritisch damit auseinandersetzen könnte. Dann wäre auch gewährleistet, dass Reiten über den Sport hinaus als Kulturgut erachtet werden kann.

EINSATZ VON ANWEISUNGEN/ INSTRUKTIONEN

Diese Methode bezieht sich auf Anweisungen, die strikt umgesetzt werden müssen. Zu Beginn von Lernprozessen besitzt der Reiter noch keine Bewegungsvorstellung von den neuen Lektionen. Für den Ausbilder bedeutet es, dass er die Orientierungslosigkeit des Reiters zu Beginn von Handlungsprozessen auch einmal mit Vorgaben tilgen darf.

Handlungsorientierung darf nicht zur Orientierungslosigkeit führen, sondern erlaubt auch, dass angewiesen werden darf. Von Bedeutung ist die Dosierung, die Häufigkeit und die Dauer zur Entwicklung des Bewegungsplanes für den Reiter. Nach der Einengung des Reiters durch Anweisungen muss die Lernsituation für ihn wieder offener

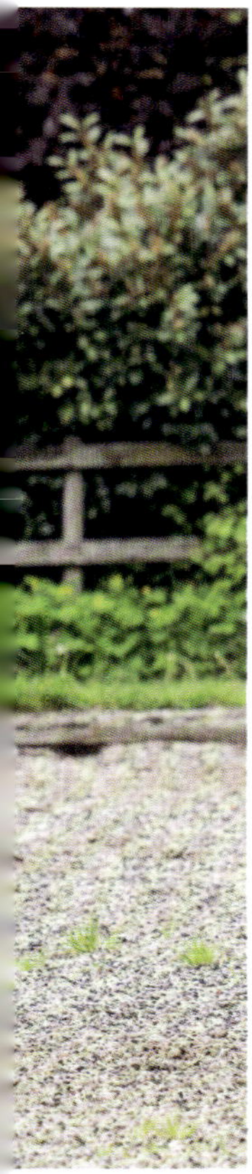

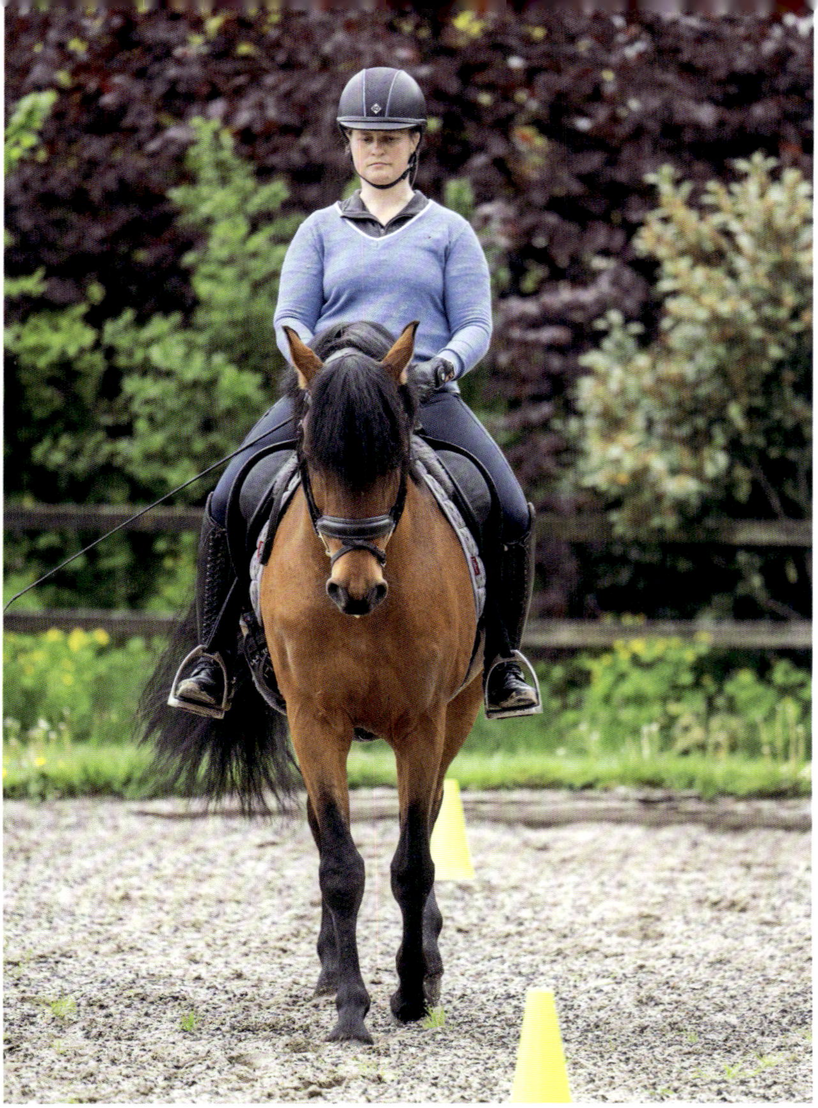

Verstehen und eigene Anwendung folgen.

gestaltet werden (siehe Seite 90, Beratung und Moderation).

Vorgaben (Anweisungen) können auch durch Bilder (Metaphorik) eingespielt werden, weil sie für den Reiter mehr Spielraum für die Variation der Bewegungsausführung abstecken und ihm seinen individuellen Weg ermöglichen. Instruktionen können durch „Aufgaben" ersetzt werden.

Während Bewegungsanweisungen alle Einzelheiten der zu reitenden Lektion festlegen, dem Reiter also keine Variationsmöglichkeit des Handelns gewährt werden, wird bei der Bewegungsaufgabe nur der Rahmen vorgegeben. Der Ausbilder legt also die zentralen Kriterien (Erfolgskriterien), für ein Gelingen fest, überlässt es danach aber dem Reiter, wo und wann er die Kriterien umsetzt.

Aus der Qualität der Bewegungsvollzüge des Reiters ergeben sich gemeinsame Absprachen zwischen Reitlehrer und Reiter gemäß Abgleichung der inneren Wahrnehmungen des Reiters mit den äußeren Wahrnehmungen des Reitlehrers. Die Außensicht des Ausbilders muss mit der Innensicht des Reiters deckungsgleich gebracht werden.

Die Methode der Instruktion ist das so genannte positive Lernen. Der lernende Inhalt (die Lektion) wird direkt anvisiert, sich angeeignet und führt später zum Wissensstand, zum Fertigkeiten-Repertoire und zur Anwendungskompetenz. Es werden die Stadien des Wissens (motorisches Können), des Verstehens und der Anwendung durchschritten. Zur Überprüfung des Lernerfolgs können diese Inhalte abgefragt werden.

BERATUNG

Reitlehrer und Reiter dialogisieren über die augenblicklichen Bewegungsaufgaben des Unterrichts. Reiten lernen ist durch das ständige Abgleichen der inneren Wahrnehmungen des Reiters (des Bewegungsgefühls – der Innensicht) mit der Beobachtung des Reitlehrers (der Außensicht) gekennzeichnet. Die Form der Aneignung ist eine andere als bei der Instruktion. Es geht um das me-

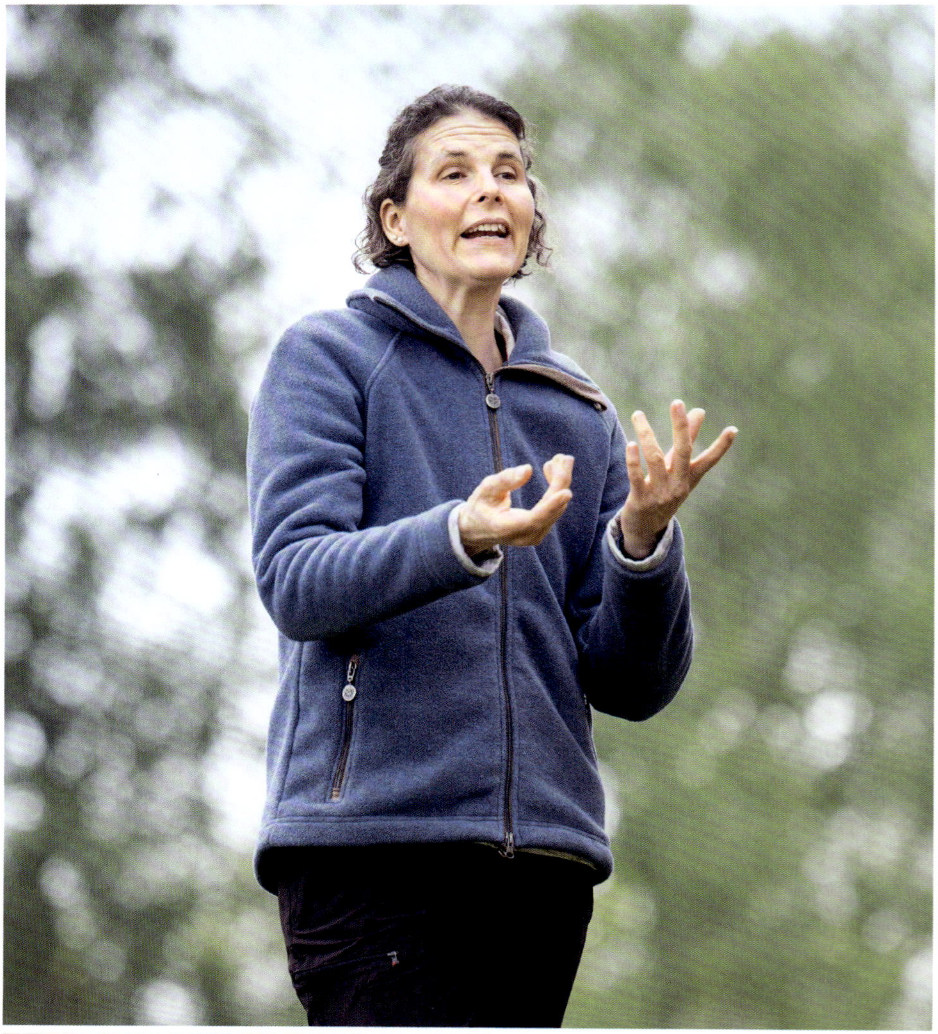

Beim Moderieren beschreibt die Reitlehrerin die Bewegungsabläufe mit ihren Worten.

thodische Lernen. Diese Qualitätsstufe ist die nächsthöhere nach dem positiven Lernen. Die Lernschritte müssen vom Reiter gedanklich mit vollzogen werden.
Der Reiter lernt, wie man etwas lernt. Die Aneignungsprozesse sollen dem Reiter transparent gemacht werden, um die Erkenntnisse und Wahrnehmungen auch selbstständig auf andere (neue) Inhalte (Lektionen) transferieren zu können. Reiter erwerben dabei selbstständig neue Einsichten und motorische Fähigkeiten. Bewegungslernen in diesem Sinne ist ein kontinuierlicher Prozess der Erweiterung und Aneignung von Fähigkeiten.

MODERATION

Die Moderation setzt beim Reitlehrer dann ein, wenn sein Reitschüler auch nach mehrmaligem Auseinandersetzen mit der vom Reitlehrer gestellten Aufgabe die Dinge nicht erkennt (erfühlt hat), die er aufgrund der Realität der Bewegungsabläufe eigentlich hätte erleben müssen. Reitausbilder und Reiter kommen nicht zu deckungsgleichen Ergebnissen.
Beim Moderieren beschreibt der Reitlehrer die Bewegungsabläufe des Reiters mit seinen Worten. Er hält ihm einen „Spiegel vor Augen". Dem Reiter wird die Möglichkeit gegeben, sein inneres Bild mit der Beschreibung des Reitlehrers in Deckungsgleichheit zu bringen. Es wird auf diese Weise das Bewegungsgefühl des Reiters aktiviert.
Stellen sich immer noch nicht die erhofften Ergebnisse ein, darf der Ausbilder kurzfristig auf Anweisungen zurückgreifen. Wichtig ist in solchen Situationen, dass das Pferd nicht durch dauerhafte unpräzise Einwirkungen des lernenden Reiters irritiert wird. Diese strikten Anweisungen sollen das Pferd und den Reiter konditionieren.
Dem Reiter und dem Pferd werden somit die Abläufe möglichst umweglos gezeigt, die der Reiter in den Absprachen mit dem Ausbilder gemäß Handlungsablauf nicht erkannte. Danach ist die Methode wieder auf die beratende Ebene zurückzuführen (vgl. Kaminski 2006, Hackfort/Munzert/Seiler 2000), damit der Reiter wieder zum eigenständigen Handeln geleitet wird.

BEWEGUNGSLERNEN ERFORDERT VARIABILITÄT

ABKEHR VON DER MONOTONIE BEIM LERNEN

Bewegungslernen zielt auf den Neuerwerb von Bewegungsabläufen ab, die relativ konstant und in sich ständig verändernden Bewegungssituationen anwenden lassen (Lernen). Es ist dabei zwingend notwendig, dass Übungsprozesse als Lernen in sich ständig variierenden Situationen verstanden wird. Training bezieht sich dann mehr auf den energetischen Bereich des Bewegers. Es geht mehr um das Steigern von physischen neben den koordinativen Fähigkeiten. Heute kehrt man immer mehr von dieser bewegungswissenschaftlichen Sichtweise ab und bezieht das Techniktraining im Sinne von Lernen ebenfalls mit ein.
Der Begriff „Automatisation" führt uns dabei in eine falsche Lernrichtung, weil der Reiter bzw. das Pferd keine Maschine ist, die stereotyp nach denselben Gesetzen funktioniert. Leider kann man heute immer noch stereotype Wiederholungen bei Ausbildungsprozessen im Reiten erkennen, obwohl man aufgrund wissenschaftlicher Forschung weiß (u. a. gemäß Schöllhorn 2010), dass keine Bewegung in derselben Form reproduzierbar ist, sondern in der Realität nur einmal auftaucht. Diese Erkenntnis muss methodisch in der Praxis umgesetzt werden.

Deshalb ist es unverständlich, wenn monotone Wiederholungen bei Übungsprozessen im Reiten immer noch angewendet werden. Diese Monotonie führt zu einer reduzierten flexiblen Anwendung in sich ständig verändernden Situationen. Das ist u. a. der Grund, warum viele Reiter in Wettkämpfen versagen, weil jede Reitsituation (Bodenverhältnisse, Umgebung, Zuschauer etc.) anders ist. Diese andersartigen Ansprüche müssen beim Lernen, Üben und Trainieren zu Hause entsprechend einbezogen werden.

SO OFT WIE MÖGLICH DIFFERENZIEREN

Neue Bewegungsabläufe gelingen störungsfreier, wenn der Reiter differenzieren kann, also wahrnehmungsmäßig die andersartigen Bewegungsanforderungen zu unterscheiden vermag und nicht nur stumpf reagiert. Durch die Sensibilisierung der Sinne durch viele unterschiedliche Informationen von außen (optisch, akustisch, taktil) können die Unterschiede der Ansprüche von Situation zu Situation genauer erfasst, entsprechend sinnvoll geordnet (Lichtverhältnisse in der Halle, unterschiedliche Bodenverhältnisse oder Geräusche) und mit entsprechenden Einwirkungen beantwortet werden. Ein feinfühliges Differenzieren-Können führt auch zu einem sensibler ausgebildeten Bewegungsgefühl.
Beim Differenzieren finden stets kognitive und sensorische Steuerungs- und Regulationsprozesse statt, die die Handlungssicherheit erhöhen und die zentrale Handlungskompetenz des „Timings“ eher ermöglichen. Beim „Timing“ ist der Reiter in der Lage, im richtigen Augenblick, am richtigen Ort seine Dynamik so einzusetzen, dass das gewünschte Unterfangen auch gelingen kann. Zu Beginn von Koordinationsprozessen finden diese teilweise noch undifferenziert statt. Durch Variabilität bei Übungssituationen/-prozessen werden diese immer bewusster und führen zu einer höheren Qualität des räumlich-zeitlichen Orientierens.

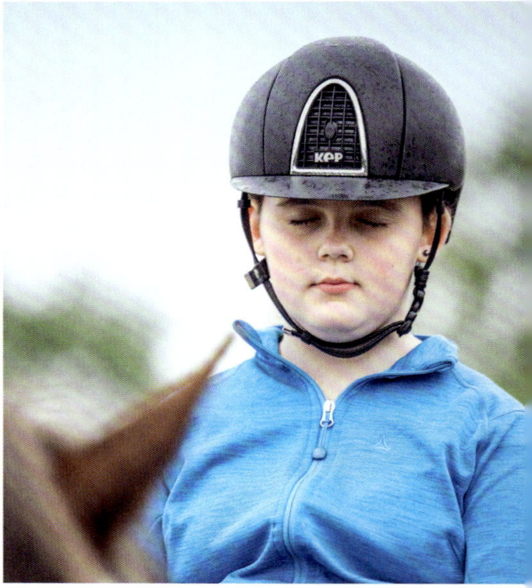

Sensibilisieren der Sinne ...

BEWEGUNGSERWERB

Als Konsequenz für das Bewegungslernen gilt: Beim Bewegungserwerb müssen die Veränderungen von äußeren Bedingungen gesucht werden, um den Reiter (und auch das Pferd) in Reitsituationen außerhalb der gewohnten Umgebung darauf vorzubereiten, flexibel handlungsfähig (reaktionsfähig) zu sein. Es sollten viele Variationen bei Lern-, Übungs- und Trainingsprozessen auf der Reitanlage zu Hause gelöst werden, die nicht nur die Physis des Reiters und des Pferdes vorbereiten, sondern ebenso ihre Wahrnehmungs- und Differenzierungsfähigkeiten sowie die Gehirnfunktionen entwickeln.

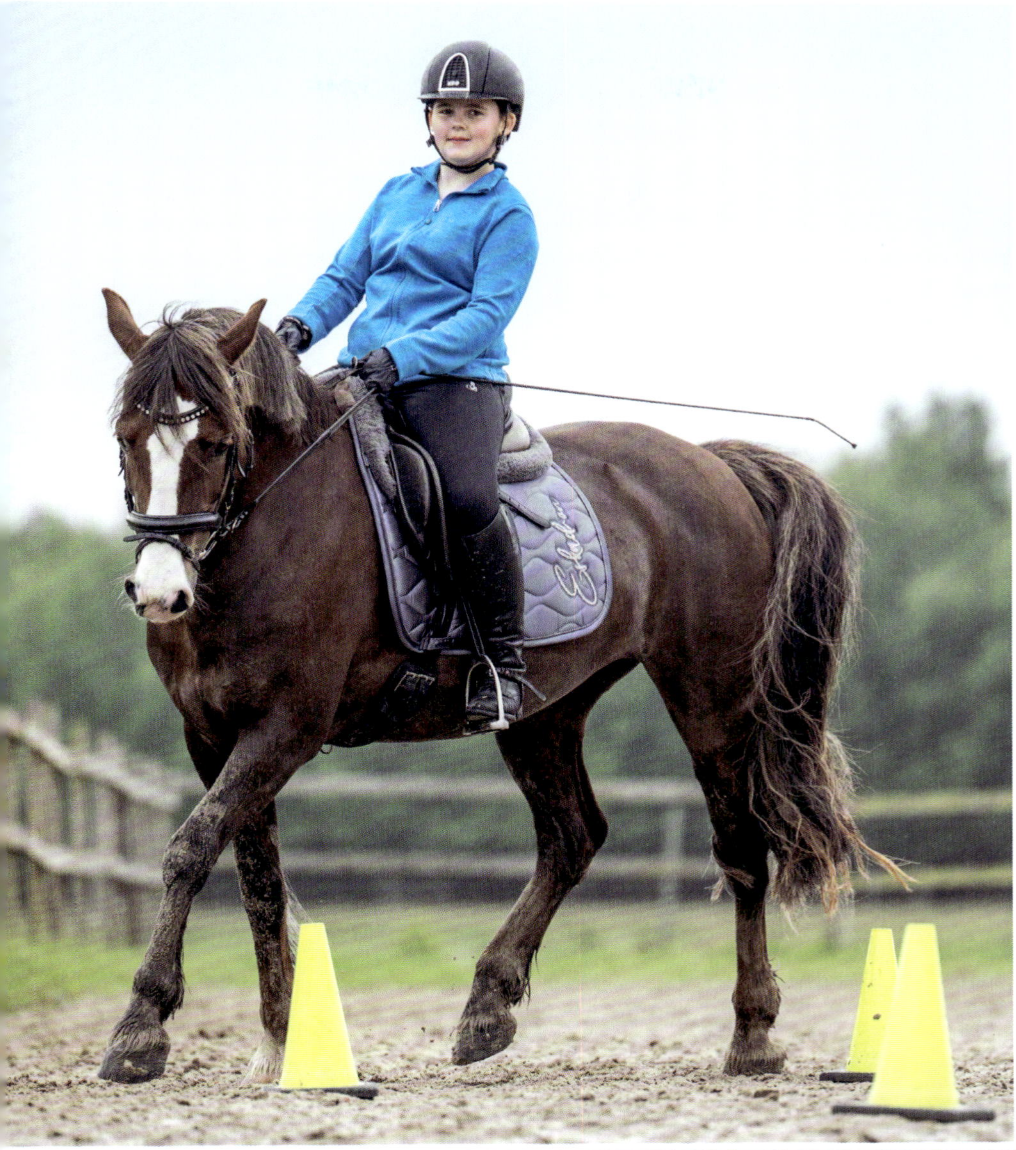

... durch unterschiedliche Informationen.

Aufgrund der Differenzierungsfähigkeit besitzt der Reiter Vergleichsmöglichkeiten und kann aufgrund seines erhöhten Repertoires situationsgerechte Entscheidungen treffen. Die erworbene Wahrnehmungsfähigkeit ist Voraussetzung für ein feineres Abstimmen, Zuordnen und Integrieren von unterschiedlichen Bewegungen in sich ständig verändernden Reitsituationen. Je größer der Schatz von Bewegungserfahrungen, desto genauere Prognosen bezüglich des Gelingens kann der Reiter treffen: Seine Zuverlässigkeit für Entscheidungen wird sicherer (vgl. Meyners 2013/b).

BEWEGUNGSLERNEN UNTERSTÜTZEN

In der Reiterei und ebenso in anderen Sportarten wird der Begriff Fehler falsch verwendet. In der Sportwissenschaft versteht man unter einem Fehler eine äußere Form eines Bewegungsablaufs (einer Lektion, einer Übung des Reiters), die nicht mehr als solche zu erkennen ist. Beim Mangel erkennt man den Bewegungsablauf, doch sind noch einige Defizite bezüglich der Bewegungsqualität vorhanden, die kontinuierlich verbessert werden müssen. Es wird auch von Grobkoordination gesprochen. Heutige Ansätze der Bewegungslehre unterstützen die zu erlernenden Bewegungsprozesse, sodass es möglichst gar nicht zu Mängeln kommt. Dies ist wiederum durch entsprechende Methoden und Methodenprinzipien garantiert (Gröben/Maurus 1999, Wolters 2006).

VARIATIONEN VON BEWEGUNGSABLÄUFEN

Flexibilität und Stabilität von Bewegungsabläufen erzielt der Reiter ausschließlich, wenn nicht stereotyp Bewegungsabläufe wiederholt werden, sondern folgende Bewegungskriterien beim Reiten lernen miteinbezogen werden. Neuere bewegungstheoretische Ansätze (u. a. Lutz 2020, Schöllhorn u. a. 2009) haben diese Erkenntnisse erforscht, die bereits von Feldenkrais (1988, 2020) und Leist (1978) vor Jahrzehnten gefordert wurden. Bewegung beginnt im Kopf. Da keine Bewegung strukturell einmalig ist, wird das Gehirn bei stupiden Wiederholungen nicht flexibel ausgebildet, um variabel die vielfältigen Situationen bewältigen zu können. Leider wird diese Erkenntnis zu wenig in der Praxis bedacht.

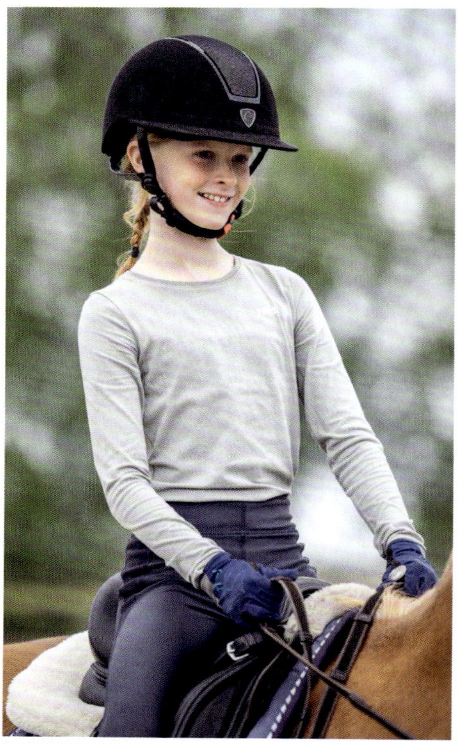

Heutige Ansätze aus der Bewegungslehre unterstützen die zu erlernenden …

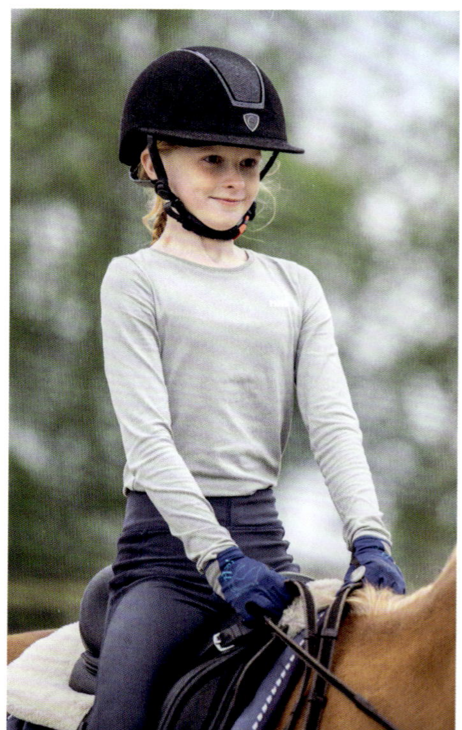

… Bewegungsprozesse, sodass es möglichst gar nicht zu Mängeln kommt.

BEWEGUNGSUMFANG

Bewegungsabläufe sollten stets in unterschiedlichen Bewegungsamplituden (Größen) ausgeführt werden. Variationen führen zu einer höheren muskulären und gelenkmäßigen Flexibilität und Mobilität. Dabei werden Muskeln und Gelenke unterschiedlich angeregt. Das Gehirn wird optimal sensibilisiert, um auf veränderte Reize unterscheidende Impulse an die entsprechenden Vollzugsorgane senden zu können.

TEMPO

Bewegungsabfolgen sollten generell langsam und weich ausgeführt werden, weil dadurch das Gehirn die Bewegungsqualität durch Mitverfolgen verbessern kann. Dies fällt dem Gehirn bei langsamen Bewegungsabläufen leichter als bei schnellen. Der Reiter sollte langsam beginnen, um danach das Tempo häufig zu variieren. Bei langsamen Bewegungen werden mehr Fasern der Muskeln benutzt als bei schnellen. Schwunghafte Bewegungen reizen vorrangig den Muskelbauch (die Mitte eines Muskels). Somit wird der Muskel in seiner gesamten Länge (vom Ursprung bis zum Ansatz) benutzt und gleichmäßig ausgebildet.
Vereinzelt dürfen auch Bewegungsabfolgen mit Schwung absolviert werden, um sie danach wieder langsam zu vollziehen. Diese Variation der Reize wirkt sich positiv auf die Differenzierungsfähigkeit aus.
In der Praxis wird leider noch gegen die Erkenntnis unterrichtet. Lehrende sollten viele unterschiedliche Reize in Bezug auf Tempo, Krafteinsatz, Bewegungsumfang, Umgebung, etc. an den Schüler herantragen. Tempoprobleme sind für die heutige Zeit bei Pferden und Reitern typisch. Es wird oft zu eilig oder zu langsam (Untertempo) geritten. Jeder Beweger (Reiter) und auch jedes Pferd haben ihr eigenes optimales Tempo, das es herauszufinden gilt, um die bestmöglichen Bewegungsabläufe beider Partner erzielen zu können (Seite 13). Zunächst gilt es,

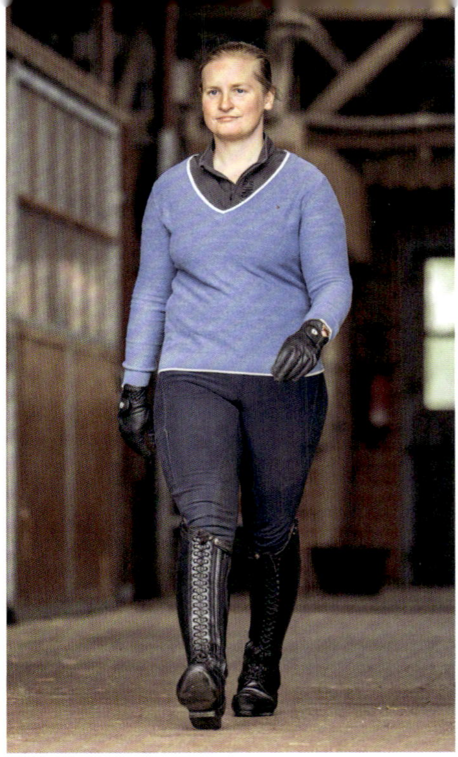

Diagonale Bewegung der Arme und Beine: Natürlicher Gang.

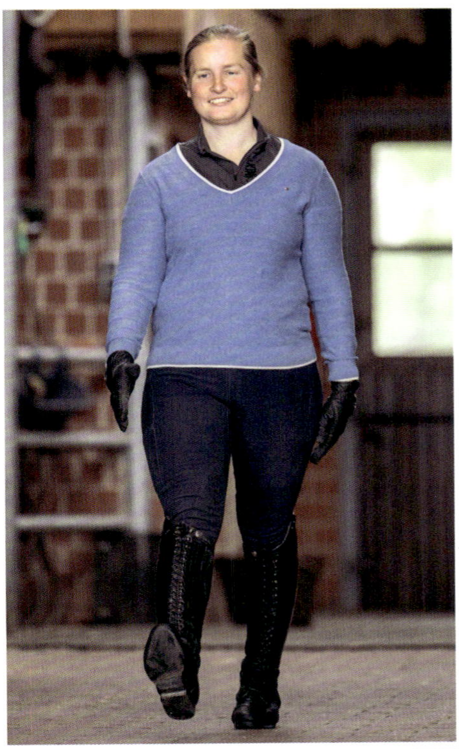

Gleichseitige Bewegung der Arme und Beine: Passgang.

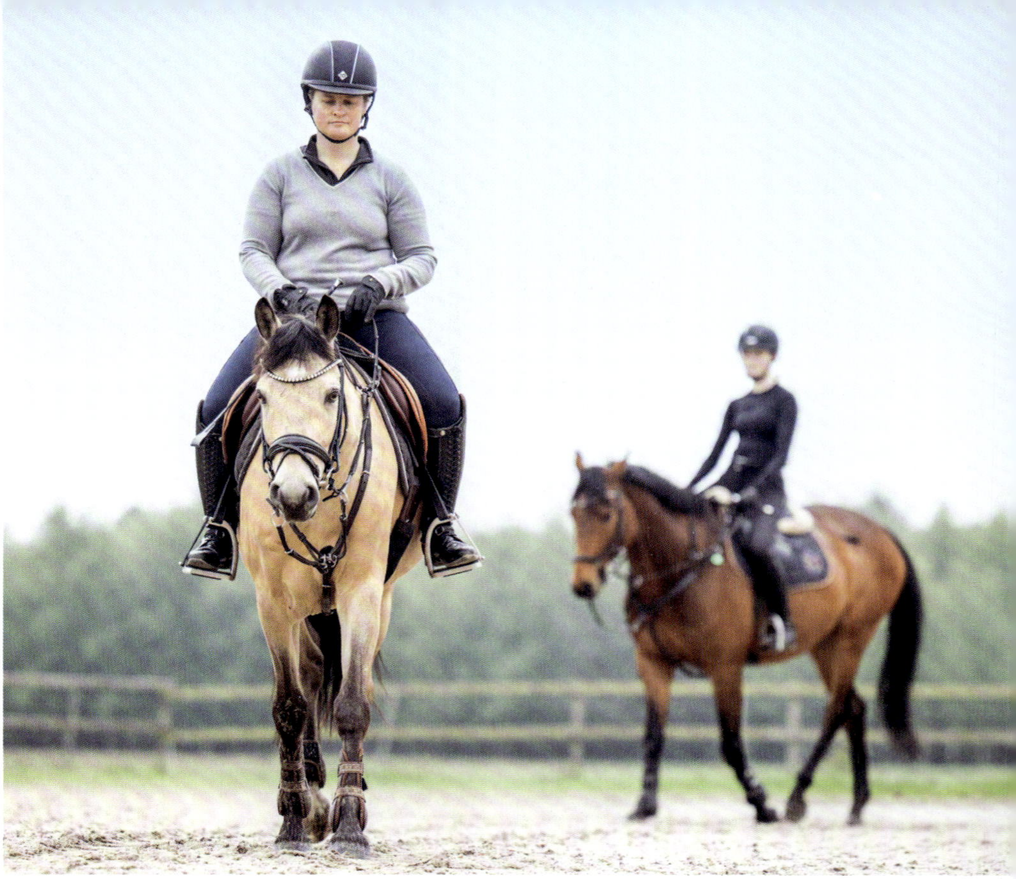

Pause für Mensch und Pferd

dass für das Pferd optimale Tempo zu finden, dem sich der Reiter zunächst anpassen muss. Man bedenke, dass die große Masse immer die kleine bewegt. Erst dann muss der Reiter versuchen, einen Einklang seiner Bewegungsabfolgen mit denen des Pferdes herzustellen. Je mehr sich der Reiter in das Tempo des Pferdes integrieren kann, desto qualitativ wertvoller sind die Bewegungsabläufe beider.

PAUSEN EINLEGEN

Pausen nach Bewegungsvollzügen sind ebenso wichtig wie die Bewegungsaktion. In der Pause zeichnet das Gehirn den Bewegungsablauf noch einmal nach und das führt dazu, dass die Qualität sich deutlich verbessert. Schnellkräftig nacheinander vollzogene Bewegungen laufen wie „Reflexe" ab. Sie werden aufgrund des hohen Tempos und der fehlenden Pausen nicht bewusst wahrgenommen und können sich dadurch qualitativ nicht verbessern. Eine Verinnerlichung von Bewegungsabläufen und Entwicklung des Bewegungsgefühls kann nur durch Variation der Dynamik erreicht werden.

KÖRPERPOSITIONEN

Bewegungen sollen in unterschiedlichen Haltungen bzw. Positionen vollzogen werden. Reiter können ein differenziertes Bewegungsgefühl entwickeln, wenn sie Bewegungen nicht nur in sich verändernden Geschwindigkeiten, sondern auch in unterschiedlichen Körperhaltungen vollziehen. Je variabler die Übungen ausgeführt werden, desto flexibler agiert/reagiert das Gehirn. Der Reiter gewinnt differenzierte Möglichkeiten, mit sich und auch mit dem Pferd umzugehen. Sein Gehirn wird dafür sensibilisiert, auf unerwartete Veränderungen von Pferd und Situation adäquate Impulse auszulösen. Diese variablen Bewegungsmuster (Bewegungsmuster = Lösungsstrukturen von Bewegungsaufgaben) werden durch entsprechend differenzierte Übungsabläufe im Gehirn vorbereitet und können flexibel abgerufen werden.

BEWEGT WERDEN STATT SICH SELBST BEWEGEN

Beim Bewegungslernen ist das Selbstauslösen der Bewegungen fundamental wichtig, damit der Reiter handlungsfähig wird. Diese Erkenntnis ist durch unterschiedliche bewegungswissenschaftliche Theorien bewiesen worden. Demgegenüber bedeutet bewegt werden, dass Körperteile oder der ganze Körper passiv bleiben, aber von außen bewegt werden. Der Reiter selbst kann Teile seines Körpers mit seinen Händen führen, oder eine außenstehende Person kann diese Stimulierung vornehmen.
Dennoch ist ein Bewegt werden (also ein Führen von Körperteilen durch sich selbst oder den Reitlehrer) in bestimmten Situationen dahingehend notwendig, wenn der Reiter selbst das Bewegungsziel trotz vieler Versuche nicht anzusteuern vermag. Diese Außensteuerung ist dann notwendig, um neue Bewegungsstrukturen zu erwerben oder bereits verfestigte aufzubrechen.
Das Gehirn wird dann für einen Augenblick von außen gelenkt, weil es selbst „den Weg nicht zu finden vermag“. Beim Bewegen der Körperteile des Reiters von außen (u. a. vom Reitlehrer) werden im Gehirn neue neuronale Verbindungen erzeugt, wenn der Reiter nicht in der Lage ist, diese Bewegungen gemäß seines Systems selbst korrekt vollziehen zu können. Diese von außen erzeugten so genannten „Aha-Erlebnisse“ durch bewegungslenkende Ausführungen führen zu neuen Bewegungsqualitäten und erweitern das Repertoire des Reiters. Danach müssen diese neuen Bewegungsstrukturen wieder in das eigene aktiv angesteuerte Bewegungsrepertoire integriert werden.

KRAFTEINSÄTZE VARIIEREN

Bewegungen sollen mit unterschiedlichen Krafteinsätzen ausgeführt werden. Dadurch werden u. a. Bewegungsbarrieren aufgelöst. Eine kräftemäßige Differenzierung führt zum Auflösen von Verspannungen des Reiters. Dabei werden Übungsvollzüge einmal mit hoher Muskelkraft, danach ganz leicht mit so wenig Kraft wie möglich ausgeführt.

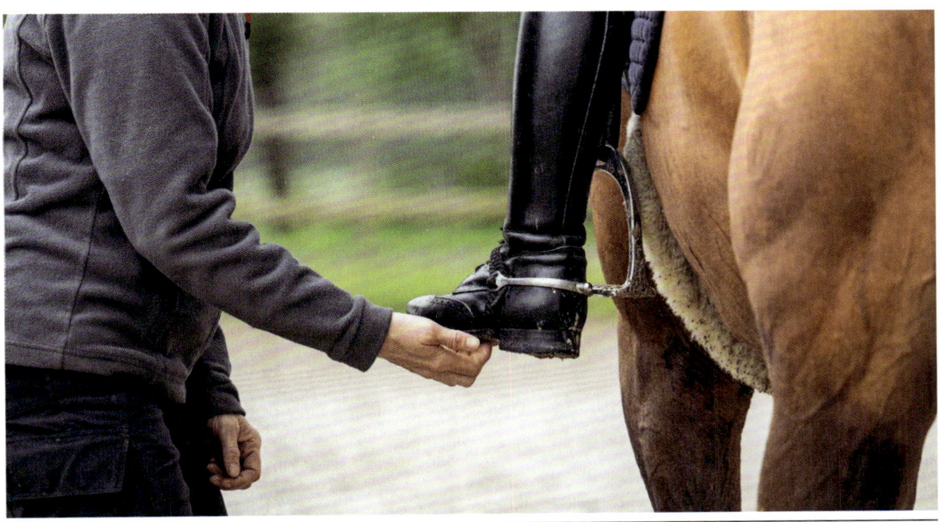

Sensibilisierung des Reiters durch Abklopfen der Fußsohle.

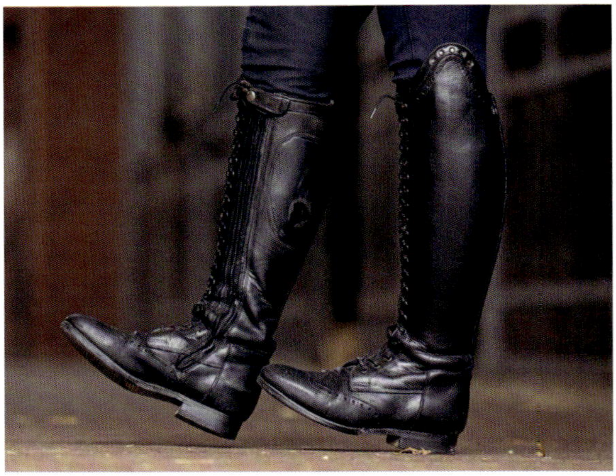

Variables Gehen fördert das Gleichgewicht und mobilisiert die Hüftgelenke.

Durch die differenzierten Krafteinsätze spürt der Reiter seine möglichen Verspannungen und sensibilisiert sich, seine Muskulatur feiner und variabler einzusetzen. Somit erhöht er insgesamt seine Wahrnehmungsfähigkeit. Es gilt: Wenn zu viel Kraft eingesetzt wird, ist Fühlen nicht mehr möglich.

GLEICHGEWICHT DIFFERENZIERT ANREGEN

Das Gleichgewicht kann durch Reize an das vestibuläre System im Innenohr (Sacculus, Utriculus, Bogengänge) und variable Bewegungsaufgaben an die Propriorezeptoren (Rezeptoren an den Muskeln, Sehnen und Gelenken) gefördert werden.
Der Reiter ist dabei in unterschiedliche Ungleichgewichtssituationen z. B. auf einem Sitz- oder Gleichgewichtskissen, Sitzball oder den Franklin-Bällen zu versetzen. Gleichgewichtsaufgaben sollten ständig differenziert und bezüglich ihrer Ansprüche an das Gleichgewicht erhöht werden. Reiter verbessern ihre Gleichgewichtsfähigkeit durch das ständige Verändern der Ungleichsituationen. Außerdem erhöht sich auch die Sensibilität der anderen Sinne.

SINNESDIFFERENZIERUNG UND AUSSCHLIESSEN EINES SINNES

Bei Bewegungsübungen sollten von Zeit zu Zeit die Augen geschlossen werden, weil bei Gleichgewichtsübungen – nämlich die Augen – eine dominierende Kontrolle übernehmen. Bei ständig geöffneten Augen kann die Innensicht (das „innere Auge“ – das Bewegungsgefühl) nicht in höchstem Maße sensibilisiert werden.
Auch die Orientierung z. B. über das Ohr kann der Reiter durch Stöpsel verringern, um feiner in sich hineinhorchen zu lernen. Durch Ausschluss von Informationen über die so genannten äußeren Sinne (Augen und Ohren) werden die Sinnesempfindungen mehr vom Inneren (kinästhetischer Analysator – Muskelsinn/Bewegungsgefühl) des Reiters geleitet. Somit erhöht er seine Wahrnehmungsfähigkeit, betrachtet sich vermehrt von innen und schult auf diese Weise sein inneres Auge (seine Innensicht).

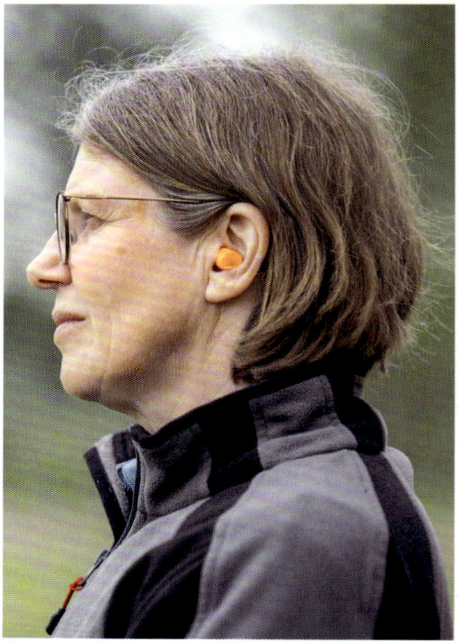

Ausschalten des Hörsinns durch Ohrstöpsel.

DAS NEUE 6-PUNKTE-PROGRAMM

— *Eigenwahrnehmung und Körperübungen*

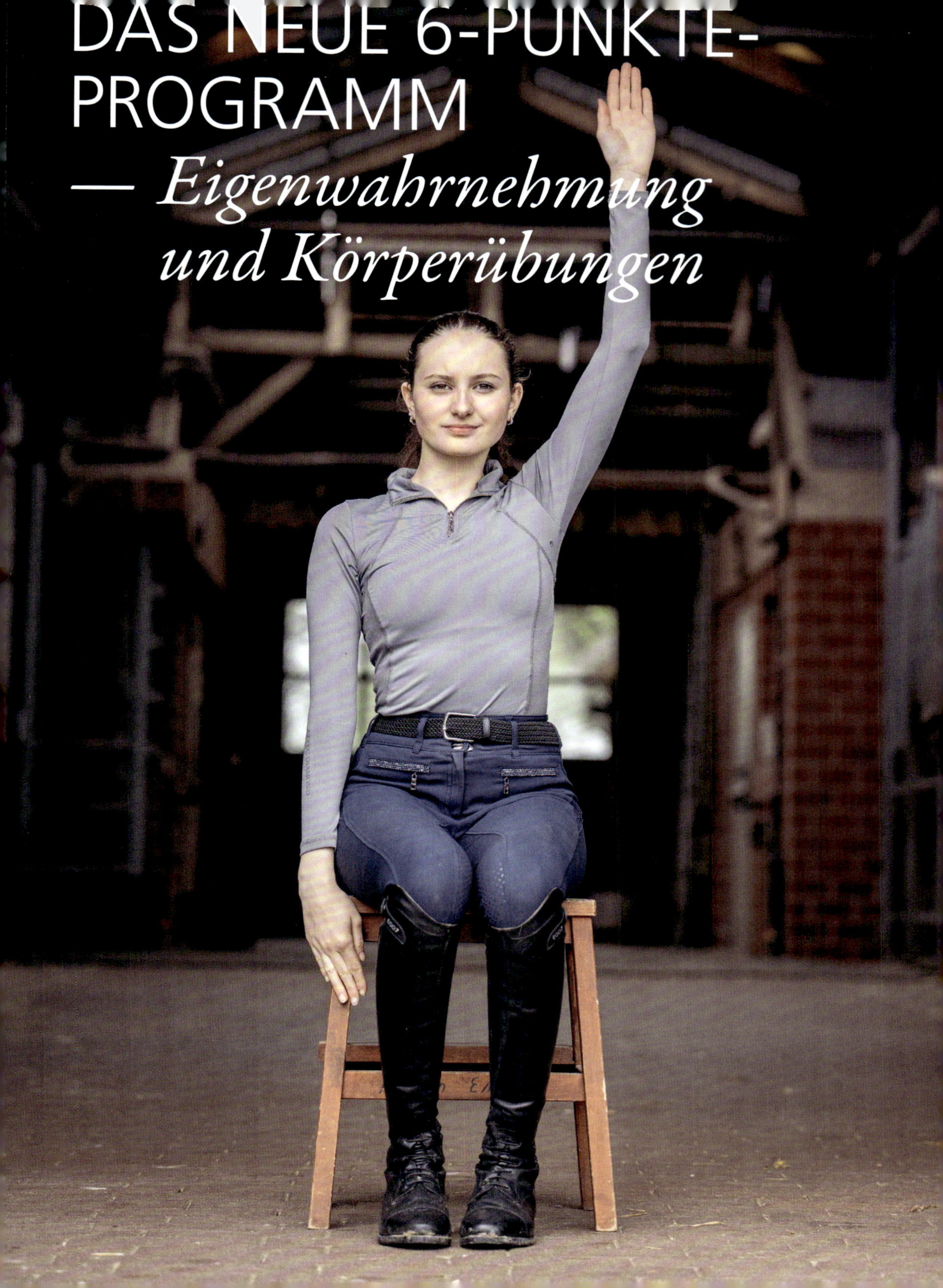

DIE AUSWEITUNG DES 6-PUNKTE-PROGRAMMS

In diesem Kapitel wird das 6-Punkte-Programm mit Eigenwahrnehmungs- und Körperübungen vorgestellt, die neben der Verbesserung der reiterlichen Fähigkeiten auch den Dialog mit dem Pferd positiv verändern.

REITEN ALS PERSÖNLICHER DIALOG MIT DEM PFERD

Jeder Reiter bewegt sich anders auf dem Pferd, so wie sich auch jedes Pferd anders bewegt. Leider wird diese Erkenntnis in der Reiterei beim Lehren zu wenig umgesetzt. Der Reiter wird zu stark in eine Form gepresst, und auch das Pferd wird seitens Gebäude und Bewegungsvermögen zu stark idealisiert, also idealtypisch betrachtet, was nicht erfolgsversprechend ist.
Dabei ist zu bedenken, dass jeder Mensch körperlich und geistig-seelisch eine individuelle Person ist, genauso wie auch das Pferd. Bewegungen von Reiter und Pferd müssen bezüglich ihrer Persönlichkeit gesehen werden. Reiter- und Pferdebewegungen sind also stets individuelles und nicht standardisiertes Verhalten. Aus der dialogischen Sicht geht es beim Reiten immer um eine Reiter-Pferd-Umwelt-Beziehung.

DAS NEUE 6-PUNKTE-PROGRAMM

Versteht man Reiten als Dialog zwischen Menschen und Pferd, so spielen beide Partner eine gestaltende Rolle zur Interpretation von gemeinsamen Bewegungsabläufen.
Reiten meint in diesem Sinne Erzeugen und Aussenden von Absichten des Reiters über Bewegungen und Verstehen der Reaktionen (Bewegungsantworten) des Pferdes durch den Reiter.
Wenn diese dialogische Grundsituation bewegungstheoretisch gewählt wird, dann muss zu den 6-Punkten des Reiters auch stets das Pferd mit seinen korrespondieren Punkten mitgesehen werden.
Welche Körperbereiche des Reiters einbezogen werden, wie sie miteinander verknüpft sind und welche Abhängigkeiten untereinander bestehen, wird ab Seite 102 entwickelt. Außerdem wird in demselben Augenblick die Korrespondenz mit dem Pferd hergestellt. Diese Konsequenz fehlte bisher in den Darstellungen des 6-Punkte-Programms von Meyners.

NEUE ÜBUNGEN VERBESSERN DEN DIALOG

Das 6-Punkte-Programm mit seinen Übungen (Meyners 2008/1, 2008/2, 2009, 2011, 2016) versuchte, einen Zugang zu Bewegungsproblemen des Reiters herzustellen und sie zu verändern. Der Ausbilder benötigte keine Vielzahl von Funktionsübungen, sondern es genügten wenige, um dem Pferd entgegenkommende Reiterveränderungen zu erzeugen.

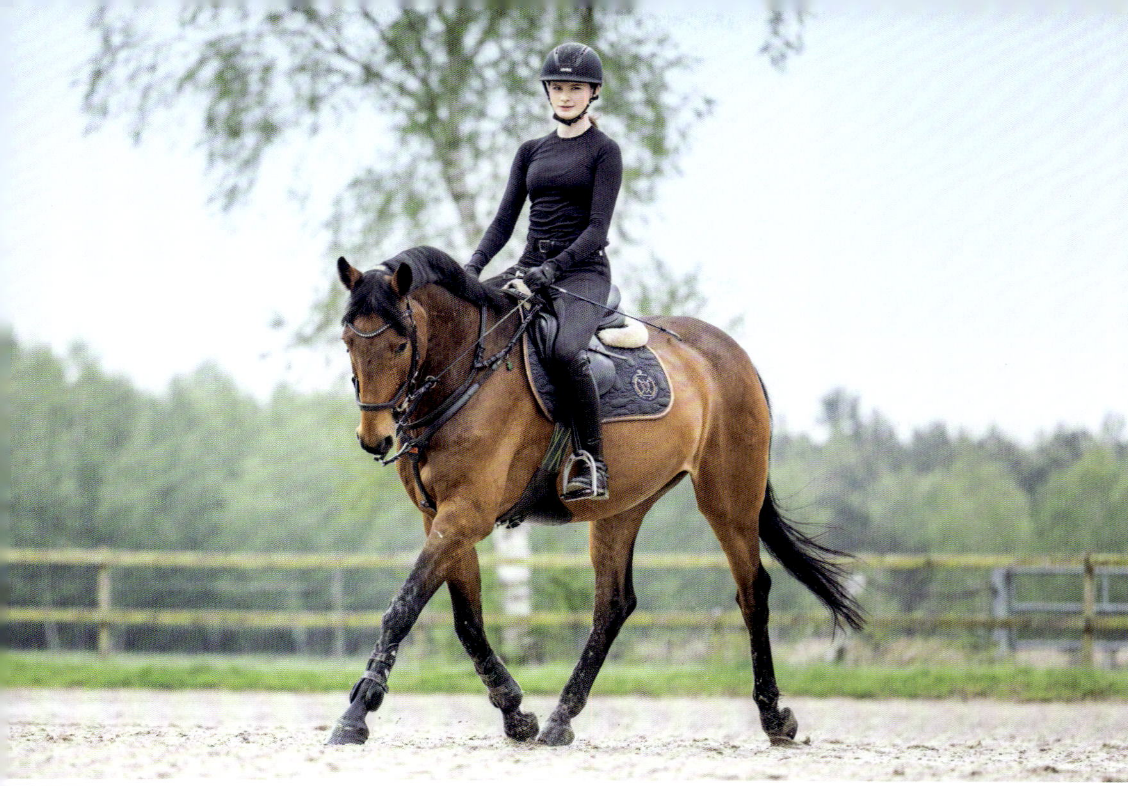

Aus der dialogischen Sicht geht es beim Reiten immer um eine Reiter-Pferd-Umwelt-Beziehung.

Da davon ausgegangen werden konnte, dass ein Reitlehrer nicht ebenso ein Sportlehrer ist, musste das Instrumentarium einfach sein und sogleich zum Erfolg bei dem Reiter (und dem Pferd) führen. Die Übungen mussten an den Hauptfunktionen (auch Schlüsselsequenzen genannt) des Reiters ansetzen, um ihn sofort zentrale Veränderungen seiner eigenen Bewegungen spüren zu lassen. Diese zeichnen sich durch Leichtigkeit der Bewegungsabläufe und durch eine deutlichere Verwobenheit mit dem Pferd aus.
Dieser Erfolg musste aber gleichzeitig beim Pferd sichtbar werden, es sollte sich durch deutlich mehr Harmonie der Pferdebewegungen zeigen. Diese zweite Betrachtungsperspektive – das Pferd – wurde zwar immer mitgedacht, wurde jedoch nicht immer transparent gemacht. Die Bewegungsbetrachtung des Pferdes ist jedoch bei einer dialogischen (funktionellen) Sichtweise von Bewegung miteinzubeziehen und transparent zu machen.

Die funktionelle Betrachtungsweise (vgl. Meyners 2002) geht davon aus, dass der Reiter im Unterricht nicht bewegt wird, sondern sich bewegt. Beim Reiten als Sich-Bewegen geht es um eine Person, die in einer Situation eigenständig etwas tut und damit sinnstiftend wirken möchte, also eine Absicht mit den eigenen Bewegungen in Bezug auf das Pferd in einer spezifischen Reitsituation (Halle, Außenplatz, Wald etc.) verfolgt.

DAS 6-PUNKTE-PROGRAMM UNTERSTÜTZT BEI REITER UND PFERD

- Aufwärmen
- Verbesserung der Körperlandkarte (Wahrnehmung)
- Erhöhung der Durchlässigkeit
- Einsatz von muskulären und faszialen Strukturen
- Hauptfunktionen des menschlichen Systems – Grundstruktur der menschlichen Bewegungsabfolge fürs Reiten
- Sachadäquate Umsetzung der Reitlehre

1. KOPF-, HALS- UND NACKENBEREICH

Der Kopf hat beim Reiten eine wichtige Bedeutung, weil er eine erhöhte Steuerungsfunktion für den ganzen Körper hat. Wenn der Kopf sich funktional in den Kopfgelenken bewegt, folgen ihm reaktiv mehrere Teile des Körpers.

Unter den Kopfgelenken versteht man das Gelenk zwischen Kopf (Occiput) und ersten Halswirbel (Atlas), auch „Ja-Sager-Gelenk“ genannt und das Gelenk zwischen ersten und zweiten Halswirbel (Axis), auch „Nein-Sager-Gelenk“ genannt.

Das Wort Verwobenheit bedeutet, dass alles miteinander verbunden ist. Wenn man bei einem Netz an einem Faden zieht, bewegen sich alle anderen Fäden mit. Dies gilt auch für deinen Körper.

Die Zehengrundgelenke (Gelenke zwischen Mittelfußknochen und Zehen) sind mit den Kopfgelenken verwoben. Bewege deinen Kopf nach links und rechts entweder mit lockeren Zehen oder mit Zehen, die sich am Boden festkrallen. Wann kannst du deinen Kopf leichter bewegen?

Gemäß Reitlehre sollte die korrekte Position des Steigbügels an der breitesten Stelle des Fußes sein. Nur so können die Zehen beim Reiten locker und beweglich sein.

Durch die Verwobenheit sind die Kopfgelenke dann in der Lage, sich entsprechend der Bewegung des Pferdes mitzubewegen. Dies ermöglicht einen Bewegungsfluss des Pferdes durch den gesamten Körper des Reiters.

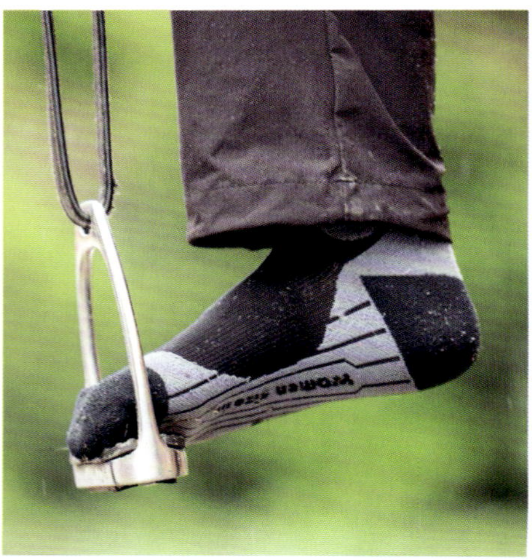

Verkrampfte Zehen blockieren die Kopfgelenke.

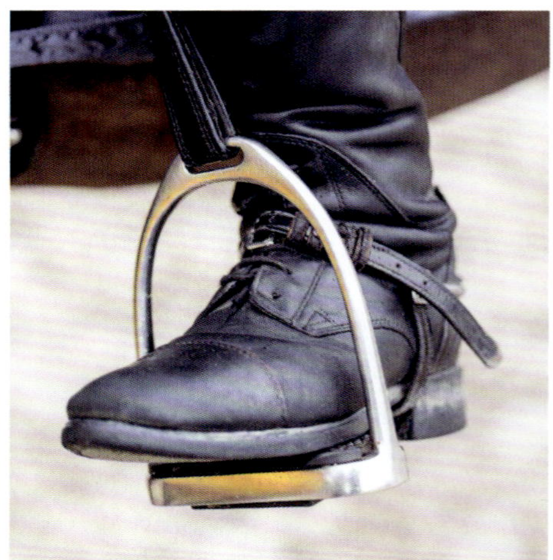

Steigbügel an der breitesten Stelle des Fußes.

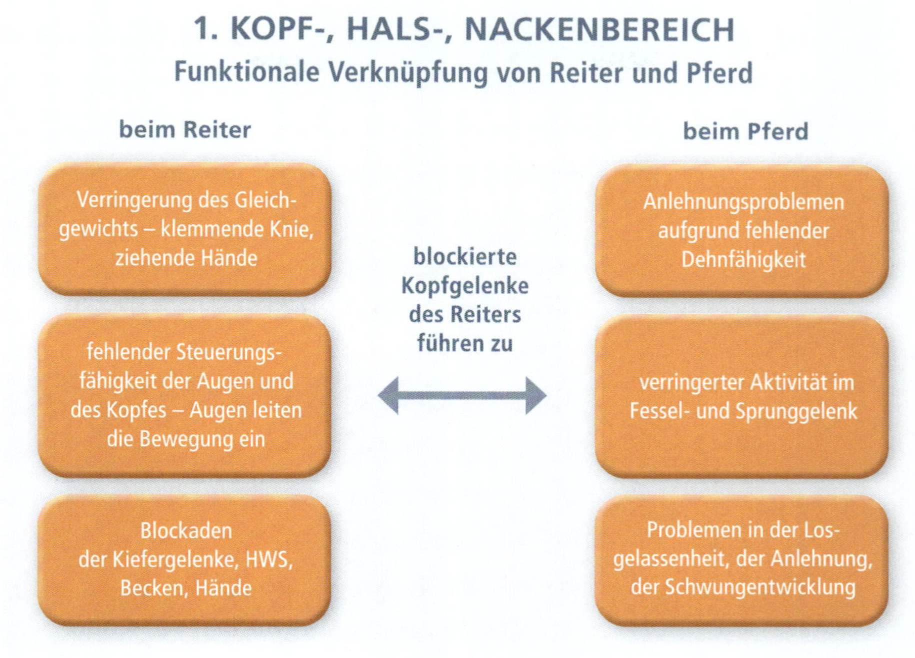

FUNKTIONALE ZUSAMMENHÄNGE BEI REITER UND PFERD

Es gilt, sowohl für den Reiter als auch für das Pferd, eine funktionale und keine formelle Kopf-Hals-Position zu finden. Funktional heißt nicht „halten“, sondern balancieren und leichtes Zulassen der Bewegung. „Formell“ heißt Herstellen einer Form durch Halten.
Daher ist es wichtig, die Bewegung des Pferdekopfes bei der Zügelführung zuzulassen, denn freie Kopfgelenke führen zu freien Kiefergelenken und zur Freiheit aller anderen Gelenke des Körpers (Barral 2014). Beim Reiter ermöglicht eine funktionale Kopf-Hals-Position auch das Funktionieren des vestibulären Systems (Gleichgewichtssystems). Es gilt, die Verwobenheit der Halswirbelsäule mit der Lendenwirbelsäule zu beachten, denn oft führt ein falsch verstandenes „Kopf hoch“ beim Reiter zu einem Hohlkreuz und verringerter Beweglichkeit des Beckens. Ein falsch verstandenes Beizäumen des Pferdes bewirkt einen festgehaltenen Rücken.

WAHRNEHMUNGSÜBUNGEN

Standübung: Stelle dich am Boden in die Position des leichten Sitzes (halbe Kniebeuge oder auch als Affenstellung bezeichnet). Nimm den Kopf in den Nacken. Welche Auswirkung hat dies auf deine Lendenwirbelsäule?
Wenn du nun im Hohlkreuz stehst, hast du den Kopf über die Bewegung deiner Halswirbelsäule in den Nacken genommen.

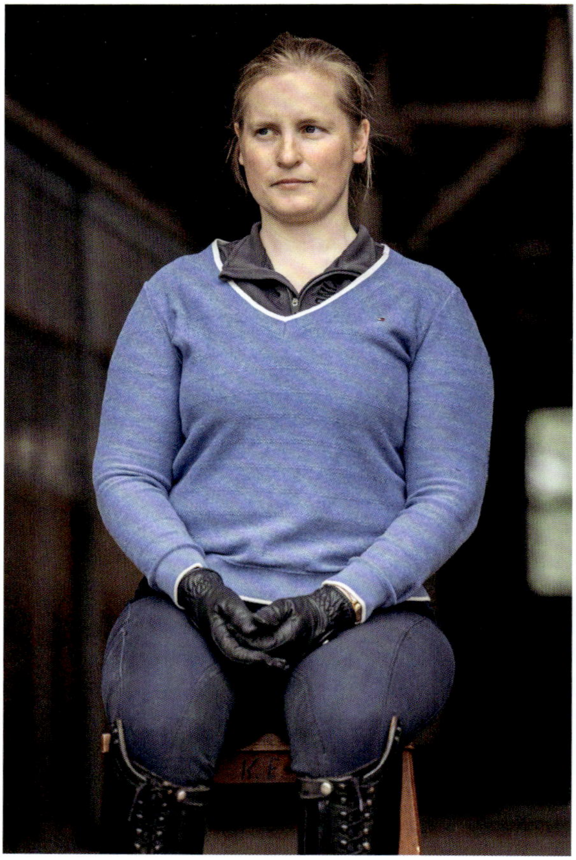

Ausgangsposition Ist-Zustand

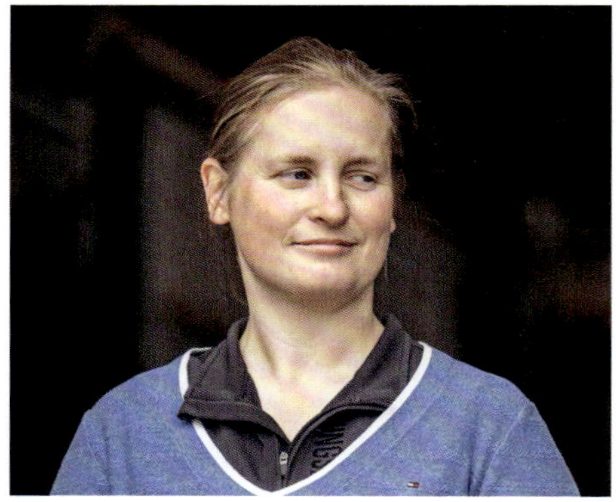

Ist-Zustand: Wie weit kannst du den Kopf nach links bewegen?

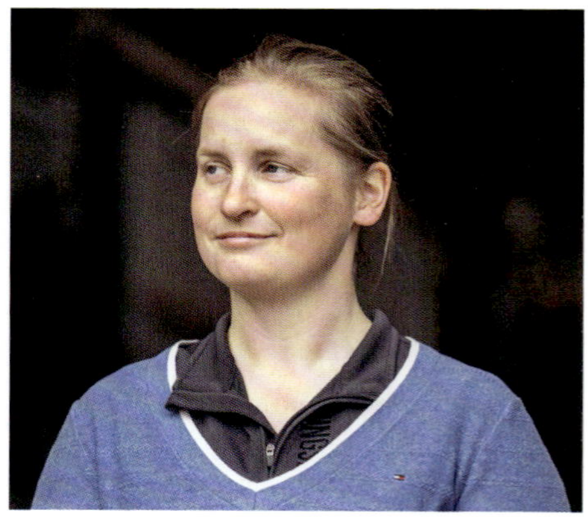

Ist-Zustand: Wie weit kannst du den Kopf nach rechts bewegen?

Wenn du eine isolierte Bewegung des Kopfes nach oben im Kopf-Hals-Übergang (etwa auf Höhe deiner Ohren) gemacht hast, verändert sich deine Rückenform nicht. Probiere das auch auf dem Pferd aus. So vermeidest du ein Hohlkreuz.

Sitzübung: Setze dich auf einen Hocker.

Ist-Zustand: Wie weit kannst du deinen Kopf drehen? Wie weit kannst du sitzend dein Becken links und rechts abwechselnd abheben?

Übung: Schüttle deinen Kopf in unterschiedlichen Positionen.

Vergleich: Wie weit kannst du nach dem Schütteln deinen Kopf drehen? Wie weit kannst du sitzend dein Becken abwechselnd links und rechts abheben?

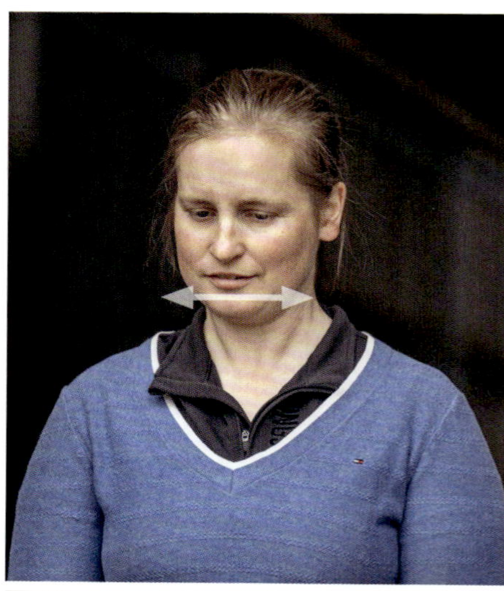

Übung: Kopf schütteln in unterschiedlichen Positionen

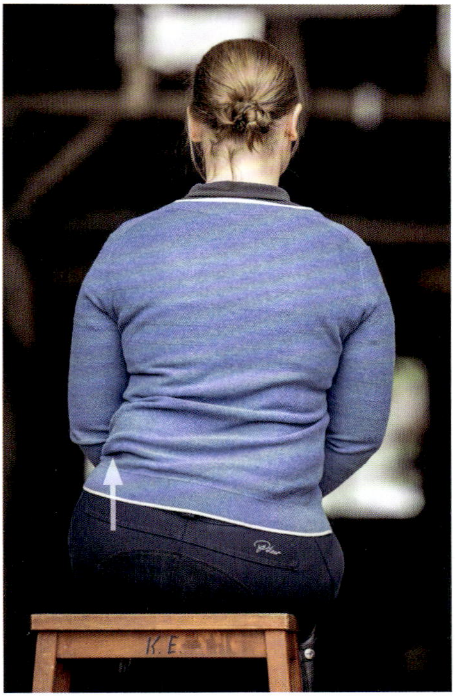

Ist-Zustand: Wie weit kannst du dein Becken links heben?

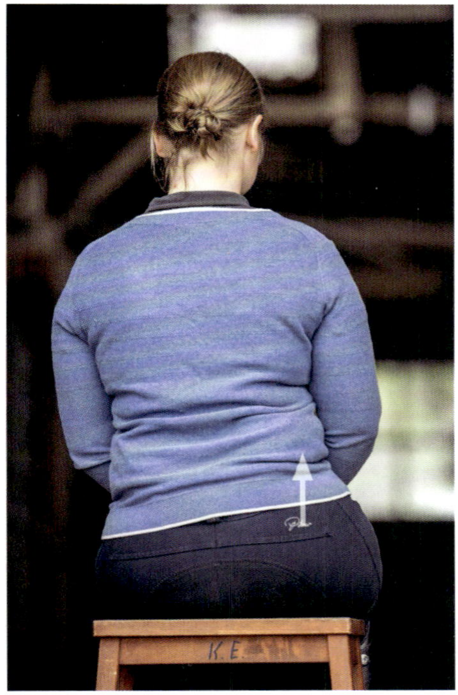

Ist-Zustand: Wie weit kannst du dein Becken rechts heben?

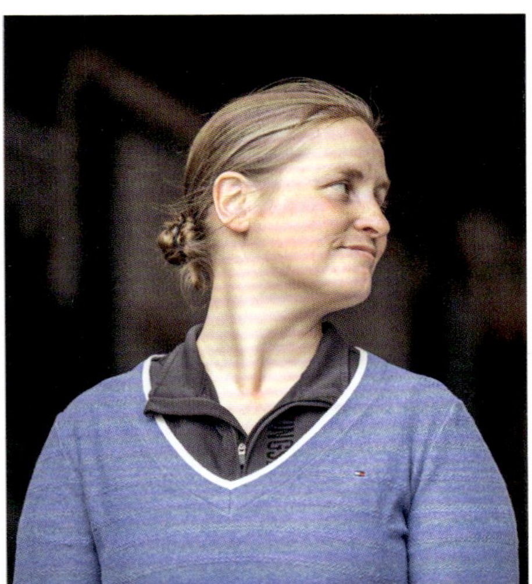

***Vergleich**: Wie weit kannst du nach dem Schütteln deinen Kopf nach links drehen?*

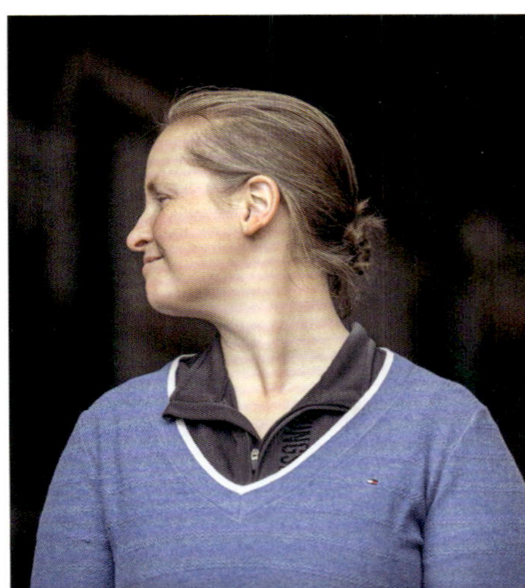

***Vergleich**: Wie weit kannst du nach dem Schütteln deinen Kopf nach rechts drehen?*

2. BRUSTBEIN UND -KORB

Auch der Brustkorb hat eine wichtige Funktion beim Reiten. Eine Beckenbewegung ist nur möglich, wenn eine leichte Beweglichkeit im Brustbein gegeben ist.

FUNKTIONALE ZUSAMMENHÄNGE BEI REITER UND PFERD

Es gibt eine Verwobenheit vom 5. Brustwirbel und Übergang von Lendenwirbelsäule und Kreuzbein (lumbosakraler Übergang). Die Wirbelsäule ist das zentrale Achsenskelett und hat mehrere Funktionen zu erfüllen: Schützen des Rückenmarks, freies Tragen des Kopfes, Stützen des Schultergürtelbereichs und Herstellen der Verbindung zum Beckengürtel. Die Wirbelsäule besteht aus 33 bis 34 Wirbeln, davon sind 12 Brustwirbel. Die Wirbel sind durch kleine Wirbelgelenke rechts und links der Wirbelsäule, durch Zwischenwirbelscheiben

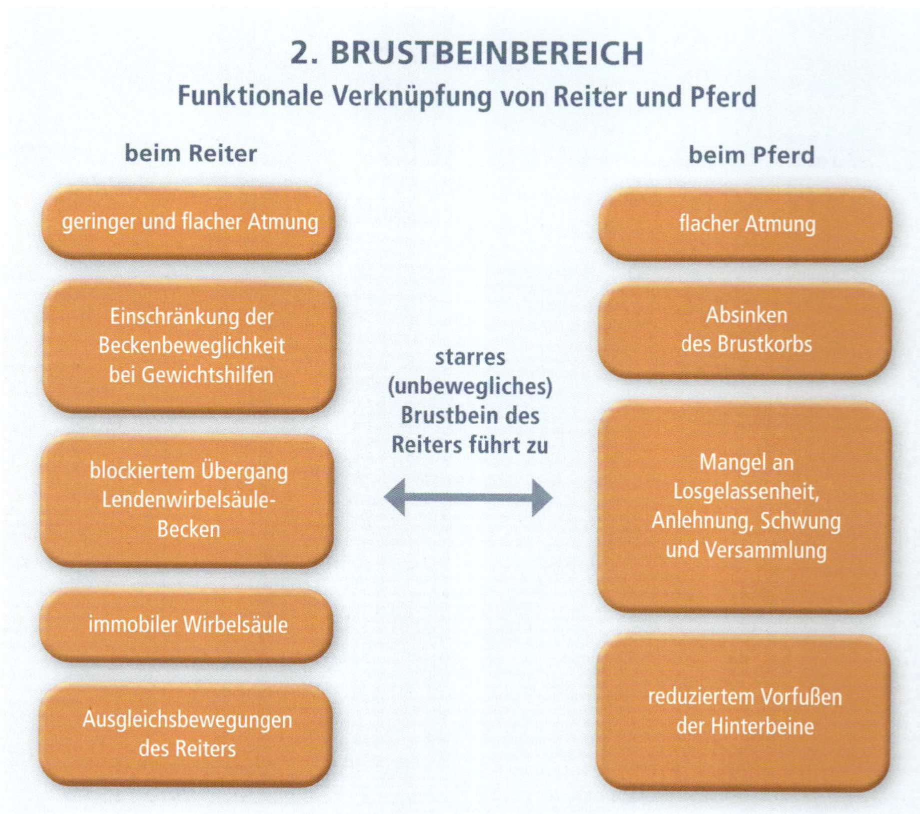

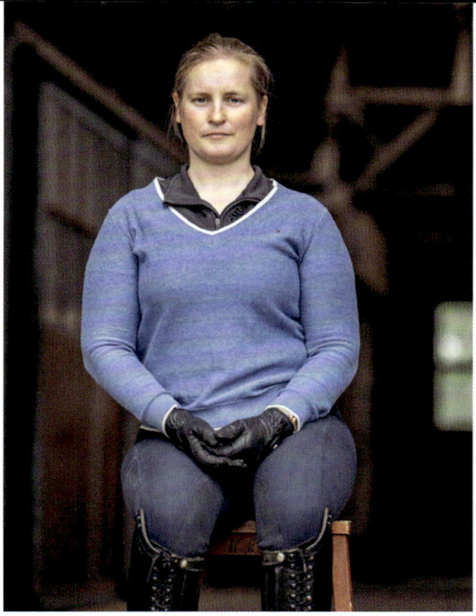

***Ist-Zustand**: Wie weit kannst du sitzend dein Becken rechts abheben?*

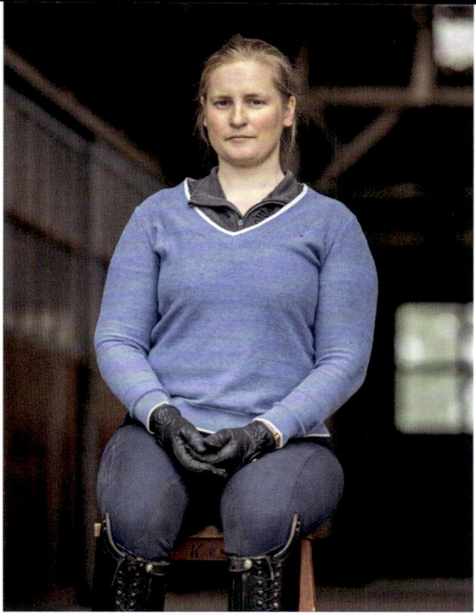

Ist-Zustand: Wie weit kannst du sitzend dein Becken links abheben?

(Bandscheiben) und kräftige Bänder miteinander verbunden.
Schultergürtel und Rumpf bilden die obere Extremität. Der Schultergürtel besteht aus dem Schulterblatt, dem Schlüsselbein und dem Brustbein und ist mit dem Rumpf sehr beweglich verbunden. Den Kontakt mit dem Brustkorb bilden eine Muskelschlinge und ein Kugelgelenk. Die Funktionen des Arms bei Greif-, Tast- und Ausdrucksbewegungen benötigen große Bewegungsfreiheiten (Meyners 2016).

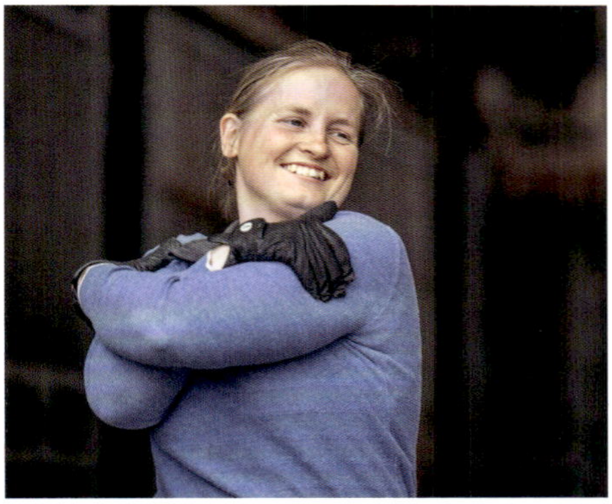

***Übung**: Umarme dich mit beiden Armen selbst und ziehe damit deinen Rumpf entgegengesetzt zur Kopfdrehung.*

WAHRNEHMUNGS-ÜBUNGEN

Ist-Zustand: Bewege dein Becken abwechselnd auf dem Stuhl sitzend auf und ab. Wie weit kannst du sitzend dein Becken links und rechts abwechselnd abheben?
Übung: Umarme dich mit beiden Armen selbst und ziehe mit deinen Armen deinen Rumpf entgegengesetzt zur Kopfdrehung.
Vergleich: Bewege dein Becken nach der Umarmung abwechselnd auf dem Stuhl sitzend auf und ab. Wie weit kannst du nun sitzend dein Becken links und rechts abwechselnd abheben?

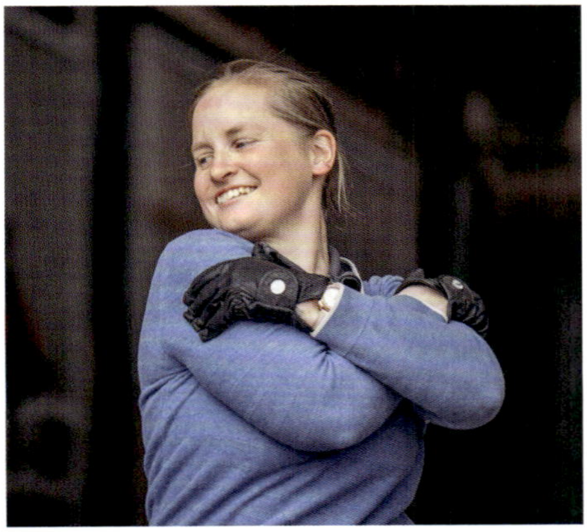

***Übung**: Ziehe mit deinen Armen deinen Rumpf nach links, den Kopf nach rechts.*

3. GOLGI-SYSTEM

Die Golgi-Rezeptoren werden auch Golgi-System oder Golgi-Sehnenapparat genannt und liegen in den Sehnen als Verbindungen zwischen den Muskeln und Knochen und daher in Serie zum Muskel.

Golgi-Rezeptoren liefern Informationen über den Spannungs- und Dehnungszustand der Skelettmuskulatur. Sie befinden sich im faszialen Bereich. Du kannst dir die Golgi-Rezeptoren wie Brückenwächter einer Hängebrücke vorstellen. Wenn die einzelnen Tragseile zu lose oder zu straff gespannt sind, dann kann sich die Hängebrücke nicht mehr korrekt tragen. Daher ist es nötig, die Brückenwächter regelmäßig „aufzuwecken" und an ihre Aufgaben zu erinnern.

FUNKTIONALE ZUSAMMENHÄNGE BEIM REITER

Die Golgi-Rezeptoren haben eine Schutzfunktion bei starken exzentrischen (bremsenden) Bewegungen. Das Aktivieren des Golgi-Systems verbessert die Eigenwahrnehmung des Reiters und daher auch die Wahrnehmung für die Reaktion des Pferdes. Es bringt den Reiter in den optimalen Spannungszustand, um die Bewegung des Pferdes aufzunehmen und wieder abzugeben. **Achtung**: Bei Überstimulierung reduziert sich das Kraftpotenzial des Muskels. Bei notwendigen reaktiven Schutzbewegungen am Pferd führt dies dann zu einer Verlangsamung und Erhöhung des Verletzungsrisikos des Reiters.

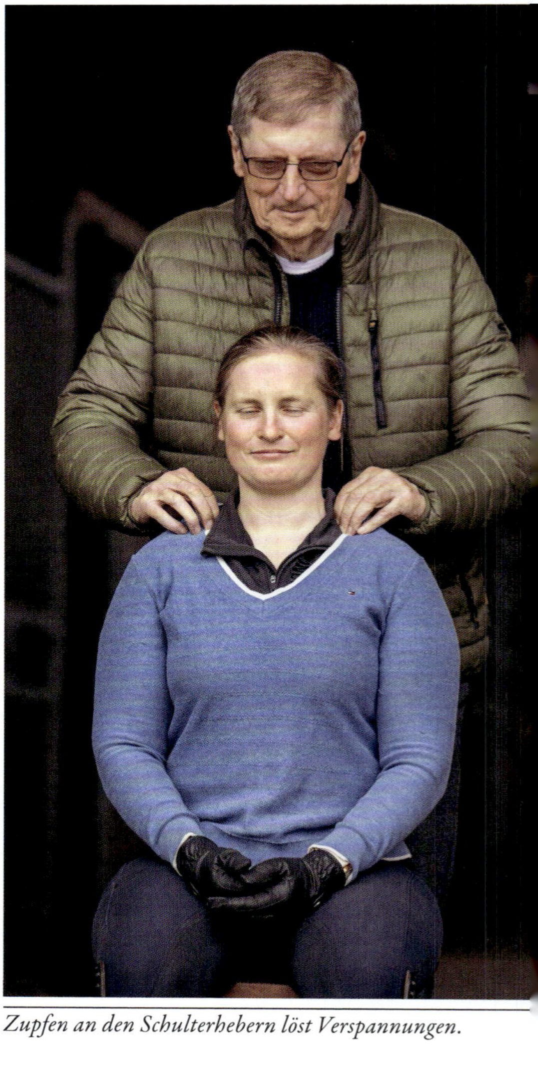

Zupfen an den Schulterhebern löst Verspannungen.

WAHRNEHMUNGS-ÜBUNGEN

Ist-Zustand: Wie weit kann du deinen Kopf drehen?
Übung: Klopfen mit Materialien wie dem Flexbar, Franklin-Bällen etc. des Trapezmuskels, der Pectoralis-Muskulatur (Brustmuskulatur) und des Latissimus-Muskels (Schultervorder- und Schulterrückseite).
Vergleich: Wie weit kannst du deinen Kopf drehen?

Übung: Stimuliere die Kniebeuge-Sehnen: du findest sie in deiner Kniebeuge; die Patella-Sehne: sie ist unterhalb deiner Kniescheibe; die Adduktoren: sie sind auf der Innenseite deiner Oberschenkel und den Hüftbeuger: in deiner Hüftbeuge an einem Bein. Die Hüftbeugersehne findest du, wenn du deine Hand in die Hüftbeuge legst und das Bein anhebst.
Vergleich: Gehe ein paar Schritte. Spürst du Unterschiede zwischen den Beinen? Wie fühlt sich das stimulierte Bein im Unterschied zum „unbehandelten" Bein an?

3. GOLGI-SYSTEM

Funktionale Verknüpfung von Reiter und Pferd

ausgeglichene Spannungsverhältnisse in der Muskulatur des Reiters führen

- zum Mitschwingen des Reiters
- zu einer weichen, gefühlvollen Hand
- zu „losgelassenen" und elastischen Beinen
- zum korrekten und gezielten Treiben
- verhindern ein „Klemmen" der Beine

unausgeglichene Spannungsverhältnisse in der Muskulatur des Reiters führen beim Pferd zu

- fehlender Losgelassenheit, weil der subjektive Rhythmus des Reiters sich nicht dem objektiven Rhythmus des Pferdes anpassen kann
- Anlehnungsproblemen durch zu intensive Handeinwirkung des Reiters
- Taktproblemen durch falsches und unrhythmisches Treiben
- fehlender Geraderichtung
- fehlender Schwungentwicklung durch weniger elastischen Reiter

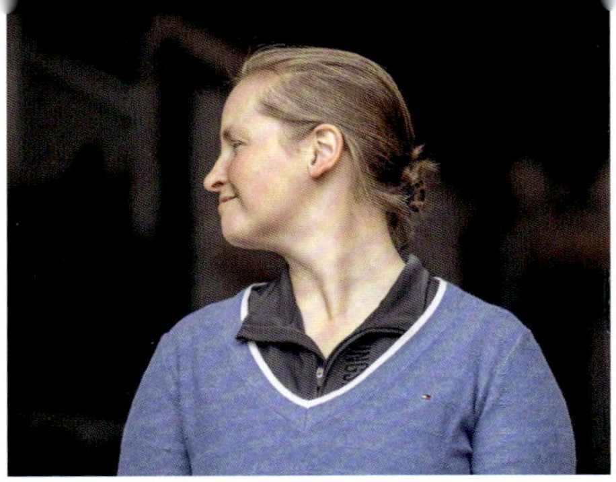

Ist-Zustand: *Wie weit kann du deinen Kopf drehen?*

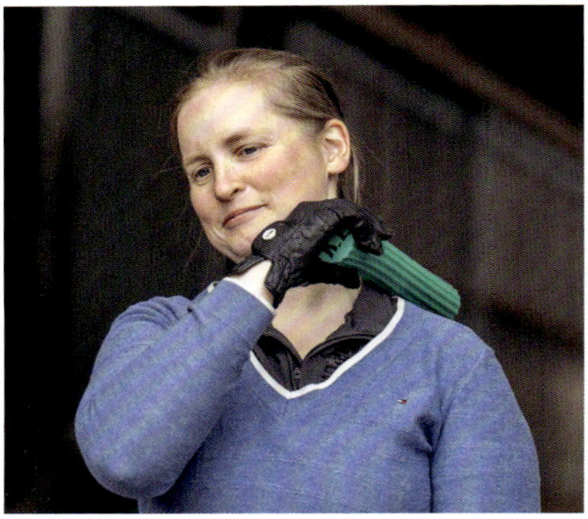

Muskeln abklopfen

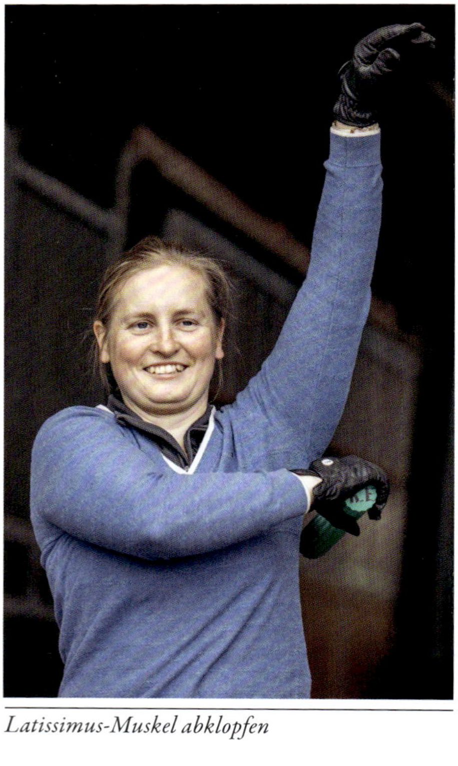

Latissimus-Muskel abklopfen

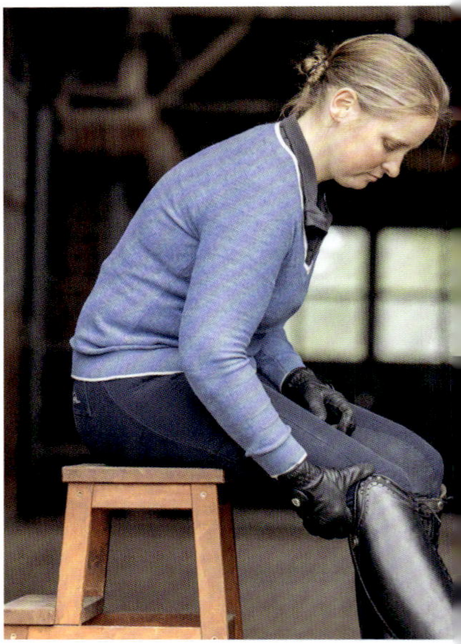

Kniebeuge zupfen

Daher ist es nötig, die Brückenwächter regelmäßig aufzuwecken und an ihre Aufgaben zu erinnern. Wie weckt man eine fest schlafende Person – hier deinen Brückenwächter – auf? Durch Zupfen, Klopfen, Rütteln und Schütteln. Genau diese Vorgangsweise wendest du bei deinen Golgi-Rezeptoren an. Wenn du also deinen Muskel in zupfender, klopfender, rüttelnder oder schüttelnder Weise bewegst, aktivierst du deinen Golgi-Sehnenapparat und dadurch wird der Muskel und auch sein Gegenspieler (Antagonist) in den optimalen Spannungszustand gebracht. Deine Hängebrücke wird stabil, sodass es möglich ist, sie zu überqueren. Sie bleibt aber so beweglich, dass der Wind sie nicht zerstören kann. Wenn du deinen Brückenwächter zu lange und intensiv bearbeitest, ist er zwar wach, aber er bekommt zu viel Aufmerksamkeit und vergisst daher, auf die Hängebrücke zu achten. Er kann nur verzögert auf plötzliche Windstöße reagieren und die Hängebrücke kann zu Schaden kommen. Wecke also deinen Brückenwächter so auf, dass er optimal arbeiten kann.

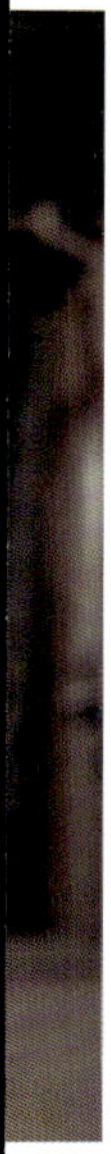

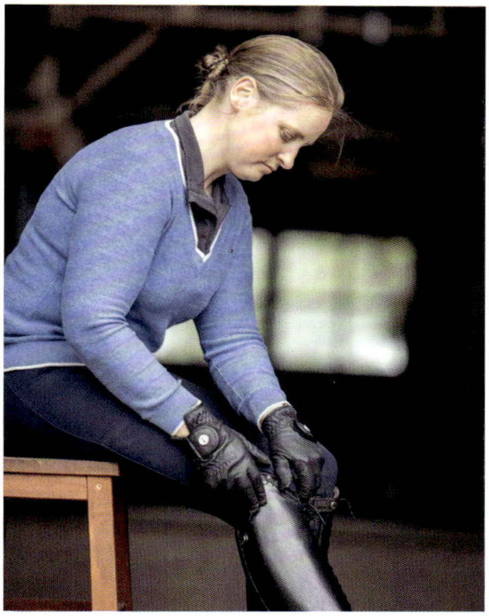

Patella-Sehne zupfen

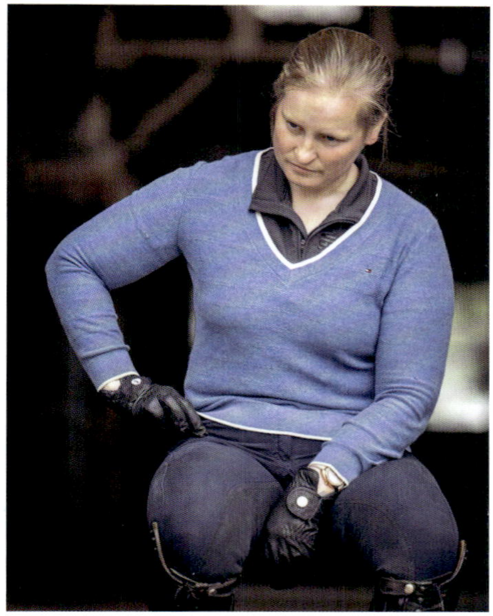

Hüftbeuger zupfen

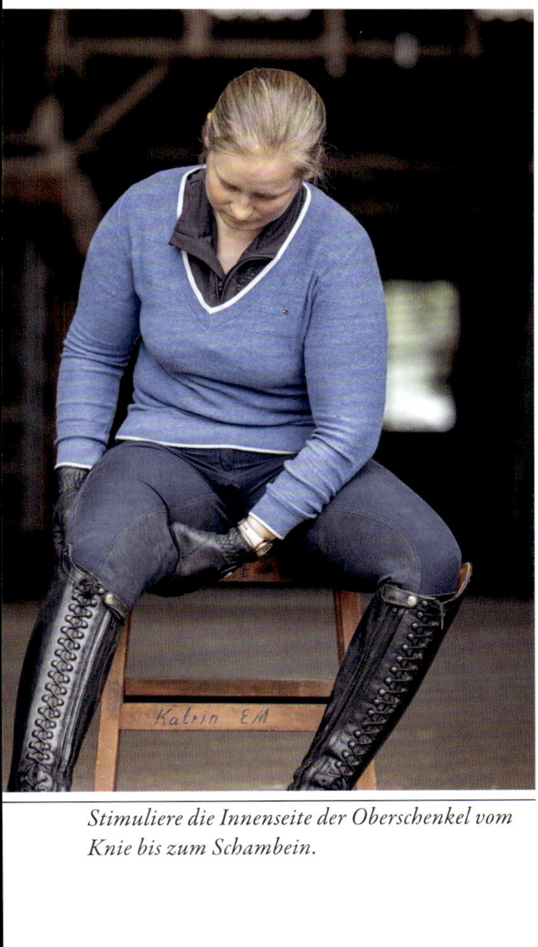

Stimuliere die Innenseite der Oberschenkel vom Knie bis zum Schambein.

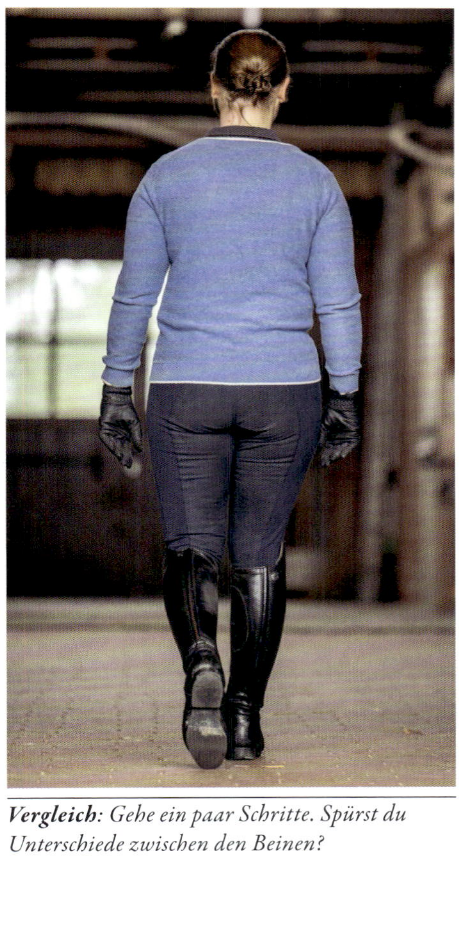

***Vergleich:** Gehe ein paar Schritte. Spürst du Unterschiede zwischen den Beinen?*

4. KREUZDARMBEINGELENK (ISG) UND BEWEGLICHKEIT DES BECKENS

Das Kreuzbein ist ein Teil der Wirbelsäule, das aus fünf zusammengewachsenen Wirbeln besteht. Das Becken besteht aus zwei Beckenhälften.

Die gelenkige Verbindung zwischen Becken und Wirbelsäule wird Kreuzdarmbeingelenk bzw. Iliosakralgelenk (ISG) genannt. Beim Reiten ist das Becken eines der wichtigsten Kommunikationsmittel für den Dialog zwischen Reiter und Pferd. Nur ein freies und bewegliches ISG des Reiters ermöglicht das Folgen und Beeinflussen der dreidimensionalen Bewegung des Pferderückens, was sich positiv auf die Reiterbewegung auswirkt.

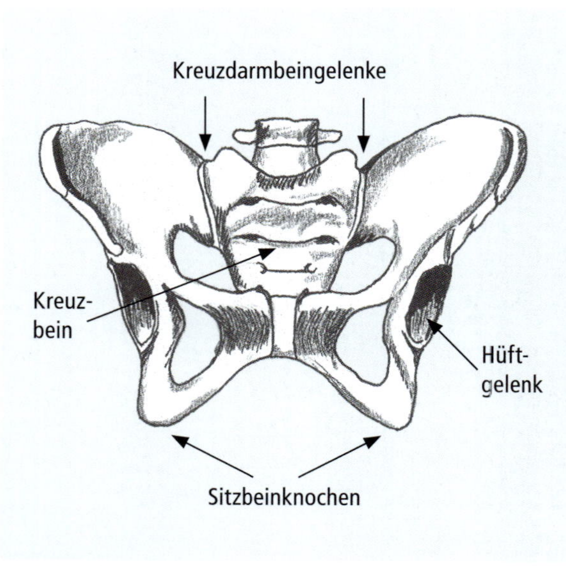

FUNKTIONALE ZUSAMMENHÄNGE BEIM REITER

Das Kreuzdarmbeingelenk ist mit dem Kiefergelenk verwoben. Daher führt „verbissenes“ Reiten zu einer verringerten Beweglichkeit deines Beckens und verringert die Möglichkeit, deinem Pferd in seiner dreidimensionalen Bewegung zu folgen und darauf einzuwirken.

WAHRNEHMUNGSÜBUNGEN

Ist-Zustand: Hebe dein Becken im Sitzen wechselseitig an.
Vergleich: Beiße deine Zähne zusammen. Kann sich dein Becken immer noch gleich hoch wechselseitig anheben und senken?
Übung: Lege dich in Rückenlage mit gebeugten Beinen auf den Boden und drehe deinen Kopf gegen deine Beine in unterschiedlichen Positionen der Beine (überschlagen, Knöchel auf das andere Knie).
Vergleich: Hebe dein Becken im Sitzen wechselseitig an. Kann sich dein Becken nun leichter wechselseitig anheben und senken?

4. KREUZDARMBEINGELENK (ISG)

Funktionale Verknüpfung von Reiter und Pferd

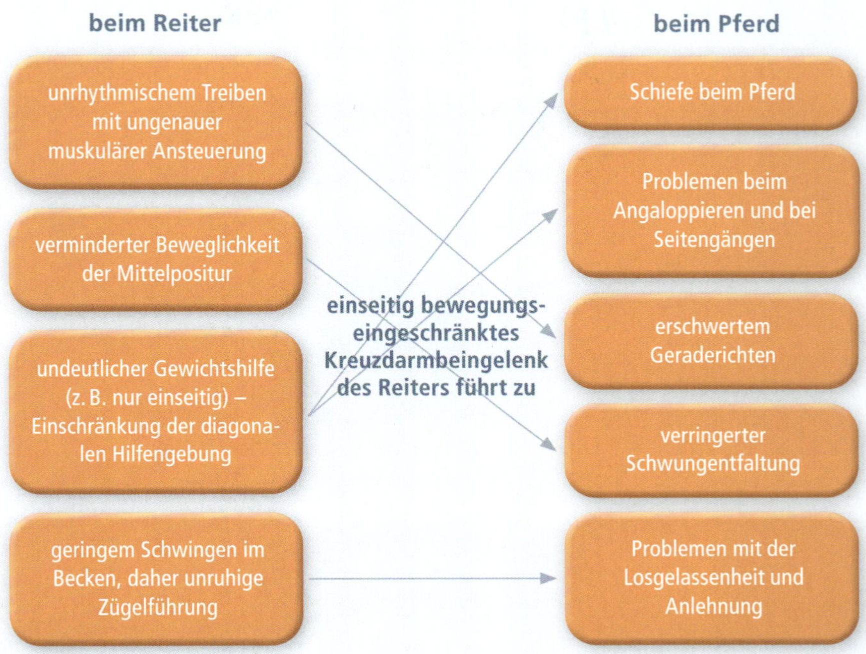

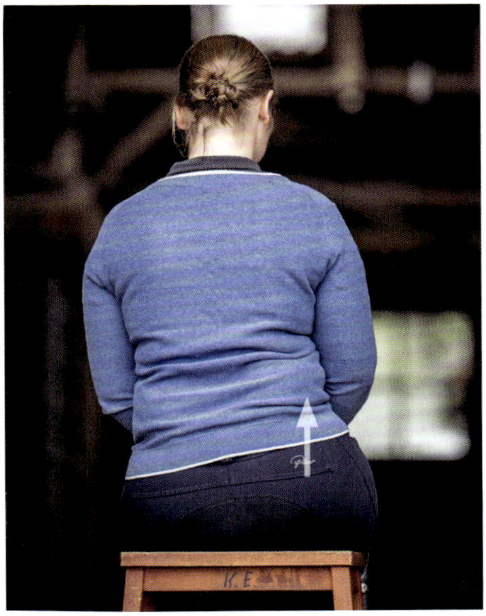

Hebe dein Becken rechts an. Wie hoch kannst du es anheben?

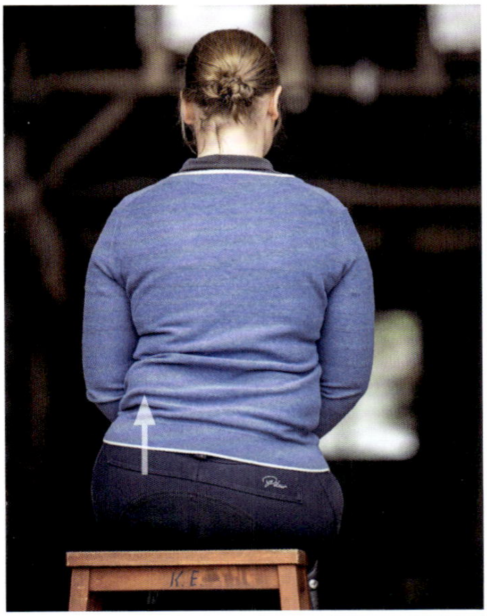

Hebe dein Becken links an. Wie hoch kannst du es anheben?

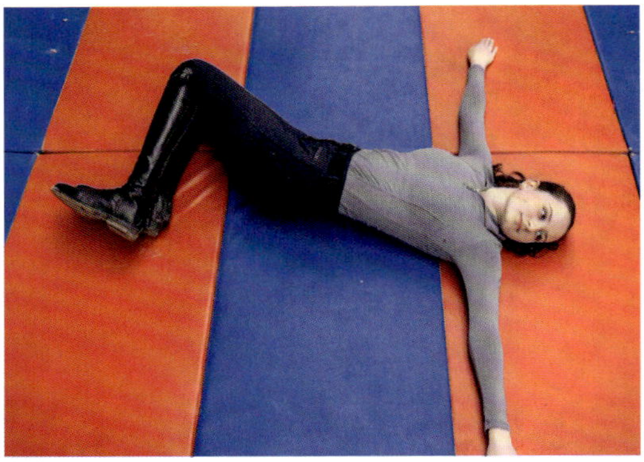

Knie nach rechts, Kopf nach links.

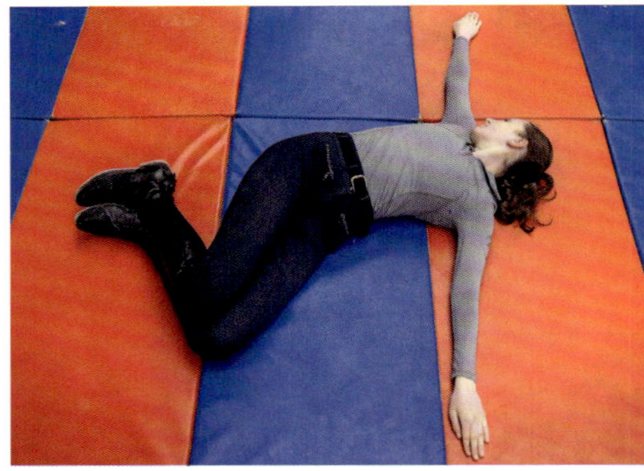

Knie nach links, Kopf nach rechts.

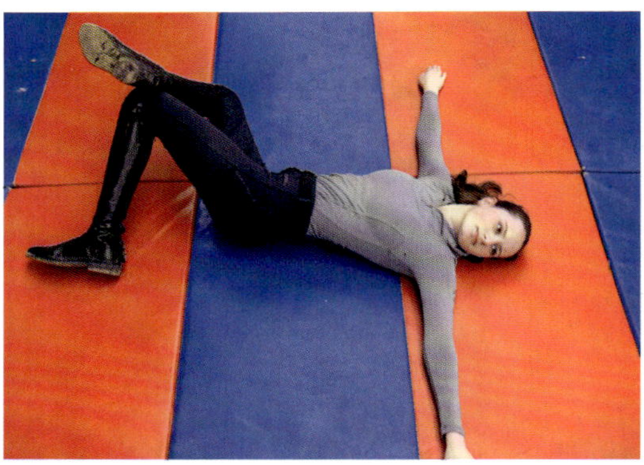

Knöchel auf linkes Knie, nach rechts ablegen.

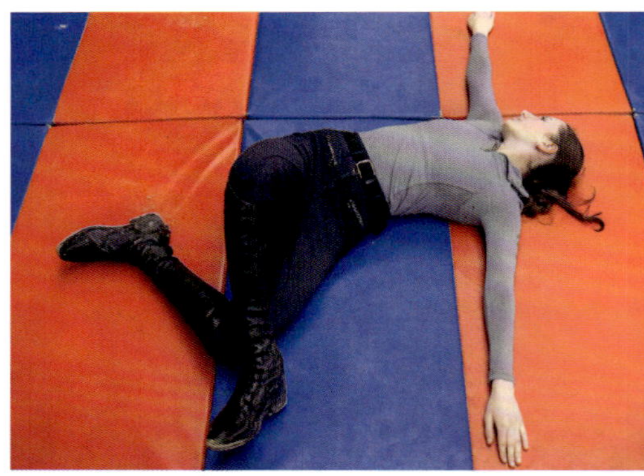

Knöchel auf linkes Knie, nach links ablegen.

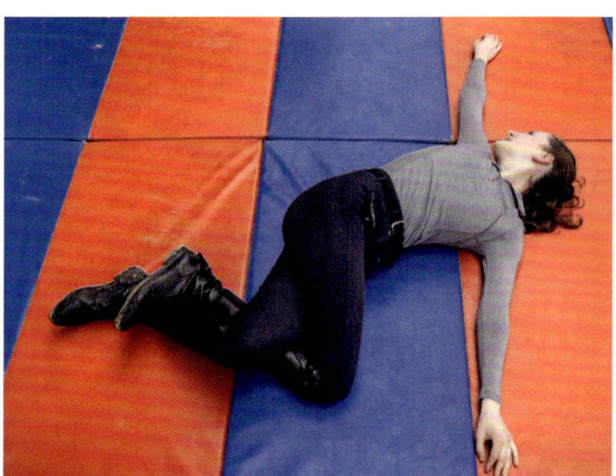

Übergeschlagene Beine nach links …

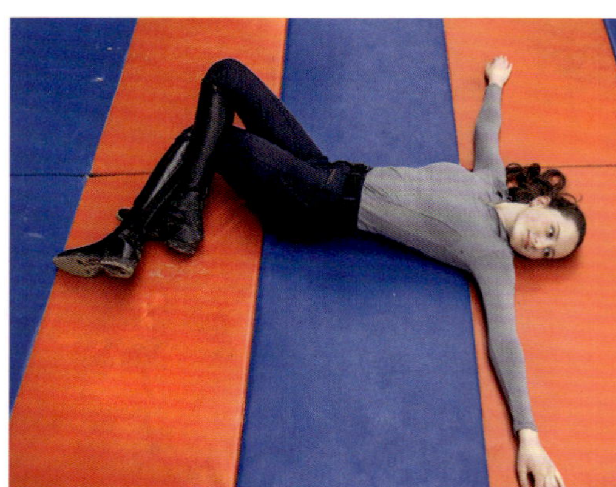

… und auch nach rechts ablegen.

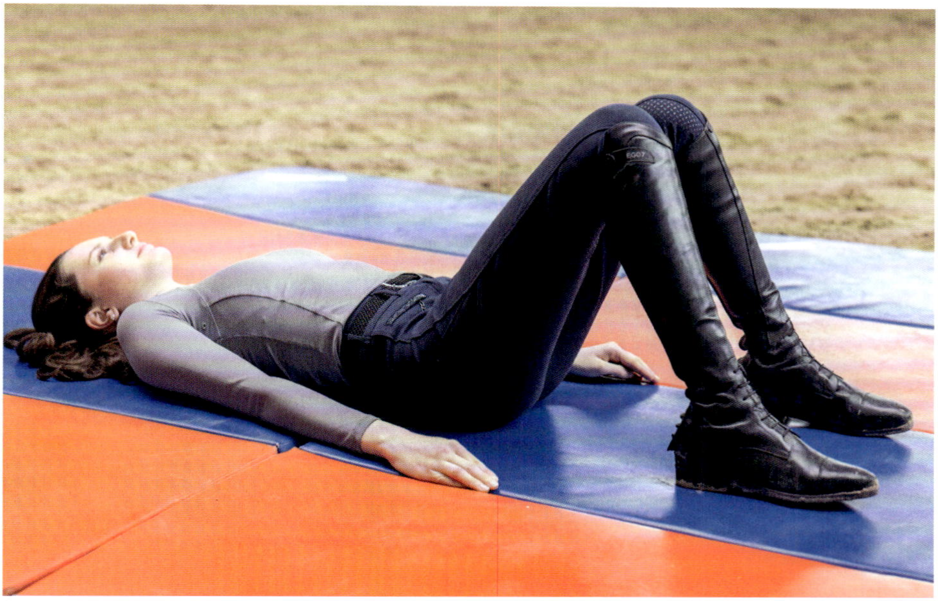

01

BEWEGLICHKEIT DES BECKENS

Für den Einsatz der Gewichtshilfe ist es wichtig, dass der Reiter ein bewegliches Becken hat, das er gut ansteuern kann.

Übung: Lege dich in Rückenlage mit aufgestellten Beinen auf die Matte. Stelle dir vor, dass aus den Sitzbeinknochen „Laserstrahlen“ kommen, die dem Zifferblatt der Uhr folgen. Bewege dein Becken zuerst in Variationen in alle Richtungen, in der Weite und in der Geschwindigkeit, um die Beweglichkeit des Beckens zu erhöhen. Zur Verbesserung der Ansteuerung bewegst du dann dein Becken von 6 Uhr nach 12 Uhr, von 9 Uhr nach 3 Uhr sowie von 6 Uhr nach 2 Uhr bzw. nach 10 Uhr, dies entspricht der einseitigen Gewichtshilfe.

01 Rückenlage: Beine aufstellen

02 Becken bewegen: 6 Uhr zu 12 Uhr, 9 Uhr zu 3 Uhr und 6 Uhr zu 10 Uhr und 2 Uhr

03 Ziffernblatt einer Uhr: Bewegungsrichtungen des Beckens

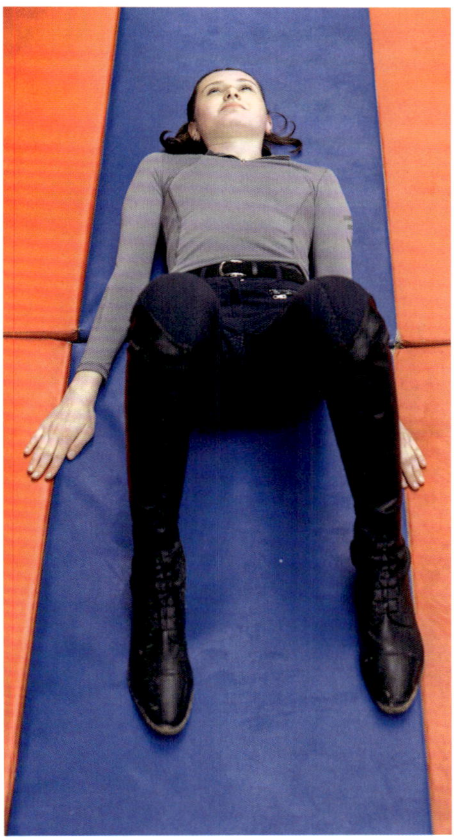

02

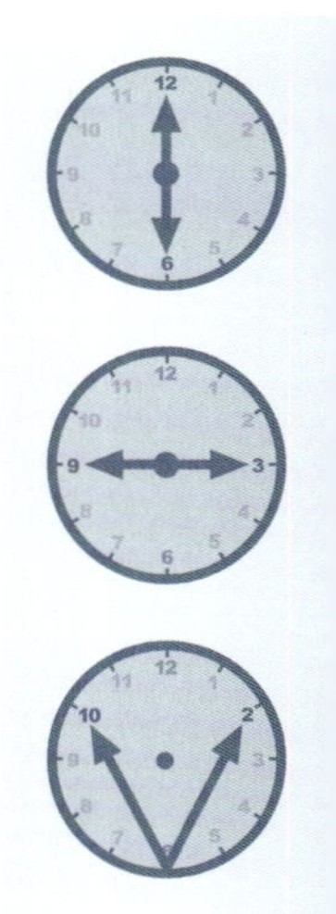

03

5. GROSSE GELENKE

Unter den großen Gelenken versteht man die Hauptgelenke der Extremitäten, also die Arme und Beine des Menschen. Ihre Funktion beim Reiten ist es u.a., die Bewegung des Pferdes aufzunehmen und gemäß der entsprechenden Aufgabe weiterzuleiten.

FUNKTIONALE ZUSAMMENHÄNGE BEIM REITER

Dem Gangbild des Menschen entsprechend gibt es eine diagonale Verwobenheit der Extremitäten der Vordergliedmaßen mit denen der Hintergliedmaßen. Das bedeutet, dass die linke Schulter die rechte Hüfte beeinflusst und umgekehrt. Auch die diagonalen Knie- und Ellbogengelenke sowie Hand- und Fußgelenke beeinflussen sich.

Die Hüftgelenke des Reiters haben eine wichtige zentrale Funktion. Durch das „nicht artgerechte" Leben des Menschen, d.h. viel Sitzen und hauptsächliches Bewegen auf ebenen Untergründen kommt es zu einem mangelhaften Benutzen der Hüftgelenke als Kugelgelenk in ihren natürlichen Bewegungsmöglichkeiten. Dies führt zu einer verringerten Bewegungsamplitude des Hüftgelenks. Somit kann der Reiter sein Reiterbein am Pferd nicht aus dem Hüft-

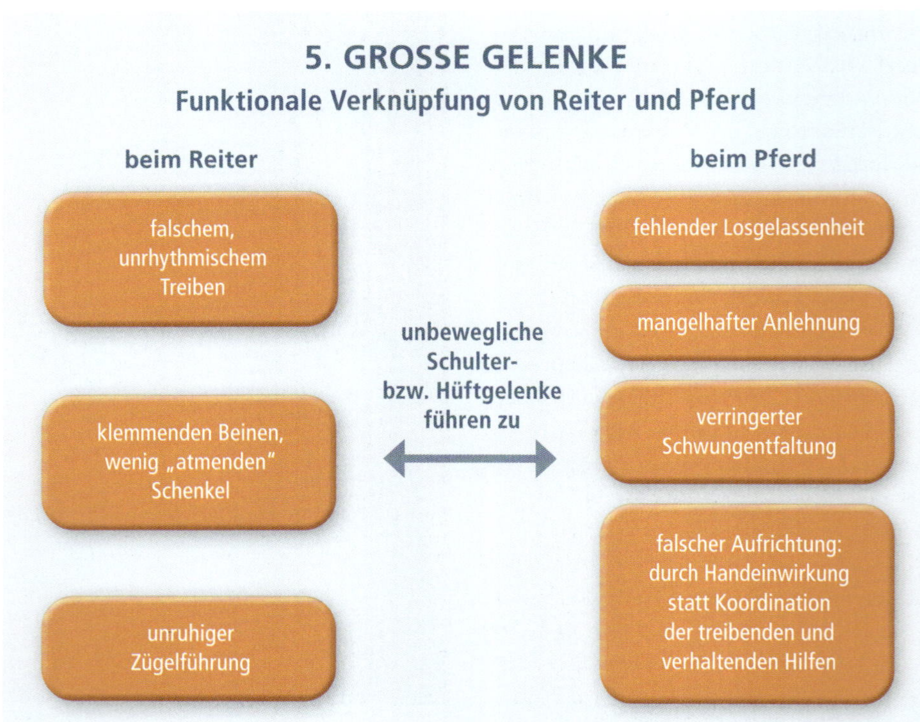

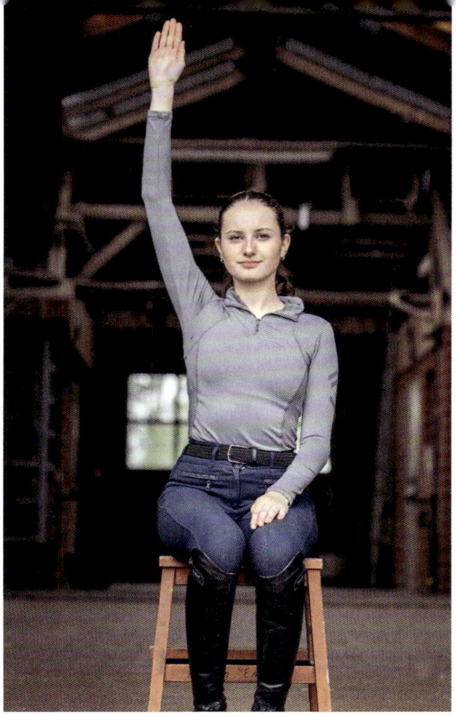

Hebe deine Arme abwechselnd gestreckt nach oben.

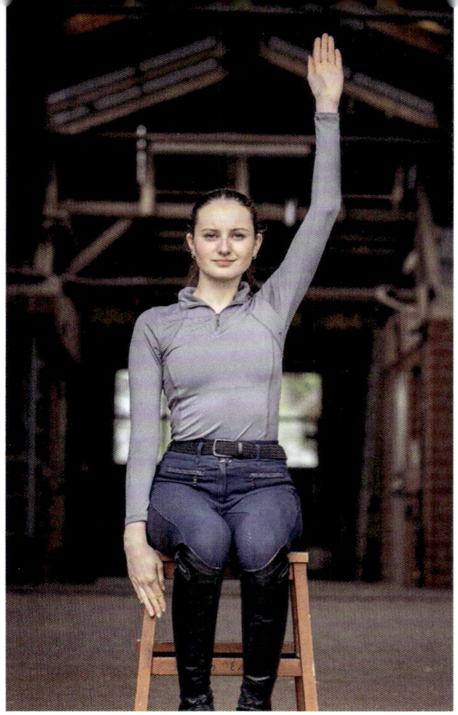

Welcher Arm lässt sich schwerer heben?

gelenk fallen lassen. Der Druck auf den Steigbügeln soll reaktiv durch die Bewegung des Beckens erfolgen. Bei mangelhafter Beweglichkeit des Hüftgelenks wird der Druck jedoch aktiv hergestellt und verhindert dadurch ein Wahrnehmen der Bewegung des Pferdes durch den Reiter. Auch kann ein eingeschränktes Hüftgelenk zu einem klemmenden „Bein" und zu „falschem" Treiben führen.

WAHRNEHMUNGS-ÜBUNGEN

Ist-Zustand: Hebe deine Arme abwechselnd gestreckt nach oben. Wie weit lässt sich der jeweilige Arm heben? Wie schwer fällt die Bewegung? Welcher Arm lässt sich schwerer heben? Wähle bei der Übung das diagonale Bein des schwerer zu hebenden Armes!
Übung: Setze dich auf einen Stuhl. Wenn sich dein linker Arm schwerer heben lässt, nimm jetzt das rechte Bein (und umgekehrt) und lege den Knöchel dieses Beines auf das andere Knie. Nun malst du mit dem Knie kleine Kreise und Achten in die Luft.

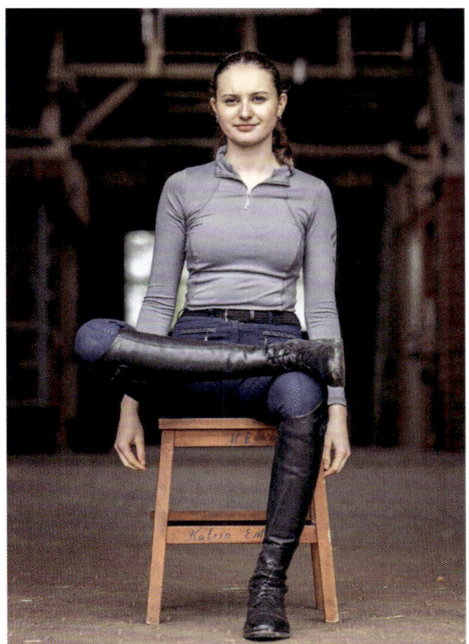

Male mit dem Knie kleine Kreise und Achten in die Luft.

Vergleich: Hebe nur erneut abwechselnd beide Arme. Welche Veränderung nimmst du wahr?

6. KREUZKOORDINATION UND TREIBEN

Wenn der Mensch sich dem natürlichen Gangbild entsprechend bewegt, dann drehen sich der Brustkorb und das Becken gegengleich zu einander. Dies nennt man Verwringen.

FUNKTIONALE ZUSAMMENHÄNGE: KREUZKOORDINATION

Durch die natürliche Rotation der Schulter gegen das Becken „sitzt der Reiter im Pferd“. Das heißt, die Beckenachse des Reiters ist parallel zur Beckenachse des Pferdes und die Schulterachse des Reiters parallel zur Schulterachse des Pferdes, ohne dies gezielt anzusteuern. Der Drehsitz ist reaktiv (automatisch). Das heißt, dass die kreuzkoordinativen Fähigkeiten am Boden geübt werden müssen, damit der Reiter in der Wendung den Drehsitz reaktiv einnehmen kann.

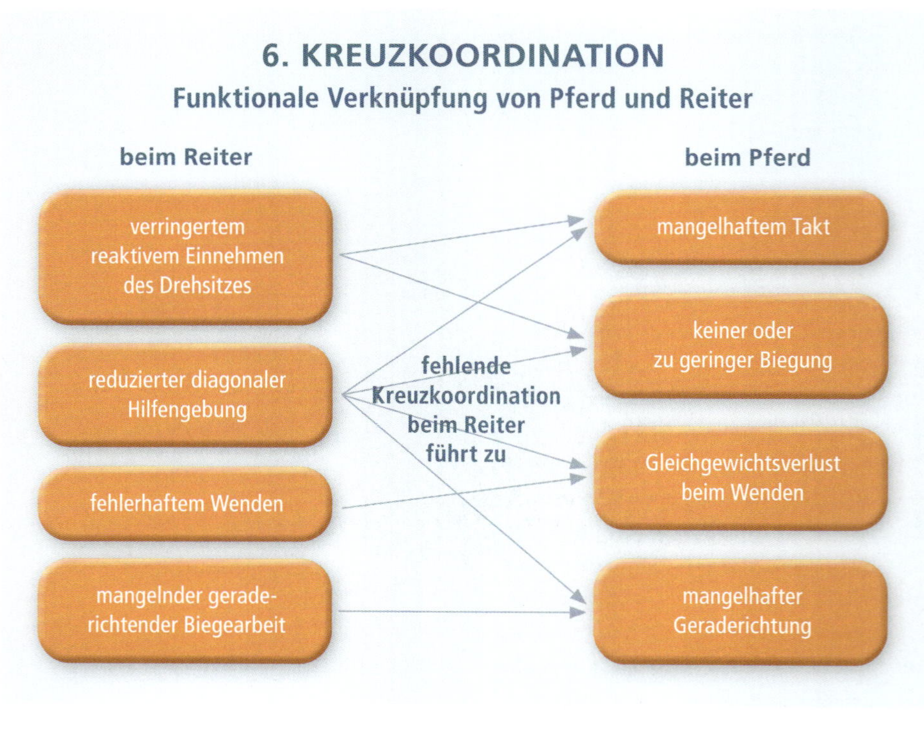

WAHRNEHMUNGS-ÜBUNGEN

Ist-Zustand: Gehe mehrmals die Figur einer Acht. Wie geht es dir dabei? Sind beide Kreishälften der Acht gleich groß?
Übung: Lege dich in Rücklage mit gebeugten Beinen auf den Boden und bewege deine Beine gegengleich zur Kopfbewegung abwechselnd nach rechts und links. Variiere dies, indem du deine Zunge, deine Augen, deine Armen gegengleich zu den Beinen bewegst.
Vergleich: Gehe mehrmals die Figur einer Acht. Was hat sich verändert?

FUNKTIONALE GRUNDLAGEN BEIM REITER: TREIBEN

Die erste Grundlage für korrektes Treiben ist die richtige Bügellänge. Nur bei einer dem Körperbau des Reiters entsprechender Bügellänge kann die hintere Oberschenkelmuskulatur (ischiocrurale Muskulatur) „anspringen" und so den Unterschenkel an das Pferd heranfedert. Ein für den Reiter individuell zu langer Bügel verhindert dies. Die zweite Grundlage für korrektes Treiben ist, dass das aktive Treiben immer nur

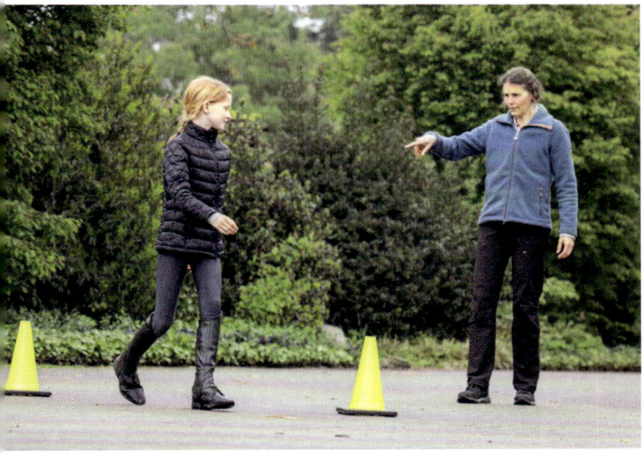

Achterlauf rund um zwei Hütchen

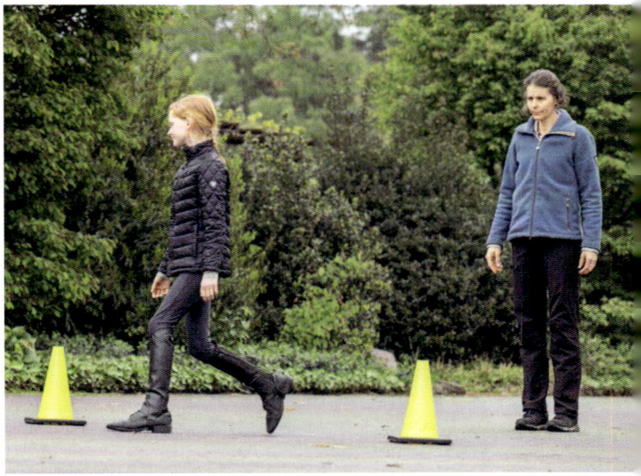

Richtungswechsel zwischen den Pylonen

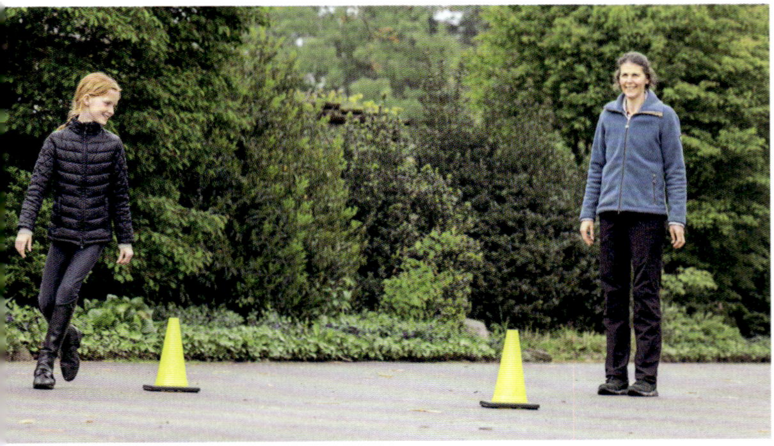

Verändert sich der Kreisbogen?

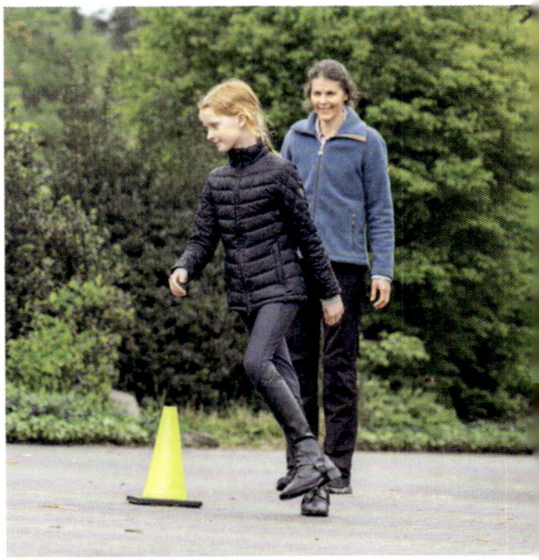

Welcher Kreis läuft sich leichter?

einseitig stattfinden sollte. Gleichzeitiges Treiben führt beim Aussitzen zu einer Bewegungseinschränkung des Beckens und daher zu einem Hohlkreuz des Reiters. So kann das Becken des Reiters zu einem Störfaktor für das Pferd werden.

Die dritte Grundlage für korrektes Treiben ist, dass einmaliges Treiben immer aus einer azyklischen Bewegung besteht, d. h. aus einer Ausholphase (Unterschenkel wird leicht nach vorne geführt), einer Treibe-Phase (Unterschenkel federt an das Pferd heran) und einer Phase des Loslassens. Bei mehrmaligem Treiben verschmilzt die Phase des Loslassens mit der Phase des Ausholens für das nächste Treiben und führt zu einem harmonischen Bewegungsfluss.

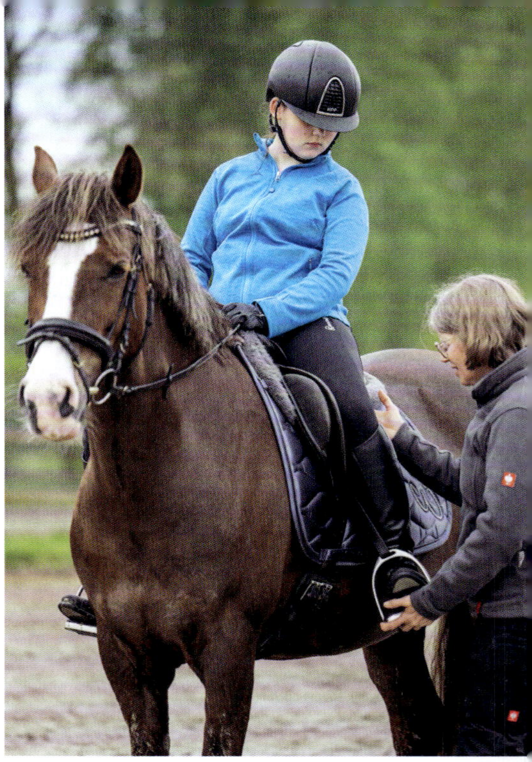

Treiben: 1. Ausholphase – Unterschenkel wird nach vorne geführt.

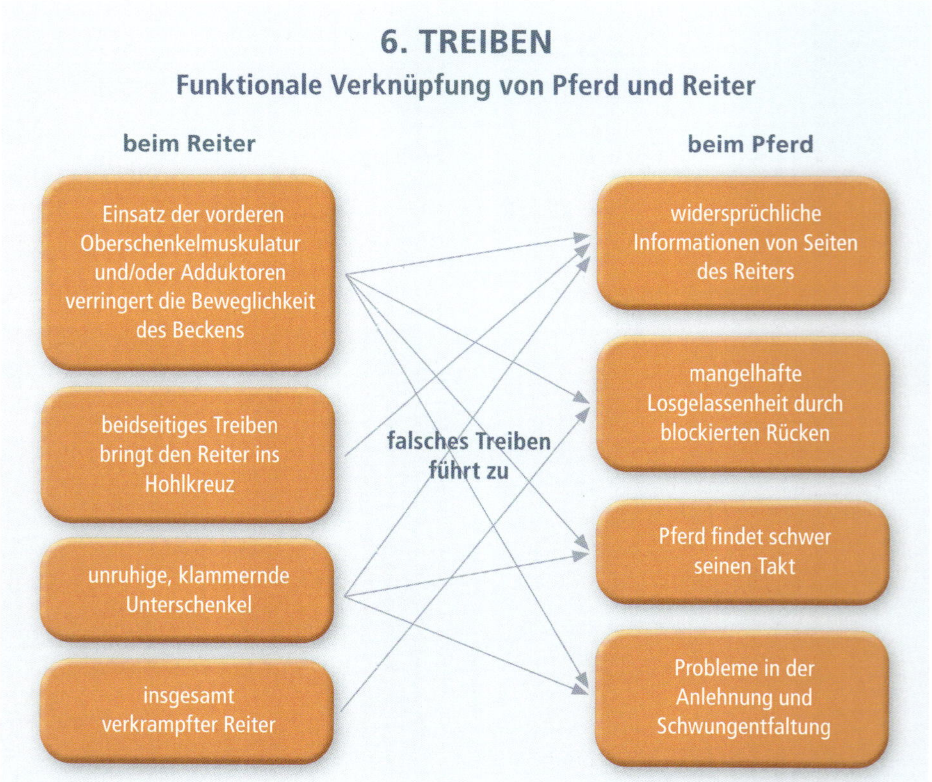

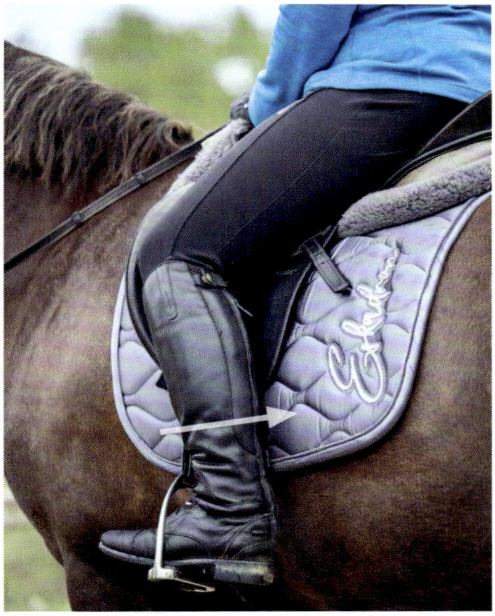

2. Treibe-Phase – Unterschenkel federt an das Pferd heran.

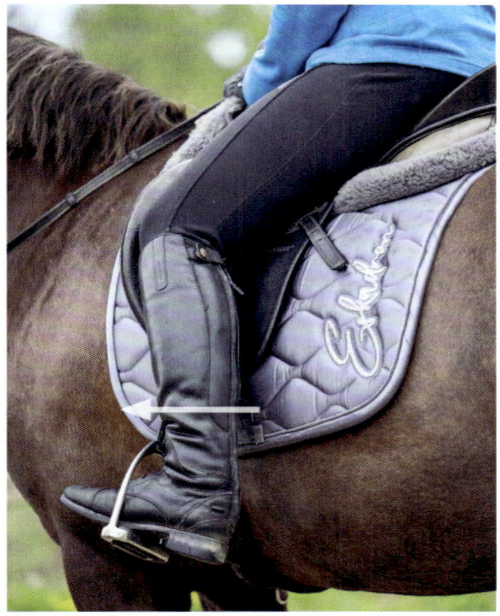

3. Die Phase des Loslassens erhöht den Bewegungsfluss.

WAHRNEHMUNGS-ÜBUNGEN

Übung: Du spannst einen Pilatesring zwischen Unterschenkel und Stuhl ein. Durch die Aktivierung der ischiocruralen Muskulatur („Treibemuskel" – hinterer Oberschenkelmuskel) bringst du deinen Unterschenkel schnellkräftig gegen den Pilatesring in Richtung Stuhl. Wichtig ist, dass du gleich nach der Kontraktion wieder loslässt. Durch das richtige Verwenden deiner ischiocruralen Muskulatur (hinteren Oberschenkelmuskulatur) bleibt der Bewegungsfluss bei dir als Reiter und bei deinem Pferd erhalten.

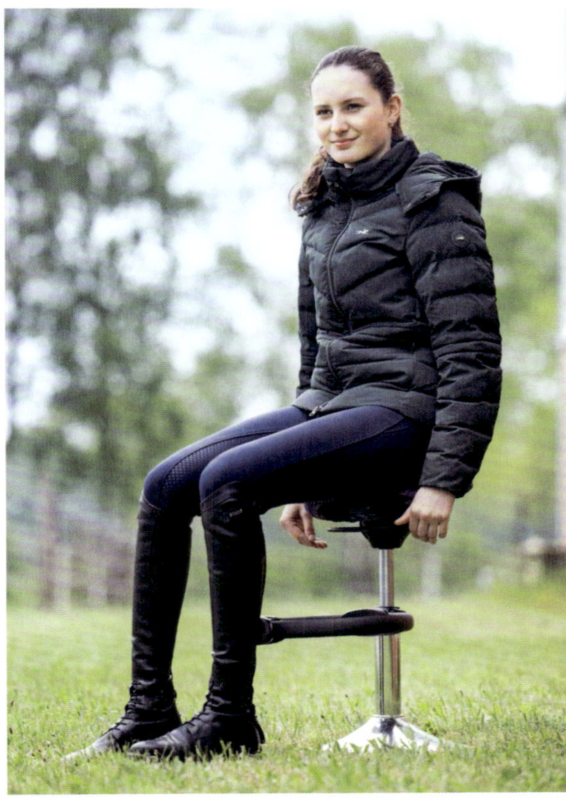

Der Pilatesring unterstützt dich, die Entspannungsphase des Treibens zu fühlen.

SERVICE

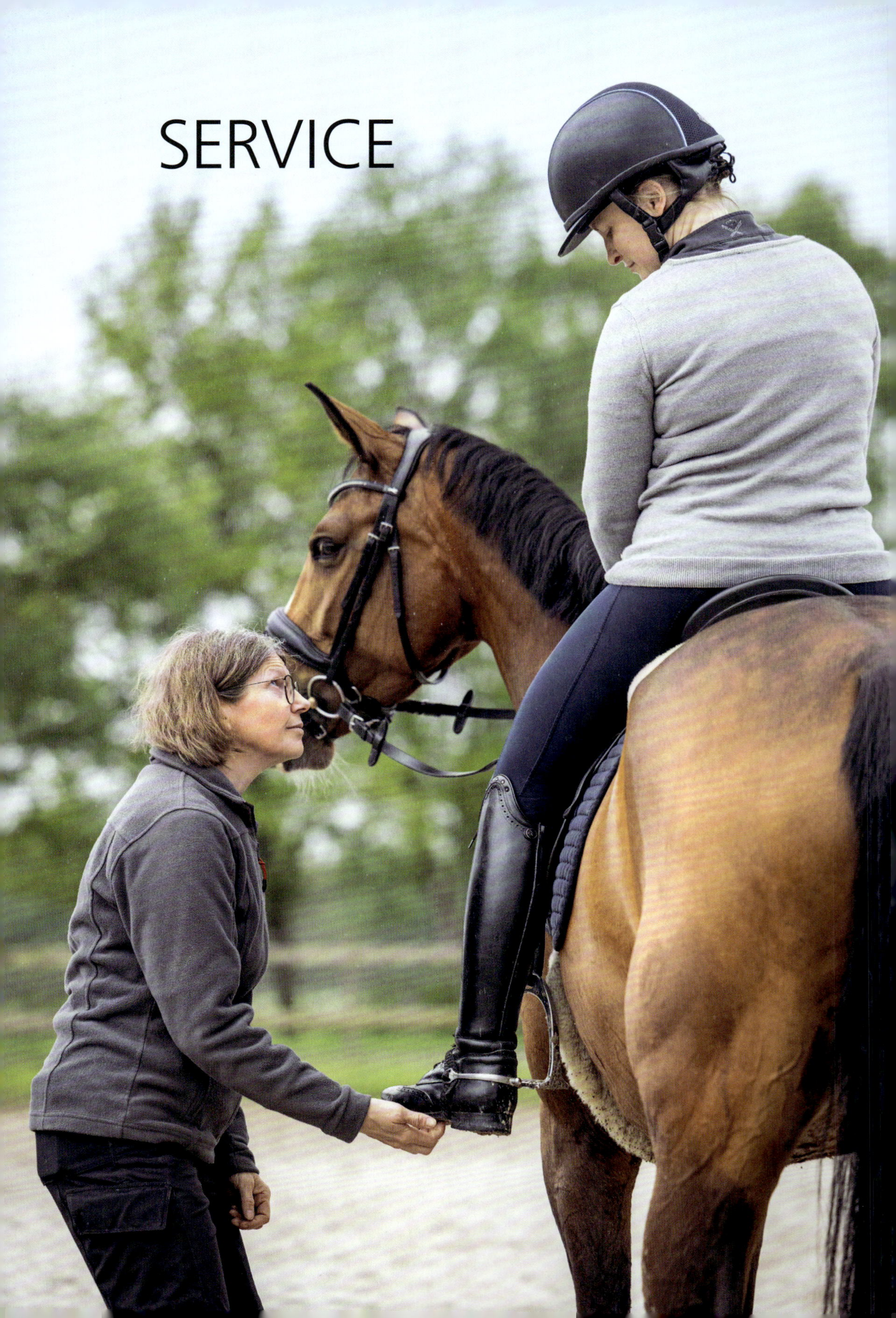

QUELLENVERZEICHNIS

Ayres, J./Robins, J.: **Bausteine der kindlichen Entwicklung.** Die Bedeutung der Integration der Sinne für die Entwicklung des Kindes. Berlin 1998

Barral, J.-P.: **Die Sprache der Gelenke.** Ganzheitliche Medizin für ein gesundes Leben. München 2014

Beckmann, H./Schöllhorn, W.: **Differenzielles Lernen im Kugelstoßen.** In: Leistungssport 36 (2006) 4, S. 44 – 50

Bimbi-Dresp, M.: **Das große Pilates-Buch.** München 2016

Brügger, A.: **Gesunde Körperhaltung im Alltag.** Zürich 1996, 4. Aufl.

Christian, P.: **Vom Wertbewusstsein im Tun.** Ein Beitrag zur Psychomotorik der Willkürbewegung. In: Buytendijk, F.J./Christian, P./Plügge, H.: Über die menschliche Bewegung als Einheit von Natur und Geist. Schorndorf 1963, S. 19 – 44

Dennison, S.E. u. G.: **Lehrerhandbuch Brain-Gym.** Freiburg (Breisgau 1991)

Deutsche Reiterliche Vereinigung: **Ausbildungsprüfungsordnung** (APO), Warendorf 2018

Deutsche Reiterliche Vereinigung: **Grundausbildungfür Reiter und Pferd**, Richtlinien für Reiten und Fahren Band 1. Warendorf 2023, 34. Aufl.

Deutsche Reiterliche Vereinigung: **Leistungsprüfungsordnung** (LPO), Warendorf 2018

Diamond, J.: **Der Körper lügt nicht.** Kirchzarten 2001, 17. Aufl.

Dordel, S.: **Bewegungsförderung in der Schule.** Handbuch des Sportförderunterrichts. 5. Auflage 2007

Egger, K.: **Lernübertragungen in der Sportpädagogik.** Basel 1975

Engelke, K./Hlatky, M.: **Bewegung beginnt im Kopf.** Koordination macht's perfekt. Wien 2007

Feldenkrais, M.: **Bewusstheit durch Bewegung.** Der aufrechte Gang. Berlin 1988, Berlin 2020, 15. Aufl.

Freund, A.: **Life Kinetik.** Spielerisches Gehirn-Training mit Bewegungsübungen. In: natur & heilen (2023) 3, S. 33 – 39

Gallwey, Th.: **Tennis – das innere Spiel.** München 2012, überarbeitete Aufl.

Gautschi, R.: **Triggerpunkte und Faszien.** Schmerzen selbst behandeln: Hintergründe verstehen – Ursachen erkennen – Schmerzen lindern. Stuttgart 2022

Göhner, U.: **Angewandte Bewegungslehre und Biomechanik.** Tübingen 2008

Göhner, U.: **Sportliche Bewegungen erfolgreich analysieren.** Tübingen 2013

Gröben, B./ Maurus, P.: **Bewegungsanweisungen** – Hilfe oder Hindernis beim Erlernen sportlicher Bewegungen? In: Heinz, B., Laging, R., eds. Bewegungslernen in Erziehung und Bildung. Hamburg 1999: 107 – 119

Hackfort, D./Munzert, J./Seiler, R. (Hrsg.): **Handeln im Sport als handlungspsychologisches Modell.** Heidelberg/Kröning 2000

Hannaford, C.: **Bewegung – das Tor zum Lernen.** Kirchzarten bei Freiburg 2013, 15. Auflage

Heim, R.: **Bildung – auch im außerschulischen Sport?** In: Krüger, M./Neuber, N. (Hrsg.) Bildung im Sport. Beiträge zu einer zeitgemäßen Bildungsdebatte. Wiesbaden 2011, S. 253 – 266

Hirtz, P./Hotz, A./Ludwig, G.: **Gleichgewicht.** Schorndorf 2004, 2. Aufl.

Hirtz, P./Hotz, A./Ludwig, G.: **Bewegungsgefühl.** Schorndorf 2003

Hurrelmann, K./Bründel, H.: **Einführung in die Kindheitsforschung.** 2. vollständig überarbeitete Auflage. Weinheim/Basel/Berlin 2003

Hübner, W./Saberi, B.: **Laufschuhe lösen Leiden aus.** In: Hamburger Abendblatt (12. Januar 2010)

Kaminski, G.: **Sport, Handeln und Umwelt.** Tübingen 2006

Laging, R.: **Bewegungsräume in der Stadt.** In: Funke-Wieneke, J./Moegling, K. Stadt und Bewegung. Kassel/Immenhausen 2001

Leist, K.-H.: **Transfer im Sport.** Schorndorf 1978

Leist, K.-H.: **Integrative Bewegungslehre.** Teil III. Lernen und Lehren von Bewegungen. Kassel 2002, S. 278 – 301

Lührs, K.: **Lösungswege für den Reiter.** Warendorf 2016, 4. überarb. Auflage

Lutz, H.: **Life Kinetik:** Gehirntraining durch Bewegung. München 2020

Markova, D.: **Die Entdeckung des Möglichen.** Wie unterschiedlich wir denken, lernen und kommunizieren. Kirchzarten b. Freiburg 1993

Meinel, K./Schnabel, G.: **Bewegungslehre – Spotmotorik.** Aachen 2018, 12. Aufl.

Meyners, E.: **Lehren und Lernen im Reitsport.** Lüneburg 2002, 2. Aufl.

Meyners, E.: **Aufwärmprogramm für Reiter.** Stuttgart 2008/1

Meyners, E.: **Übungsprogramm im Sattel.** Stuttgart 2008/2

Meyners, E.: **Wohlbefinden im Alltag und Arbeitsleben.** Stuttgart 2009

Meyners, E.: **Die Komplexität des Reitersitzes und der reitergerechte Sattel.** In: Stodulka, R./Weiß, E./Meyners, E. **Medizinische Sattellehre.** Hildesheim 2013/a, S. 239 – 375

Meyners, E.: **Koordinative Fähigkeiten – Koordinationslernen.** In: FFP (Hrsg. – Spezialheft) Fit fürs Reiten. Sportwissenschaftliche Grundlagen in praktischer Anwendung zur Reitlehre. Jülich 2013/b, S. 46 – 96

Meyners, E.: **Aufwärm- und Übungsprogramm für Reiter.** Stuttgart 2015

Meyners, E.: **Wie bewegt sich der Reiter?** Bewegungsabläufe verstehen – Sitz- und Hilfengebung verbessern. Stuttgart 2016

Meyners, E.: **Was der Reiterei fehlt.** Methodische Übungsreihen. In: Dressurstudien 14 (2018) 14, S. 27 – 32

Meyners, E./Müller, H./Niemann, K.: **Reiten als Dialog.** Die Verknüpfung von Reit- und Bewegungslehre. Aktualisierte und erweiterte Neuauflage 2020

Scheiderer, C.: **Faszien.** Unser größtes emotionales und sensorisches Organ. In: Natur und Heilen (2023) 4, S. 38 – 43

Schöllhorn, W.: **Differenzielles Lehren und Lernen von Bewegung** – Durch veränderte Annahmen zu neuen Konsequenzen. In: Gabler, H./Göhner, U./Schiebel, F. (Hrsg.) Zur Vernetzung von Forschung und Lehre in Biomechanik, Sportmotorik und Trainingswissenschaft. Hamburg 2005, S. 125 – 136

Schöllhorn, W./Beckmann, H./Janssen, D./Michelbrink, M.: **Differenzielles Lehren und Lernen im Sport.** In: Sportunterricht 58 (2009) 2, S. 36 – 40

Stammer, S.: **Das Pferd in positiven Spannung.** Warendorf 2015

Swift, S.: **Reiten aus der Körpermitte.** Stuttgart 2017, 4. Aufl.

Swift, S.: **Reiten aus der Körpermitte 2.** Stuttgart 2018

Schöllhorn, W.: **Differenzielles Lernen im Schwimmen – eine Alternative?** In. Leopold, W./DTSV (Hrsg.) Schwimmen. Lernen und optimieren. Band 31. Beucha 2010, S. 7 – 22

Tambour, J.W.J.: **Philosophie der Bewegungswissenschaften.** Butzbach 1994

Tholey, P.: **Prinzipien des Lehrens und Lernens sportlicher Handlungen aus gestalttheoretischer Sicht.** In: Janssen, J.P./Schlicht, W./Strang, H. (Hrsg.): Handlungskontrolle und soziale Prozesse im Sport. Köln 1987

Trebels, A. H.: **Bewegung sehen und beurteilen.** In: Sportpädagogik 14 (1990) 1, Seite 12 – 20

Volger, B.: **Lehren von Bewegungen.** Ahrensburg bei Hamburg 1990

Weineck, J.: **Optimales Training.** Erlangen 2019, 17. Aufl.

Wollny, R.: **Bewegungswissenschaft.** Ein Lehrbuch in 12 Lektionen. Aachen 2010, 2. Aufl.

Wolters, P.: **Bewegung unterrichten.** Hamburg 2006

ZUM WEITERLESEN

Meyners, Eckart: **Aufwärm- und Übungsprogrammfür Reiter**; KOSMOS 2015
Reiter sind Athleten, aber ihr Sport unterscheidetsich von allen anderen Disziplinen. Beim Reiten geht es um Balance, um das richtige Gefühl und Geschmeidigkeit. Eckart Meyners hat ein spezielles Aufwärm-, Fitness- und Bewegungsprogramm entwickelt, mit dem Reiter das Beste aus ihrem Körper herausholen können.

Meyners, Eckart: **Bewegungsgefühl und Reitersitz**, Reitfehler vermeiden – Probleme lösen; KOSMOS 2012
Mit dem Praxisbuch zur Meyners-Methode bekommt jeder Reiter flatternde Schenkel, hochgezogene Absätze und unruhige Hände in den Griff. Das 6-Punkte-Kurzprogramm für besseres Reiten und der „Balimo" werden erfolgreich auf Lehrgängen eingesetzt.

Meyners, Eckart: **Reiten mit Franklin-Bällen**; KOSMOS 2017
Reiten mit Franklin-Bällen bringt jeden Reiter aus starren Formen und führt zu vielfältigen Bewegungsmustern. Reiter erleben, wie sie lockerer auf dem Pferd sitzen und wie ihre Hilfengebung effektiver wird. Bewegungsexperte Eckart Meyners erklärt das Reiten mit Franklin-Bällen anhand von Übungen: die Wirkungen, welche Bälle und Rollen sich für welche Körperbereiche eignen, was dabei im Körper passiert, und gibt zusätzlich wichtige Informationen über Faszien und Leitbahnen – inklusive Faszien-Übungen am Boden und auf dem Pferd. Das Plus zum Buch: die kostenlose KOSMOS-PLUS-App mit Filmen zu ausgewählten Übungen.

Meyners, Eckart/Müller, Hannes/Niemann, Kerstin: **Reiten als Dialog**; Die Verknüpfung von Reit- und Bewegungslehre, KOSMOS 2020
Wie ein guter Sitz und funktionale Hilfengebung erlernt werden und wie dies mit der Skala der Ausbildung der Pferde zusammenhängt, fassen Sportpädagoge Eckart Meyners und Hannes Müller, Leiter der Deutschen Reitschule in Warendorf, erstmals umfassend zusammen. Der Ratgeber für die Reiter und Pferdeausbildung erklärt moderne Konzepte, die gefühlvolles Reiten möglich machen.

Meyners, Eckart: **Wie bewegt sich der Reiter?**; Bewegungsabläufe verstehen, Sitz & Hilfegebung verbessern, KOSMOS 2016
Der Bewegungsexperte Eckhart Meyners gibt einen Überblick über die Anatomie des Reiters auf Basis neuster wissenschaftlicher Erkenntnisse und macht verständlich, was beim Reiten im Körper passiert. Er schlägt Faszienübungen vor, die helfen sollen, Haltung, Fitness und Beweglichkeit zu verbessern. Auch als EBook erhältlich.

Savoie, Jane: **Positiv denken – besser reiten**; KOSMOS 2020
Über Erfolg oder Misserfolg entscheidet nur zu 15 % das Können und zu 85 % die innere Einstellung. Doch zum Glück kann jeder lernen, positiv zu denken! Dieses Buch zeigt den Weg: Mithilfe von mentalem Training, Motivationstechniken, Visualisierungs- und Konzentrationsübungen werden das Selbstbewusstsein gestärkt und Gewinner-Strategien entwickelt. So können Pferd und Reiter über sich hinauswachsen – egal ob im Alltag oder in der Turnierprüfung.

DANK
Wir danken allen Mitwirkenden, die zum Gelingen dieses Buch beigetragen haben.

REGISTER

BILDNACHWEIS

185 Farbfotos wurden von Anna Auerbach/KOSMOS für dieses Buch aufgenommen.
Mit einer Illustration von Constanze Keuter und 13 Farbgrafiken von Atelier Krohmer.

IMPRESSUM

Umschlaggestaltung von GRAMISCI Editorialdesign, Isabelle Fischer, München unter Verwendung von 19 Farbfotos von Anna Auerbach/KOSMOS.

Mit 185 Farbfotos, einer s/w-Illustration und 13 Farbgrafiken.

Alle Angaben und Methoden in diesem Buch sind sorgfältig erwogen und geprüft. Sorgfalt bei der Umsetzung ist jedoch geboten. Verlag und Autoren übernehmen keinerlei Haftung für Personen-, Sach- oder Vermögensschäden, die im Zusammenhang mit der Anwendung und Umsetzung entstehen könnten.

Unser gesamtes Programm finden Sie unter **kosmos.de**.
Über Neuigkeiten informieren Sie regelmäßig unsere Newsletter, einfach anmelden unter **kosmos.de/newsletter**

Gedruckt auf chlorfrei gebleichtem Papier

ISBN 978-3-440-17829-4
Redaktion: Gudrun Braun
Gestaltungskonzept: Peter Schmidt Group GmbH, Hamburg
Gestaltung und Satz: Atelier Krohmer, Dettingen/Erms
Produktion: Claudia Frank
Druck und Bindung: Westermann Druck Zwickau GmbH, Zwickau
Printed in Germany / Imprimé en Allemagne

FSC www.fsc.org MIX Papier | Fördert gute Waldnutzung FSC® C110508

Besser reiten — mit viel Bewegung

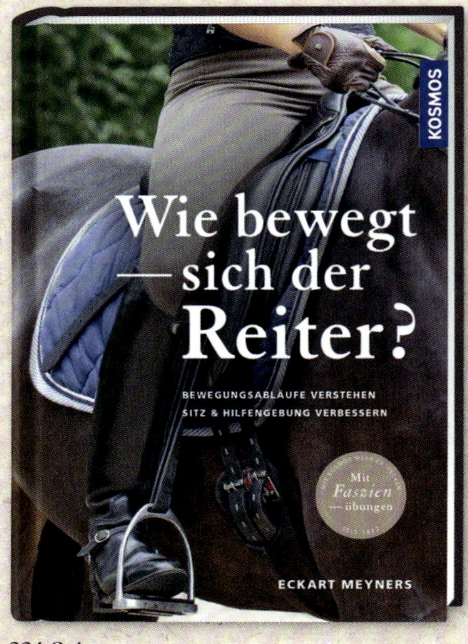

224 Seiten

Ein spannender Überblick über die Biomechanik des Reiters auf Basis neuester wissenschaftlicher Erkenntnisse. Bewegungsexperte Eckart Meyners macht verständlich, was beim Reiten im Körper passiert. Die Komplexität des Reitenlernens kommt ebenso zur Sprache wie psychologische Aspekte. Seine Vorschläge für Faszienübungen am Boden und auf dem Pferd helfen, Haltung, Fitness und Beweglichkeit zu verbessern.

Reiten mit Franklin-Bällen bringt jeden Reiter aus starren Formen und führt zu vielfältigen Bewegungsmustern. Reiter erleben, wie sie lockerer auf dem Pferd sitzen und wie ihre Hilfengebung effektiver wird. Bewegungsexperte Eckart Meyners erklärt das Reiten mit Franklin-Bällen anhand von Übungen: die Wirkungen, welche Bälle und Rollen sich für welche Körperbereiche eignen, was dabei im Körper passiert, und gibt zusätzlich wichtige Informationen über Faszien und Leitbahnen – inklusive Faszien-Übungen am Boden und auf dem Pferd. Das Plus zum Buch: die kostenlose KOSMOS-PLUS-App mit Filmen zu ausgewählten Übungen.

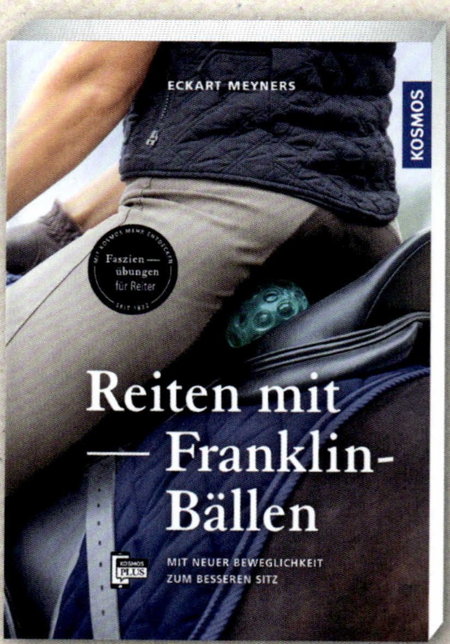

64 Seiten

kosmos.de